河北省社会科学基金（HB21GL009）"环渤海港口资源整合对城市经济的影响研究"资助

港口资源整合与经济发展的空间互动研究：以环渤海（京津冀）为例

王辉坡　贺晨　王利梅　张雪雪　闫伟　著

中国纺织出版社有限公司

内 容 提 要

本书是一本面向港口管理研究和实践人员的专业书籍。本书以环渤海（京津冀）港口群为例，以我国港口资源的整合为背景，系统性地研究了港口资源整合对腹地经济发展的空间影响。内容包括：港口群吞吐量预测的方法和实践、效率导向的港口资源整合策略、港口物流资源整合的"陆港"选址研究、港口群腹地多维经济发展水平评价方法与实证、港口群整合与腹地经济高质量发展、数字经济、智慧物流等的空间互动关系研究。本书拓展了港口资源的范围，将集疏运体系、经济腹地看作港口资源的一部分，统一纳入港口资源优化的范畴，丰富了港口资源整合的研究。

图书在版编目（CIP）数据

港口资源整合与经济发展的空间互动研究：以环渤海（京津冀）为例 / 王辉坡等著 . — 北京：中国纺织出版社有限公司，2025.3. — ISBN 978-7-5229-2623-0

Ⅰ．F552.72

中国国家版本馆 CIP 数据核字第 2025MA9337 号

责任编辑：段子君　　责任校对：高　涵　　责任印制：储志伟

中国纺织出版社有限公司出版发行
地址：北京市朝阳区百子湾东里A407号楼　邮政编码：100124
销售电话：010-67004422　传真：010-87155801
http://www.c-textilep.com
中国纺织出版社天猫旗舰店
官方微博http://weibo.com/2119887771
河北延风印务有限公司印刷　各地新华书店经销
2025年3月第1版第1次印刷
开本：710×1000　1/16　印张：16.25
字数：292千字　定价：99.90元

凡购本书，如有缺页、倒页、脱页，由本社图书营销中心调换

前 言

港口是基础性、枢纽性设施,是经济发展的重要支撑。在我国经济发展历史上,港口发展起到了巨大的作用。中华人民共和国成立后,我国港口的管理体制大致可以分为三个阶段。第一阶段:20世纪80年代改革开放之前,政府通过计划直接组织企业运输,基本格局是中央管大港口,地方管小港口;第二阶段:改革开放后至20世纪90年代末,大港口管理权逐渐下放,央地共同管理,以地方为主;第三阶段:2001年11月,国务院办公厅转发交通部等部门《关于深化中央直属和双重领导港口管理体制改革的意见》(国办发〔2001〕91号),港口管理权全面下放,港口实行企业化管理,直至今日。

港口管理权下放后,地方政府在认识到港口对地方经济发展的重要性后,纷纷推进港城一体化建设,大力投资建设港口,导致港口重复建设严重。仅仅十余年的时间,我国沿海区域由北至南逐渐形成了五大港口群:环渤海港口群、长三角港口群、东南沿海港口群、珠三角港口群、西南港口群。这些港口群少则十几个港口,多则几十个港口,形成了腹地交叉重合、争夺货源的局面。港口产能过剩导致了低价恶性竞争,岸线过度开发,资源使用效率低下,环境污染严重等现象。2015年,交通运输部提出"开展区域港口发展一体化改革试点",拉开了我国港口群资源整合的序幕。2019年11月,交通运输部颁布《关于建设世界一流港口的指导意见》,将我国以省级港口集团建设为原则的港口整合发展推向了高潮。截至2024年5月,我国已经形成了17个省级港口集团。在这一背景下,本书针对港口资源整合问题,研究港口资源整合对腹地经济发展的影响。环渤海港口群为我国5个沿海港口群中覆盖区域最大的港口群,其行政区域为冀、鲁、辽、津,即"三省一市"。环渤海港口群由辽宁、津冀和山东港口群组成,三个区域形成了"三足鼎立"的态势。本书的研究对象集中在该区域。

本书聚焦于环渤海地区港口资源的整合,并研究环渤海港口资源整合与经济高质量发展、数字经济、智慧物流等的空间交互影响。本书将沿着环渤海港口群吞吐量预测、效率导向的港口资源整合、基于"陆港"选址策略整合环渤海港口资源、环渤海地区经济发展多维评价、环渤海港口物流对经济发展的空间影响展开，提出整合环渤海港口资源、促进区域经济协调高质量发展的对策。

本书主要内容包括：第一，对研究涉及领域的国内外研究现状进行综述，包括港口集装箱吞吐量预测、经济高质量发展的相关研究、空间计量经济学的相关研究等。第二，研究了港口物流与经济发展的互动机理。将港口腹地的物流体系视作港口的集疏运体系与港口进行基于"陆港"体系的资源整合，进而分别研究港口物流与经济高质量发展以及经济腹地物流与数字经济发展的空间互动机制。第三，鉴于港口吞吐能力是港口物流最重要的基础资源，本书利用组合预测模型对港口吞吐量进行了精准预测。第四，分别以效率为导向、以"陆港"为基础对环渤海地区的港口资源进行整合。第五，分别从经济高质量发展水平、数字经济发展水平和智慧物流发展水平三个角度对港口腹地经济发展水平进行多维测度。第六，对港口物流、腹地物流、经济高质量发展、数字经济发展水平以及港口腹地智慧物流之间的空间互动关系进行实证检验。第七，提出环渤海区域港口资源整合促进经济发展的对策和建议。

本书创新性地拓展了港口资源的范围，将集疏运体系、经济腹地看成是港口资源的一部分，统一纳入港口资源优化的范畴。不仅研究了环渤海港口群吞吐量的预测，还包括"陆港"选址，效率导向的港口资源优化，直至腹地经济与港口整合在空间上的交互效应。研究内容全面而深入。

本书得到了河北省社科基金（HB21GL009）"环渤海港口资源整合对城市经济的影响研究"的资助。本书撰写分工如下：王辉坡负责第1章、第4章、第7章、第8章，贺晨负责第2章、第5章、第6章，王利梅负责第3章、第12章，张雪雪负责第9章、第10章，闫伟负责第11章、第13章。王辉坡负责全书的统稿和修改。

鉴于笔者的水平和时间限制，本书不足之处请读者不吝赐教，以便改正。

最后，感谢中国纺织出版社有限公司为本书出版所做的工作。

编者

2024年12月18日

目 录

第1章 绪论

    1.1 研究背景 / 001

    1.2 研究目的和意义 / 003

    1.3 研究内容 / 006

    1.4 研究方法 / 008

    1.5 研究思路和技术路线 / 012

    1.6 本章小结 / 014

第2章 国内外研究现状综述

    2.1 集装箱吞吐量预测问题的研究现状 / 015

    2.2 智慧物流研究现状 / 017

    2.3 经济高质量发展相关研究 / 020

    2.4 港口物流对经济的影响研究 / 021

    2.5 空间计量模型在相关领域的应用现状 / 023

    2.6 港口群腹地物流发展水平测度的研究现状 / 026

    2.7 港口物流发展水平测度的研究现状 / 027

    2.8 港口群腹地数字经济发展水平测度的研究现状 / 028

    2.9 本章小结 / 030

第3章 相关概念和理论

    3.1 相关概念 / 031

    3.2 相关理论 / 037

    3.3 本章小结 / 046

第 4 章　本研究所涉及的重要理论关系分析

4.1　港口物流量预测的理论分析 / 047

4.2　港口群腹地经济发展与智慧物流发展的互动机理 / 048

4.3　港口物流与经济高质量发展的互动机理 / 050

4.4　港口群腹地物流与数字经济发展的互动机理分析 / 052

4.5　本章小结 / 054

第 5 章　区域港口群物流预测方法研究

5.1　数据分解方法——经验模态分解 / 055

5.2　分数阶灰色模型 / 056

5.3　指数平滑法 / 058

5.4　非线性回归算法 / 059

5.5　BP 神经网络模型 / 060

5.6　组合模型预测和赋权法 / 061

5.7　预测模型评价方式 / 063

5.8　本章小结 / 064

第 6 章　区域港口群物流量预测实证——以环渤海港口群为例

6.1　环渤海港口群数据来源 / 065

6.2　数据分解分析 / 066

6.3　单一模型预测对比 / 069

6.4　组合预测模型 / 078

6.5　预测结果分析 / 087

6.6　本章小结 / 089

第 7 章　效率导向的港口资源整合策略研究——以环渤海港口群为例

7.1　研究现状 / 091

7.2　研究方法及样本数据 / 093

7.3　效率导向的环渤海区域港口群整合策略研究 / 095

7.4　本章小结 / 100

第8章 港口物流资源整合的"陆港"选址研究——以河北省港口群为例

8.1 河北省港口群"陆港"选址评价指标选择 / 102

8.2 基于 AHP-TOPSIS 法的河北省港口群"陆港"选址评价模型构建 / 104

8.3 实例研究 / 106

8.4 本章小结 / 111

第9章 港口群腹地多维经济发展水平评价方法与实证——以京津冀港口群为例

9.1 京津冀港口物流发展现状及水平测度 / 112

9.2 智慧物流和经济发展水平测度 / 121

9.3 经济高质量发展水平测度 / 131

9.4 数字经济发展水平测度 / 141

9.5 区域物流发展水平测度 / 147

第10章 港口物流对腹地经济高质量发展的影响——以京津冀为例

10.1 变量选取与数据来源 / 155

10.2 空间计量模型选择 / 157

10.3 空间计量模型构建与实证分析 / 164

10.4 机制检验 / 171

10.5 对策建议 / 176

10.6 本章小结 / 178

第11章 港口腹地物流发展水平与数字经济发展的空间计量研究——以京津冀为例

11.1 变量选取与数据来源 / 180

11.2 空间计量模型设定与检验 / 182

11.3 空间计量实证结果分析 / 189

11.4 对策建议 / 195

11.5 本章小结 / 197

第 12 章　港口群腹地经济发展水平与智慧物流的空间计量研究——以京津冀为例

12.1　智慧物流发展水平空间相关性分析 / 199

12.2　指标选取及描述性统计 / 205

12.3　数据来源 / 206

12.4　京津冀区域经济发展对智慧物流发展影响的实证分析 / 207

12.5　稳健性检验 / 214

12.6　异质性检验 / 216

12.7　其他相关检验 / 218

12.8　本章小结 / 220

第 13 章　环渤海港口资源整合促进腹地经济发展的对策研究

13.1　充分利用物流预测方法加强港口资源管理 / 222

13.2　促进京津冀港口群腹地智慧物流发展的政策建议 / 226

13.3　促进港口群腹地经济高质量发展的建议 / 227

13.4　促进港口群腹地数字经济发展的建议 / 230

13.5　本章小结 / 232

参考文献 / 233

第1章 绪论

1.1 研究背景

习近平总书记对港口的发展非常重视,曾多次到港口视察和调研,对港口业的发展以及港口在经济社会发展中的作用提出了殷切的期盼。"港口是基础性、枢纽性设施,是经济发展的重要支撑。"这一论断体现了习近平总书记对港口业发展的重视程度。"要持续推进港口转型升级和资源整合""在推动区域经济协调发展、建设现代化产业体系中发挥更大作用"等嘱托,是习近平总书记对港口未来发展路径和作用的指示。

目前,中国进出口货物运输总量的80%~90%是通过海上运输完成的,其中主要运输方式为集装箱运输[1]。海上集装箱运输起源于20世纪50年代中期,并取得了快速发展,使海上货物运输朝着集约化的方向大幅迈进。集装箱船舶开始大量建造和应用,集装箱船舶相比其他种类货船优势明显,其航速快,装载量高,船舶操作灵活,装卸货效率极高,因而极大地提升了海上运输效率,降低了海上运输成本。港口作为货物的集散中心,承担着海上运输中货物吞吐的重任,占据着国际贸易参与的主导角色,影响着国际的生产与消费。同时,港口又给国际资本流动提供了方便,是国际资本的主要投资目标之一,给对外经济发展提供了条件[2]。港口集装箱吞吐量作为衡量港口发展规模的首要指标,对港口规划与管理具有举足轻重的基础作用。2022年6月,全国沿海口岸集装箱吞吐量达到2583万TEU,同比增长6.5%,环比增长2.1%,其中:外贸集装箱吞吐量1520万TEU,同比增长8.6%;内贸集装箱吞吐量1064万TEU,同比增长3.6%[3]。

近年来,在我国3.2万千米的海岸线上,逐渐形成了环渤海港口群、长三角港口群、东南沿海港口群、珠三角港口群以及西南沿海港口群五大世界级港口群。在这些港口群中,就集装箱吞吐量而论,世界前十大港口中,有七个出自这些港口群。这些港口为我国经济社会的发展作出了巨大的贡献,在促进改革开放、"一带一路"建设和国内经济发展方面起到了巨大的作用,但是也暴露了一些问题。例如,由于港口管理体制的问题,港口建设归港口城市负责,因此造成了各地盲目新建、扩建港口,几乎达到了"一城一港"的程度。从国际港口发展的历史来看,200千米以内的港口对腹地资源的竞争非常激烈,所以尽量避免在这个范围内重复建设港口。但是,我国沿海地区每50千米就有一个千吨以上的港口。以环渤海地区的山东省为例,山东拥有3000多千米的海岸线,遍布30个沿海县(市、区)的20多个大大小小的港口,几乎"一县一港"。港口的重复无序建设导致经济腹地交叉现象十分突出,港口结构性产能过剩、海岸稀缺资源浪费严重,遏制了我国港口产业的进一步可持续发展。因此港口资源整合成为必然选择。2019年11月,交通运输部颁布《关于建设世界一流港口的指导意见》,该意见正式开启了我国港口产业的省级层面的资源整合,"一省一港"成为我国港口产业发展的准则。

环渤海地区港口群是我国五大港口群中规模最大、影响力最大的港口群[4],在2022年上半年全国港口货物吞吐量中,约占四分之一的市场份额,主要包括津冀港口群、辽宁港口群和山东港口群。环渤海港口群的腹地几乎包含了我国整个北方地区,对该地区的经济发展起到了重要的支撑作用;同时,北方地区为环渤海港口群提供运输产品和消费市场,两者相辅相成,促成良性共同发展。环渤海港口群的港口资源富集,港口的规模逐渐扩大,港口产能增长迅速,港口群的综合实力不断攀升。作为北方唯一的港口群,环渤海港口群的重要性不断凸显。然而,随着国家海洋强国战略和"一带一路"倡议的不断深入,环渤海地区港口物流优化问题亟待解决[5],港口资源整合问题更加紧迫。根据"一省一港"原则,目前该区域有辽宁港口集团有限公司、河北港口集团有限公司、山东省港口集团有限公司以及天津港(集团)有限公司四家省级集团。这种整合效率如何,是否能够促进经济的高质量发展有待深入研究。

区域经济的高质量发展离不开港口资源的高效整合。2017年10月,党的十九大报告中指出,我国经济已由高速增长阶段转向高质量发展阶段。2020年10月,党在制定未来五年经济社会发展的目标规划时,提出要以推动高质量发展为主题。2022年10月,党的二十大报告中明确指出,中国式现代化的本质要求之一是实现高质量发展。根据上述内容可知,在新时代的发展背景下,高质量发展是经济社会发展的迫切要求。而经济的高质量发展在很大程度上依赖于港口物流。因为港口物流的发展能够为经济发展带来多方面的战略优势,比如增加贸易和商业机会、引进外商投资、吸引优秀的人力资源、提供就业机会、降低企业的物流成本等，这些优势为经济的高质量发展提供了坚实的基础。港口物流对经济的促进作用并不局限于港口城市，还可以扩展至其辐射范围内的地区。因此港口物流对环渤海地区经济发展的空间影响机制及其实证是本书关注的重点内容。

港口资源整合的目的是提高港口业的运营效率、促进港口业的可持续发展，进而为区域经济的协调发展和国家发展战略服务。基于上述背景，本书将沿着环渤海港口群吞吐量预测、效率导向的港口资源整合、基于"陆港"选址策略整合环渤海港口资源、环渤海地区经济发展多维评价、环渤海港口物流对经济发展的空间影响展开，最后提出整合环渤海港口资源，促进区域经济协调高质量发展的对策。

1.2 研究目的和意义

1.2.1 研究目的

（1）精准预测环渤海地区港口群的集装箱吞吐量

当前，我国正值实施"一带一路"倡议的关键时期，对海洋战略的重视程度日益增强，海上丝绸之路建设势必要求港口建设参与其中，需要大力发挥港口的作用[5]。环渤海港口群的物流竞争力越高，越能快速推动环渤海港口群区域的经济发展，乃至整个东亚地区的经济发展。港口群集装箱吞吐量作为港口发展的最重要指标之一，合理稳定地预测对于港口群未来的投资规划、资源整合、营销策略和竞争力的提升等都具有重要意义。

（2）厘清港口物流影响经济发展的机制

目前，港口群物流资源整合与经济发展的因果关系都得到了实证研究的证实。但是港口物流促进区域经济发展的路径和结构还不清楚，尤其是港口物流对经济发展的空间聚集、扩散等效应的研究还有待深入。为了厘清港口物流整合和区域经济发展关系的内部结构，本书将从创新、协调、绿色、开放、共享五大理念出发，分析港口物流对经济发展的空间影响机制。

（3）提出改进"一省一港"港口资源整合的策略

从2019年开始，我国港口产业开始了以"一省一港"原则为基础的港口资源大整合，到2024年5月已经形成了17个省级港口集团。但是这些港口集团都是依靠行政手段，依托省级国资部门成立的，缺乏市场机制的引导，资源整合效率受到了较大的影响。因此，本书提出了基于效率优先的区域港口群整合策略，并以环渤海港口群为例进行了实例研究。

（4）实现对区域经济发展水平的测度

为了实证检验港口资源整合对区域经济发展的空间影响，需要对区域经济的发展水平进行科学的测度。本书结合近年来学者们对经济发展水平测度的重点，分别从经济高质量发展、数字经济发展、智慧物流发展三个角度对区域经济发展水平进行测度，以全面反映区域经济的发展水平。

（5）实证检验环渤海港口资源整合对该区域经济发展水平的空间影响

以环渤海区域为研究对象（含京津冀等区域概念），构建整合后港口物流对区域经济发展（经济高质量发展水平、数字经济发展水平以及智慧物流发展水平）影响的空间计量模型。搜集相关数据并进行实证研究，从而系统分析环渤海港口物流对该区域经济发展水平的空间影响，为相关部门、企业进行决策提供对策建议。

1.2.2 研究意义

（1）对环渤海地区集装箱吞吐量进行预测的意义

理论上，集装箱吞吐量受到干扰因素颇多，包括政治因素、经济因素、自然因素、人为因素等，很多学者也对环渤海地区港口发展问题进行了研究，但是作为整体的环渤海港口群集装箱吞吐量的预测研究较为匮乏。所以，本书通过数据分解方法分析数据特征，整合优化预测方法和模型，建立组合预测模型，结合加权方法，从而提高预测精确度和稳定性，使预测结果更具有参考价值。

现实意义上，环渤海港口作为中国北方门户，紧邻首都北京，政治优势明显、地理位置优越、腹地经济发达而广阔、竞争压力较小。然而近年来，由于管理中对未来港口发展不明确等原因，造成港口重复建设、恶性市场竞争、港口规划冲突等问题，使环渤海港口群整体竞争实力下降。本书从对集装箱吞吐量预测的角度出发，对环渤海港口群管理方面提出对策，可为未来环渤海港口群集装箱运输的物流优化发展提供决策参考。

（2）环渤海港口资源整合与经济高质量发展互动研究的意义

理论上，第一，本书基于现有的港口资源和经济高质量发展研究，并根据环渤海港口群腹地的发展现状，构建评价指标体系，丰富了环渤海港口物流发展水平和经济高质量发展水平的评价理论框架。第二，本书结合相关文献及理论，探讨了港口资源对腹地经济高质量发展的影响机制，以此扩展了港口资源与腹地经济发展领域的学术研究，为之后港口资源与经济高质量发展的深入研究提供理论基础。第三，在研究环渤海港口资源对腹地经济高质量发展的影响时，将空间因素考虑在内，选择经济地理权重矩阵，构建空间计量模型分析溢出效应，丰富了空间维度上港口物流对腹地经济高质量发展的研究。

现实意义上，第一，通过对环渤海港口群（以京津冀港口群为例）物流资源和经济高质量发展现状的研究分析以及水平测度，了解港口之间发展水平的差异以及港口腹地之间经济发展不平衡的现象，可以针对各个港口和腹地经济发展的不足之处提出有效改善措施，有助于京津冀进一步协调发展。第二，研究港口物流资源对腹地经济高质量发展的影响，可以基于结论探讨如何通过改善环渤海港口群（以京津冀港口群为例）物流资源的发展进而得以提高腹地经济高质量发展水平，有助于为决策者提供改善港口群腹地经济高质量发展的方向和策略建议。

（3）研究环渤海区域物流与数字经济发展互动的意义

随着国民经济的不断发展，数字经济的地位日渐凸显。测度环渤海地区（以京津冀为例）的物流水平，在考虑空间因素的基础上检验物流水平对数字经济发展的影响，可针对不同港口腹地数字经济发展存在的问题提出相应建议，为京津冀区域地方政府制定相关物流产业发展政策、促进数字经济发展提供科学依据。本部分的研究意义在于：

理论上，研究将物流水平作为影响数字经济发展的因素，并将空间因素引入二者关系研究中，弥补了以往研究的空白。这有助于更全面地理解数字经济在不同地理背景下的发展特点，为空间经济学和区域发展理论提供了新的视角。此外，研究关注京津冀港口群不同腹地数字经济发展的差异，有助于揭示区域内部发展不均衡的问题。这对于理解地方经济差异和区域协同发展的机制具有重要意义。

现实意义上，通过实证分析，可为京津冀港口群腹地的地方政府提供科学依据，帮助他们制定更具针对性的物流产业发展政策（包括港口群资源整合策略），促进数字经济的健康增长。这有助于实现区域内数字经济的可持续发展，提高综合经济水平。同时还可以为京津冀区域内的空间合理布局和区域协同发展提供参考，改善地区发展不平衡，促进不同港口腹地之间的资源和产业协同作用，推动整体数字经济发展水平的提高。

（4）研究环渤海经济发展水平与区域智慧物流空间互动的意义

随着环渤海发展一体化的推进，该区域逐渐成为国家级的区域经济体，在我国经济增长中的战略地位日益凸显。区域物流一体化及协同发展的相关探讨和研究成为物流领域研究的热点话题，尤其是港口物流与区域经济发展的互动。而关于区域智慧物流协调发展的研究主要集中在发展现状、对策以及应用方面，缺乏经济发展对智慧物流发展影响的研究，且从空间计量的角度去考虑经济发展对智慧物流发展影响的研究也相对较少。所以本部分的研究具有很强的理论意义和现实意义。

理论上，本部分的研究对象是区域智慧物流发展水平与经济要素之间的关系。研究的重点是使用空间计量方法找出影响区域智慧物流发展与经济要素之间的关系，深入探讨二者之间的关系和作用机制，为智慧物流的发展提供理论支持。

现实意义上，本部分以京津冀一体化为例，注重研究区域智慧物流产业协调发展的影响因素。一方面，区域经济的发展可以带动物流业的发展，提高物流需求和市场规模；另一方面，智慧物流的发展可以促进区域经济的协调发展、优化资源配置、提升物流效率和降低物流成本。因此，研究京津冀区域经济发展对智慧物流发展的影响，可以更好地把握二者之间的关系，为智慧物流的发展提供有力的支持。

1.3　研究内容

第1章　绪论

本章主要对本书的写作背景、目的以及意义进行阐述，介绍本书的主要研究内容和研究方法，确立整本书的研究思路以及技术路线，起到统领全书内容的作用。

第2章　国内外研究现状综述

本章主要对本书在研究过程中所涉及的研究领域进行文献回顾。这些领域包括：①集装箱吞吐量预测问题的研究现状；②智慧物流研究现状；③经济高质量发展相关研究；④港口物流对经济的影响研究；⑤空间计量经济模型在物流、港口以及数字经济领域的研究现状；⑥物流发展水平测度研究的现状；⑦港口物流发展水平测度的研究现状；⑧数字经济发展水平测度的研究现状。

第3章　相关概念和理论

本章包括两部分内容：①相关概念。这些概念包括港口物流的概念、经济高质量发展的概念、环渤海（京津冀）港口群概念、数字经济以及智慧物流的概念等。这些概念为后续研究内容的范围进行了界定；②相关理论。这些理论包括区域经济学的相关理论、空间相互作用的相关理论、综合评价的相关理论以及空间计量的相关理论，这些理论为后文的机制分析以及实证研究提供了支撑。

第4章 本研究所涉及的重要理论关系分析

本章重点对本书中所要提出和验证的理论关系和机制进行阐述。首先，介绍了对港口物流预测的相关理论以及本书中对该理论的理解；其次，提出了港口腹地经济发展水平与智慧物流发展的互动机理；再次，阐述了港口物流与经济高质量发展的空间互动机理；最后，分析了港口腹地物流与数字经济发展的互动机理。

第5章 区域港口群物流预测方法研究

本章重点研究区域港口群物流量的预测方法。首先，提出了适合港口吞吐量预测的数据模式分解方法；其次，对分数阶灰色预测模型、指数平滑预测模型、非线性回归预测模型以及 BP 神经网络预测模型分别进行了介绍；最后，构建了环渤海港口群集装箱吞吐量预测的组合预测和赋权方法，并构建了方法评价指标。

第6章 区域港口群物流量预测实证——以环渤海港口群为例

本章首先获取了环渤海地区港口群的集装箱吞吐量数据，并利用数据趋势分解算法，获得环渤海港口群集装箱吞吐量数据的特征。其次，分别利用灰色模型 GM（1，1）、分数阶灰色模型、指数平滑模型和非线性回归模型对环渤海港口群的集装箱吞吐量进行了预测和对比。再次，分别利用分数阶灰色和非线性回归组合模型以及指数平滑和 BP 神经网络组合模型对环渤海港口群吞吐量进行了预测，并使用熵值法对组合预测结果进行修正。最后，对预测结果进行了分析。

第7章 效率导向的港口资源整合策略研究——以环渤海港口群为例

首先，本章对目前港口整合的现状进行了研究，提出了效率导向的港口群整合的可行性和创新性。其次，获取了评价环渤海港口群资源整合的数据。最后，构建了效率导向的港口群资源整合模型，并进行了实证研究，提出了效率导向的环渤海港口群整合策略。

第8章 港口物流资源整合的"陆港"选址研究——以河北省港口群为例

首先，本章阐述了利用"陆港"构建一个完善的港口群集疏运体系以整合港口群资源的框架。其次，构建了河北省港口群"陆港"选址的指标体系。最后，建立了河北省港口群选址的 AHP-TOPSIS 法选址模型，并进行了实证研究。

第9章 港口群腹地多维经济发展水平评价方法与实证——以京津冀港口群为例

本章主要完成对港口群经济腹地经济发展水平的多维评价。首先，构建了港口群经济腹地智慧物流和区域经济发展程度的评价模型并以京津冀区域为例进行了示例研究。其次，构建了港口群腹地经济高质量发展测度模型，并以京津冀为例进行示例研究。再次，构建了港口群腹地数字经济发展水平测度模型并进行了示例研究。最后，构建了港口群腹地物流发展水平测度模型并以京津冀为例进行了示例研究。这些研究为研究港口群腹地多维经济变量之间的空间互动奠定了基础。

第 10 章　港口物流对腹地经济高质量发展的影响——以京津冀为例

本章主要研究港口物流和港口腹地经济高质量发展之间的空间互动。首先，进行了指标选择并获取了研究范围内的数据。其次，对本章所使用的空间计量模型进行了选择。再次，构建了港口物流和港口腹地经济高质量发展的空间计量模型并进行了实证研究。最后，对所得结果进行了机制检验并提出了相应的对策和建议。

第 11 章　港口腹地物流发展水平与数字经济发展的空间计量研究——以京津冀为例

本章主要研究港口腹地物流发展水平和数字经济发展之间的空间互动。首先，进行了指标选择并获取了研究范围内的数据。其次，对本章所使用的空间计量模型进行了选择和设定。再次，构建了港口腹地物流发展水平和数字经济发展的空间计量模型并进行了实证研究。最后，对所得结果进行了检验并提出了相应的对策和建议。

第 12 章　港口群腹地经济发展水平与智慧物流的空间计量研究——以京津冀为例

本章主要研究港口群腹地经济发展水平与智慧物流之间的空间互动。首先，对智慧物流发展水平的空间相关性进行了分析。其次，进行了指标选择并获取了研究范围内的数据。再次，构建了港口群腹地经济发展水平与智慧物流的空间计量模型并进行了实证研究。最后，对所得结果进行了检验并提出了相应的对策和建议。

第 13 章　环渤海港口资源整合促进腹地经济发展的对策研究

本章主要利用研究结论提出利用环渤海与京津冀港口资源整合促进腹地经济发展的对策。具体包括：充分利用物流预测方法加强港口资源管理、促进京津冀区域智慧物流发展、促进区域经济高质量发展、促进数字经济发展。

1.4　研究方法

（1）文献综合研究法

本书参阅了国内外相关研究的文献资料，整理了集装箱吞吐量预测相关理论、环渤海港口群的发展现状和发展对策相关研究，对集装箱吞吐量预测研究的方法进行了筛选，建立组合模型，同时整理相关发展对策研究，结合预测结果，提出相关对策建议。同时，通过检索国内外大量的相关文献，在梳理和归纳的基础上结合综合评价和空间计量的相关理论，分析京津冀港口群腹地内各经济要素对智慧物流发展的作用机制以及两者之间的相互关系，为本书的研究提供相应的理论支持，并为进一步实证检验提供理论支撑。本书还整理了港口群腹地物流与电子商务发展评价的相关理论以及二者间的空间关系研究，对评价方法进行筛选，建立了合适的模型，结合评价结果探索了京津冀物流（含港口物流）与数字经济的空间关系，并提出了相应对策建议。

（2）对比分析法

通过对不同特点的港口集装箱吞吐量预测模型的实验研究，结合不同模型的参数和特点，进行对比实验，从而得到更优预测模型组合。

（3）定性与定量分析结合法

定性地对京津冀港口物流与腹地经济高质量发展现状进行分析；利用熵值法和空间计量模型定量的对京津冀港口物流和腹地经济高质量发展的指标体系进行测度以及京津冀港口物流对腹地经济高质量发展的空间效应进行实证分析。

（4）实证研究法

本书结合11年的环渤海港口群集装箱吞吐量数据，根据数据的不同特征，利用不同模型对数据特点进行捕捉，进行实证研究，并根据研究的结果，对环渤海港口群未来发展的建议对策进行了调查和研究。此外，本书以京津冀地区的4个港口和13个腹地城市为研究对象，并基于2010～2020年的面板数据，构建以腹地经济高质量发展水平为被解释变量，港口物流发展水平为解释变量的分析框架，研究港口物流对腹地经济高质量发展的影响。

（5）CRITIC-熵权法组合权重测量法

CRITIC权重法是通过对比强度和冲突性两个指标值的大小来判断指标权重的一种客观赋权法。对比强度一般用标准差表示，标准差越大波动就越大，那么权重会越高；冲突性与相关系数存在一定的关联，相关系数越大，冲突性越小，权重也就越低。对于多个指标和多个对象的综合评价问题，CRITIC权重法能够降低信息重复度，减少对相关性较强的指标的影响，从而增加评价结果的可信度。

熵权法是根据离散程度来判断某个指标对综合评价的影响的一种数学方法。利用信息熵的大小来确定某项指标对综合评价的影响，当信息熵值较小时，意味着指标的离散程度较大，因此该指标对综合评价的影响（即权重）也会相应增大。通过信息熵，可以计算出各个指标的权重，从而为进行多指标综合评价提供重要依据。

但两种赋权方法都有一定局限性,在研究中发现CRITIC权重法虽然能够综合判定各指标间的对比强度和冲突性,但是不能准确反映指标之间的离散程度,而熵权法恰恰能够弥补这一不足,所以综合运用CRITIC权重法和熵权法能够更加客观地反映指标的权重。因此本书将采用CRITIC-熵权法来计算京津冀港口群腹地智慧物流发展指标的权重。

(6) TOPSIS分析法

TOPSIS法是一种能够最大限度利用原始数据信息,准确反映各个评价方案之间差异的综合评价方法。该方法的基本过程如下:首先,对原始数据进行归一化处理,形成一个数据矩阵。其次,通过余弦法从可获得的方案中寻找最优方案和最劣方案。再次,计算其他方案与最优方案和最劣方案之间的距离。最后,基于这些距离计算每个全部方案与最优方案的相对接近程度,以此作为评价优劣的依据。该方法的优点是对数据分布和样本量没有严格限制,且计算比较简单。

(7) 熵权-TOPSIS法

结合熵权法与TOPSIS法的优点,形成了熵权-TOPSIS这一多维度评价方法。熵值法作为一种客观的赋权方法,有助于降低由主观赋权导致的误差;TOPSIS方法被广泛认为是一种高效的多目标决策分析手段,用于比较多个方案或对象,以确定最佳方案或竞争力最强的对象。熵权-TOPSIS法计算过程如图1-1所示。

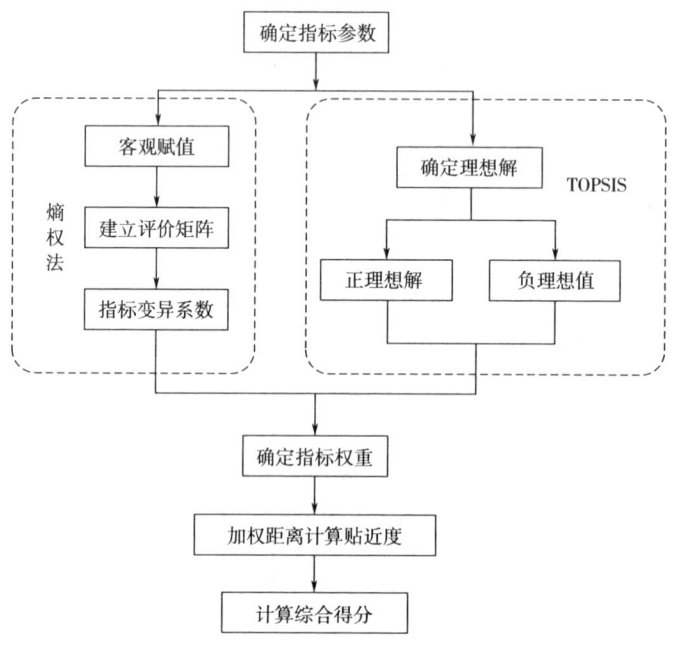

图1-1 熵权-TOPSIS法计算过程

（8）空间计量分析法

空间计量分析方法的操作步骤为：①建立并选择合适的空间权重矩阵，采用莫兰检验来判断经济要素和物流要素是否存在空间相关性；②在不考虑空间相关性的前提下，使用最小二乘法（OLS）对模型进行估计，之后在估计结果的基础上进行空间相关性检验，判断是否需要引入空间效应；③如果存在空间效应：先将模型设定为空间杜宾模型，然后通过一系列的模型，检验是否会退化为空间误差模型或空间滞后模型，可以构造检验统计量，以此来选择最优模型。具体步骤见图1-2。

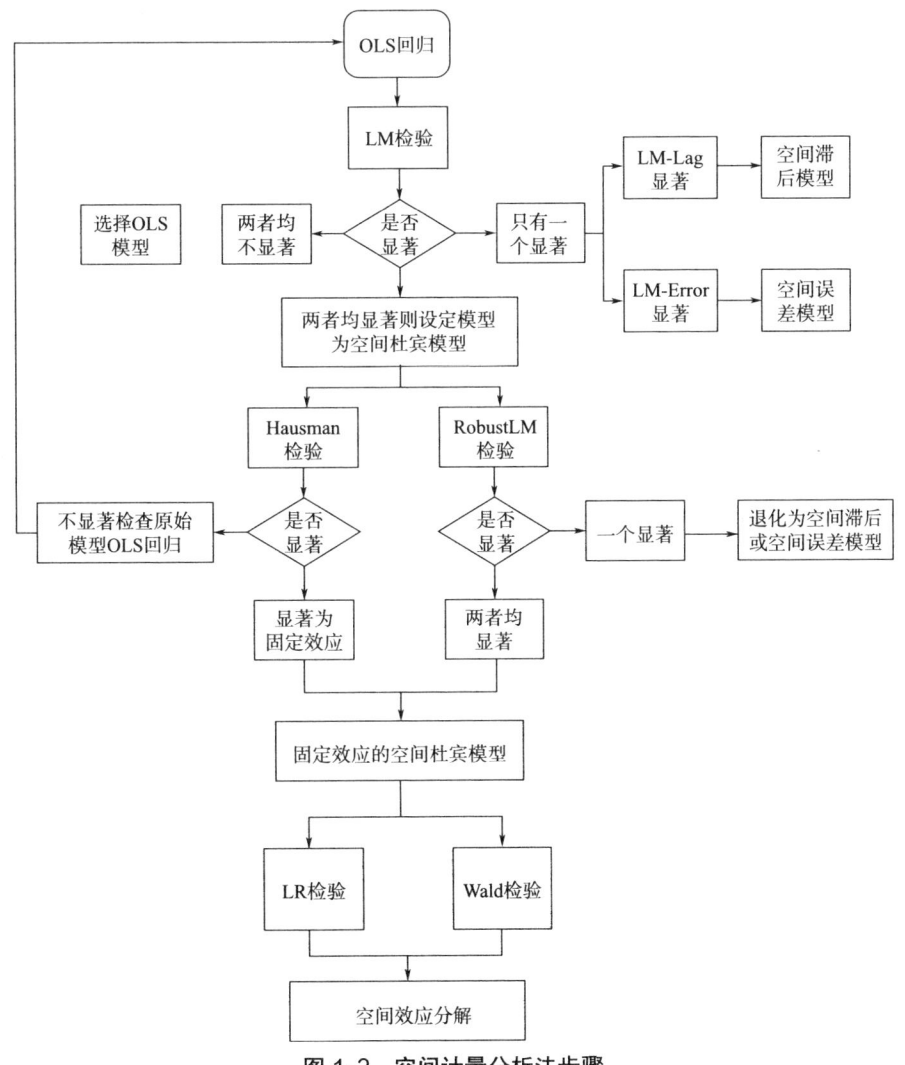

图1-2 空间计量分析法步骤

1.5　研究思路和技术路线

本书研究的目标是探究在港口资源整合背景下物流系统和经济发展系统的空间互动机制，并最终实现港口资源整合与区域经济的协调一致，共同发展。因此，本书的研究思路是：第一，对研究涉及领域的国内外研究现状进行综述，包括港口集装箱吞吐量预测、经济高质量发展的相关研究、空间计量经济学的相关研究等。第二，研究港口物流与经济发展的互动机理。将港口腹地的物流体系视作港口的集疏运体系与港口进行基于"陆港"体系的资源整合，进而分别研究港口物流与经济高质量发展以及经济腹地物流与数字经济发展的空间互动机制。第三，鉴于港口吞吐能力是港口物流最重要的基础资源，本书利用组合预测模型对港口吞吐量进行精准预测。第四，分别以效率为导向、以"陆港"为基础对环渤海地区的港口资源进行整合。第五，分别从经济高质量发展水平、数字经济发展水平和智慧物流发展水平三个角度对港口腹地经济发展水平进行多维测度。第六，对港口物流、腹地物流、经济高质量发展、数字经济发展水平以及港口腹地智慧物流之间的空间互动关系进行实证检验。第七，提出环渤海区域港口资源整合促进经济发展的对策和建议。研究技术路线见图1-3所示。

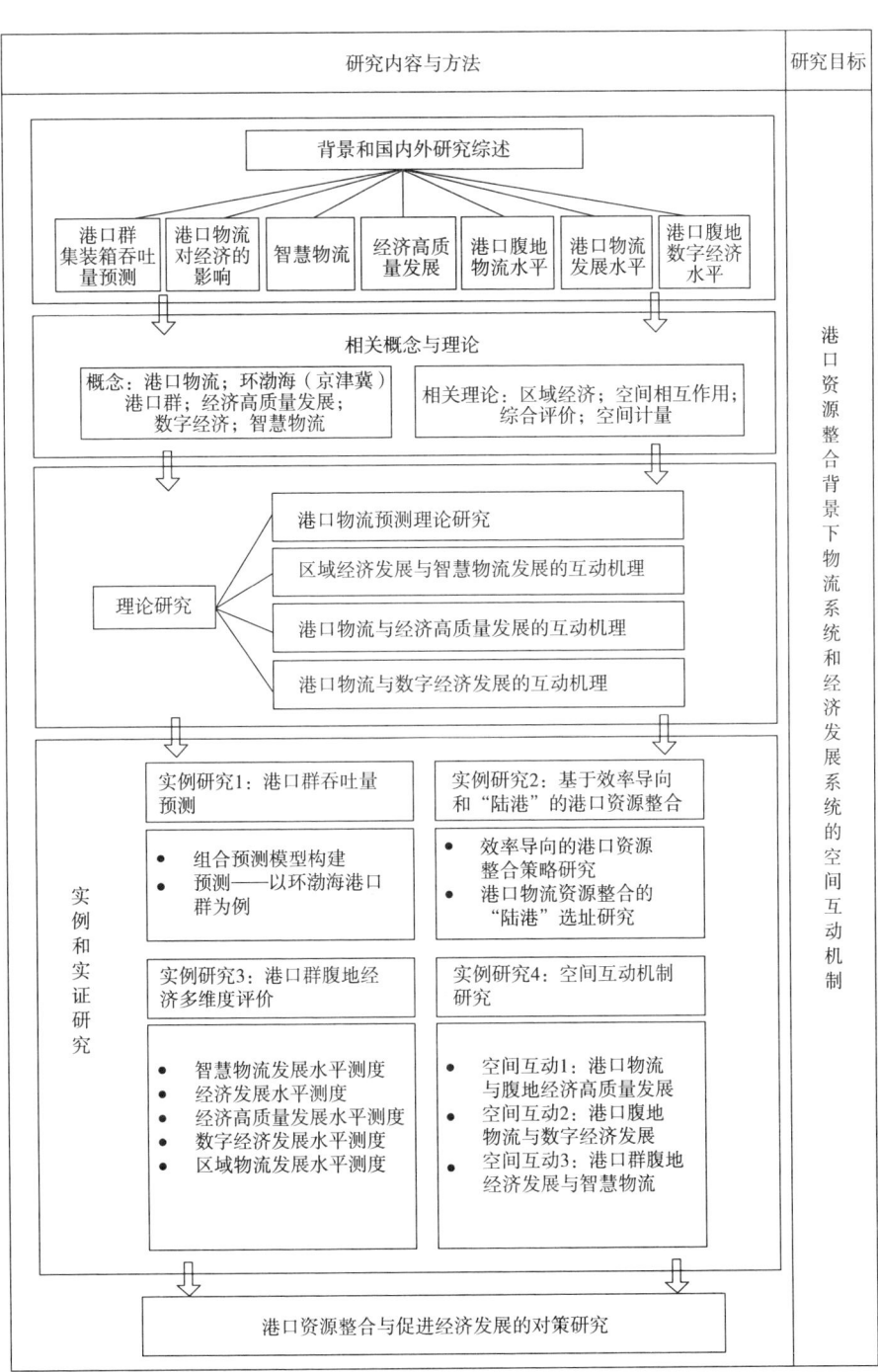

图 1-3 研究的技术路线

1.6 本章小结

本章主要对本书研究的背景、目的和意义进行了介绍,简要概括了本书的研究内容并提出了本书的总体研究思路和技术路线。研究内容涵盖了国内外研究现状、理论研究和实例、实证研究。这些研究内容均服务于港口物流整合背景下物流系统与经济系统空间互动机制研究这一目标。

第 2 章　国内外研究现状综述

2.1　集装箱吞吐量预测问题的研究现状

海上集装箱运输最早出现在 20 世纪 50 年代的美国，并在 20 世纪 60～70 年代得到了迅速发展。根据文献记录，我国最早的相关研究是 1985 年路成章和李亚茹在天津港口集装箱吞吐量预测研究中，以龚柏兹模型为定量模型，德尔菲专家评价方法为定性方法，预测了天津港 1990～2000 年集装箱吞吐量在 10 年内的水平，使用定性和定量模型相结合也是早期研究最常见的预测方法[6]。刘慧琴采用自回归模型与相关因素分析模型相比较，预测上海港乃至全国口岸集装箱吞吐量，研究表明，相关因素分析模型的预测更加可行[7]。近三十多年来，学者们对集装箱吞吐量预测问题的研究主要是预测方法的探究和改进。下面根据预测方法或模型的不同，对不同学者的研究进行介绍。

（1）定性预测方法

主观定性判断港口未来吞吐量的发展情况是一种较早的预测手段。通常情况下，港口吞吐量的预测，其研究内容多以定量预测为主，而有时定性预测方法又被认为是辅助性预测方法。定性预测作为一种主观判断方法，它和研究者的阅历、知识水平及主观观点等因素有着密切的关系。定性预测方法对于统计数据缺乏时仍能进行判断，因此当占有信息量很小时采用定性预测可能得到较为理想的效果。但是定性预测的结果缺乏准确度和稳定性，并且具有较强的主观性和人为认知的因素，因此目前没有学者只使用定性方法研究集装箱吞吐量预测问题[8]。以下为定性方法简要介绍。

德尔菲法—专家调查法：德尔菲法最早由赫尔默、达尔奇等人于 20 世纪 40 年代提出[9]。其基本原理主要是预测组织者通过寻找港口集装箱吞吐量专家，再征求和搜集各位专家对有关预测问题的主观看法，将它们整理成预测结果。

主观概率法：其基本原理就是把研究人员的主观经验、知识同研究对象相结合，对研究对象预测问题进行概率化分析。

（2）定量预测方法

定量预测则主要通过构造数学模型，将研究对象数量化分析。分类方法可能有多种，如 Huang 等人将预测技术分为三大类：计量经济模型、人工智能模型（AI）和混合算法，预测方法的分类见仁见智，但基本上差距不大[10]。基于方法的差异性，Xiao 等人在大量文献的基础上，将港口吞吐量的定量预测方法归纳为以下三种类型[11]。

时间序列法：该方法根据历史吞吐量数据建立数学模型，包括自回归综合移动平均模型（ARIMA）、指数平滑、灰色模型（GM）、分解方法（X-11）等。例如，Rashed 等人使用 ARIMA 模型预测了安特卫普港的集装箱吞吐量[12]。陈昌源等人使用了改进 GM（1，1）模型预测了上海港集装箱吞吐量，并指出灰色模型对集装箱吞吐量预测有天然的优势[13]。董洁霜等使用 SARIMA 模型对上海港集装箱吞吐量进行了预测，其采用了时间序列分析，尝试避免季节效应[14]。目前在集装箱吞吐量预测问题中，分解方法、灰色模型和 ARIMA 等模型是最常用的预测模型。

因果分析法：其原理主要是通过考察港口腹地吞吐量与其他经济指标之间的相关性，然后根据相关经济指标，建立港口吞吐量预测模型。目前，这类方法主要有弹性系数法、回归分析法等。例如，林建采用 GDP 这一港口吞吐量影响因素，运用回归分析方法对沿海港口货物吞吐量进行了预测，其原理主要是利用预测的 GDP 数据作为了自变量，建立回归分析因果式，用以预测港口货物吞吐量[15]。韦琦等人采用回归分析法对 GDP、进出口总额、港口吞吐量 3 个指标所产生的联系进行分析，并建立数学关系式，结果表明：城市经济对港口物流变化呈正相关[16]。回归分析法利用一个或多个分量作为自变量，与因变量建立关系式的方法堪称"隔山打牛"，将集装箱吞吐量预测问题转换到另一个层面进行分析，值得称道。

非线性预测模型：当集装箱吞吐量时间序列为线性或近似线性时，时间序列模型和因果分析模型可以获得满意的预测性能。但影响集装箱吞吐量的因素比较复杂，集装箱吞吐量的波动往往呈现高度非线性依赖关系。因此，只使用这些线性模型，性能可能非常差。近年来，在集装箱吞吐量预测中引入了一些非线性动态预测模型，如人工神经网络（ANN）、遗传规划（GP）、随机森林算法等。例如，Ping 和 Fei（2013）使用了基于 BP 神经网络算法的港口吞吐量预测模型[17]。Chen S. H. 等人（2010）利用了基于遗传规划（genetic programming）的方法研究了港口集装箱吞吐量预测[18]。Eskafi 等人（2021）基于影响宏观经济变量的认识不确定性，包括模型的不确定性（变量的选择、假设和过程）和参数的不确定性（使用的数据的数量和质量），利用贝叶斯预估（Bayesian estimation）模型对港口吞吐量进行了预测[19]。谢新连、王余宽等使用随机森林算法研究了集装箱吞吐量预测方法，通过对比三次指数平滑、多元回归分析和 BP 神经网络 3 种方法，认为随机森林算法预测准确性更高，这是对单一预测模型预测性能的比对研究[20]。非线性预测模型应用实例还有很多，出现的最大问题在于：虽然其对数据的拟合度很高，但不同数据的中间部分离散程度可能非常大，毫无线性规律，从而失去了预测的意义。

除上述三种方法以外，有学者将时间序列模型、非线性预测模型等其他方法混合使用，综合单一预测模型的各项优点，相互补充，建立组合模型，从而提升预测的性能和稳定性。国内在组合预测模型的开创使用方面，唐小我教授研究成果较为突出[21-23]。近年来，国内外也不断有大量的文献使用了组合模型进行集装箱吞吐量预测[24-28]。

2.2 智慧物流研究现状

2.2.1 国外关于智慧物流的研究

智慧物流最早起源于国外，目前已经发展到一个相对成熟的阶段，现阶段对智慧物流的研究多集中在应用方面。Eckhardt[29]、Coronado[30]分别以 RFID、DSRC 的无线车载网络为基础，研究了智慧物流技术的应用能够大幅度提高多式联运物流运输的作业效率，减少资源浪费，降低运输成本，进而促进多式联运的发展。Katarzyna[31]等以波兰为例介绍了物流最后一公里中对客户服务引入智能理念后的物流变化的影响。Manuel[32]、Winkelhaus[33]认为随着工业 4.0 时代的到来，智能物流系统未来在企业中的应用的趋势大好，将会有助于企业的转型升级。Timirgaleeva[34]、Ruoran[35]等研究发现智慧物流技术的进步，大幅度提高了物流系统的运作效率。Tirajet[36]等通过引入区块链技术设计了分布式应用的数据结构和智能合约来提高配送中的安全性。Aimin[37]等认为掌握人工智能技术背景下的"智慧物流"发展的关键,对提升企业自身物流竞争力水平有较大帮助。Xiaocui[38]从高效、无界、智能三个方面阐述了智慧物流的特点,分析了智慧物流在物流各个流程中的应用,并提出构建智慧物流信息化管理平台,可以为物流企业降本增效,增强企业竞争力。Qin[39]为解决物流企业对人才的需求已经从技能密集型转型至智能物流专业人才的问题,提出了基于CDIO的智能物流人才培养系统。Wenjie[40]、Canhui[41]等认为在大数据背景下,数据可视化的运营管理,对提高物流管理水平和效率提供了帮助。Nan[42]等运用文献计量的方法,对现阶段智慧物流研究的前沿热点进行梳理,发现研究趋势朝着智慧物流理论研究、人工智能技术实践应用、企业转型升级、人才培养等方向发展。

2.2.2 国内关于智慧物流的研究

2009年可以被认为是国内智慧物流发展的标志性元年,经过十几年的快速发展,我国智慧物流也取得了一些成就。通过梳理发现,近些年国内关于智慧物流的研究逐渐增多,大体可以分为以下几个方面:

(1)智慧物流发展现状研究

万莉莎[43]对我国智慧物流发展的历程、现状阐述后,提出可以通过建设智慧物流基地,以促进物流产业向智慧化转型。刘晓芸等[44]以文献综述的方式梳理了数字化背景下我国智慧物流的发展现状。何黎明[45]以供给侧结构性改革为背景分析了我国智慧物流发展的基本前提已经具备,需要升级供应链结构,推动供给侧结构性改革,为智慧物流发展创造新机遇。况漠[46]等认为与外国智慧物流产业发展相比我国智慧物流产业目前发展的主要动力因素源自经济结构转型升级的现实需求,并提出智慧物流产业创新发展路径,以此来推动我国智慧物流业的发展。

(2)智慧物流发展问题及对策研究

从我国智慧物流产业整体发展现状来看,目前主要存在重复化、同质化、无序化的特点[47]。随着人工智能、大数据、区块链等技术的发展,我国智慧物流市场也在逐步扩大,但仍然存在智慧物流设备投入不足、数据采集分析能力不足、缺乏高端物流人才等问题[48]。学者们认为应该从加强政策引导、优化产业结构、构建产业标准体系、搭建智慧物流公共信息平台、加强人才培养,提高服务能力等方面入手,为智慧物流产业发展创造良好的生态环境,以推进我国智慧物流的发展[49]。就区域智慧物流发展状况来看,京津冀区域内由于各城市间经济发展存在较大差距，导致区域物流一体化发展受到制约[50, 51]。对于京津冀区域农产品冷链智慧物流发展中存在的问题，可以尝试从物联网的角度寻找优化对策[52]。在数字经济背景下，企业可以从获得政府支持、加强企业间的联系等角度出发以解决智慧物流转型中面临的问题[53]。政府可以通过督促政策落实、加强基础设施建设和培养物流人才等来解决数字经济下智慧物流体系建设中存在的一些不足[54]。此外，郑秋丽[55]从政策、机制、技术、管理及融资等角度对当前我国智慧物流发展中存在的问题提出了具体的策略与建议。刘雪雪等[56]、余娟[57]认为我国智慧物流的发展存在行业发展标准制定进程缓慢、相关基础设施建设落后、末端智能服务水平不高、专业人才极度缺乏等问题，应从扶持力度、信息标准化建设、末端服务体系以及专业人才培养等方面采取措施，来推动我国智慧物流健康发展。符瑜[58]认为目前我国智慧物流发展的首要目标是如何利用智慧物流最大限度地"降本增效"，并从政府推动、技术创新、人才培养等方面提出对策。

（3）智慧平台建设及应用研究

王献美[59]以智能制造中智能物流为对象，提出智慧云物流管网的概念，以大数据为基础研究了"云仓储"的问题，帮助制造企业准确地开展个性化定制业务。京东的青龙系统通过智能化物流管理系统完成整个过程中商流、物流、信息流和资金流的高效流转[60]。钱颖萍[61]同样以京东物流为例介绍了无人仓、无人机和智慧供应链技术在电商企业中的应用，认为使用智慧物流技术能够有效提升物流质量，降低物流成本。李佳[62]认为基于大数据、云计算等智慧物流发展模型将有效提高信息流、商流、物流、资金流的效率，降低传输成本。孙捷[63]提出无人机配送是智慧物流发展的必然结果，但是面临法规不健全、安全度、应用度等问题，导致对于无人机配送业务还处于探索性的阶段，尚未形成规模效应。

（4）其他关于智慧物流的研究

王惜凡等[64]以阿里盒马生鲜为例探讨了智慧物流在生鲜零售产业中的创新应用，分析得出物流的"智慧化"要通过"四个智能＋一个自动化"来实现。吴萍[65]以"互联网＋"智慧物流发展中面临的新问题为背景，提出要创新运营模式，发展多式联运，提升物流资源的集约度，通过可视化信息技术、智能机器人运营、车辆调度与货物溯源等方面的物联网化实现智慧化和物联化。

2.3 经济高质量发展相关研究

高质量发展是根据中国经济的实际发展情况所提出的，旨在解决中国经济社会发展的问题。因此，本书关于经济高质量发展的研究以国内研究为主，主要探讨经济高质量发展的概念、经济高质量发展水平的评定方法、实现经济高质量发展的途径以及经济高质量发展的影响因素。

（1）基础研究

学者们关于经济高质量发展的内涵特征与实现路径的讨论有：金碚（2018）认为人民对美好生活不断增长的需求能否实现是对经济高质量发展的判断准则[66]。王永昌等（2019）认为高质量发展是可持续性的发展，体现在生产过程中要素投入减少，自然资源和环境的消耗成本降低，资源能够有效地分配和利用，以追求经济效益的最大化[67]。苗勃然等（2021）认为经济高质量发展要兼顾经济速度和质量，并通过调整和改善产业组成，实现产业结构升级和优化，同时高质量发展还要具备高度的对外开放性[68]。李瑞记（2021）认为经济高质量发展是在体现新时代发展理念的基础上，注重追求效益和质量的发展[69]。

对于构建区域经济高质量发展的评价指标体系和评价方法的研究有：师博、张冰瑶（2019）结合经济高质量发展的基本内涵，从经济韧性、生态环境和社会保障等方面构建了指标体系，并采用均等权重法进行测算[70]。鲁玉秀等（2021）以劳动生产率衡量城市经济发展质量[71]。肖德等（2021）运用熵权TOPSIS法评价了基于新时代发展理念所构建的经济高质量发展指标体系[72]。冯晓华等（2022）以绿色全要素生产率衡量经济高质量发展水平，并运用嵌入绿色GDP核算的HM-GTWR模型进行测算[73]。薛永刚（2022）从创新性、协调性、开放性、可持续性和共享性等方面构建了城市群经济高质量发展指标体系，并采用熵值法进行测算[74]。殷培伟等（2023）基于经济高质量发展的内涵，采用熵权TOPSIS法从经济运行供给侧的质量变革、效率变革、动力变革等方面评价了经济高质量发展水平[75]。

（2）经济高质量发展影响因素研究

仇桂且（2022）实证研究发现江苏省的绿色工业生产效率和金融发展均能

显著推动经济高质量发展[76]。王志强（2023）以全国省级城市为研究对象，证实 FDI 规模能够显著促进经济高质量发展[77]。黄海刚等（2023）研究发现高等教育能够通过积累人力资本、推动技术创新来促进城市经济高质量发展[78]。汤莹滢等（2023）发现京津冀、长三角和珠三角三大城市群之间的交通紧密性对经济高质量发展的影响存在异质性，京津冀和珠三角交通越紧密越能促进经济高质量发展，而长三角交通紧密却达到抑制效果[79]。燕玉洁等（2023）研究发现科技创新能够显著带动经济高质量发展，并且通过调整和改善产业的组成可以进一步放大带动作用[80]。汪少贤（2023）以全国地级市为研究对象，证实人力资本匹配程度的提高和新型城镇化的发展有助于推动经济高质量发展[81]。覃琼霞等（2023）以水土保护和水质治理作为生态保护的衡量指标，研究发现生态保护对黄河流域的 35 个主要城市具有显著的正向影响[82]。王倩倩（2023）研究发现财政支出规模和西藏经济高质量发展之间具有倒"U"型影响[83]。蔡春林等（2023）研究发现外贸高质量发展能够对经济高质量发展产生积极作用[84]。

综上所述，自"经济高质量发展"概念提出之后，学者们首先从不同的角度理解其概念并展开阐述，继而又探讨了实现经济高质量发展的方法。其次，在研究区域的经济高质量发展水平时，有的学者是以生产率来衡量经济高质量发展水平，而有的学者则是根据研究内容结合经济高质量发展概念构建评价指标体系。其测度方法也各有不同，包括熵值法、熵权 TOPSIS 法、HM-GTWR 模型，等等。最后，在研究影响经济高质量发展因素上发现金融、教育、科技、外贸等因素均能影响经济高质量发展，然而目前在众多因素中，港口物流因素还未被发现。

2.4 港口物流对经济的影响研究

Bottasso 等（2013）以西欧国家为对象，研究港口活动对当地就业的影响，结果表明港口吞吐量与区域就业呈正相关[85]。Wang 等（2018）应用德尔菲调查法和投入产出分析法，研究智慧港口产业对韩国经济的影响，结果发现智慧港口对生产力和就业方面的影响较大[86]。Park（2019）研究 OECD 和非 OECD 国家各种类型的交通基础设施对经济增长的作用，结果表明：与航空和陆路运输相比，海洋运输在经济增长中更具有重要性[87]。Mudronja 等（2020）以欧盟港口为例，采用内生增长理论分析海港对区域经济增长的影响，并应用两步广义矩法模型进行检验，研究结果表明：海港对欧盟港口地区的经济增长具有明显的影响[88]。Jason 等（2021）应用因子模型建立量化港口与经济之间的联系，结果证明澳大利亚港口可以反映出经济活动的能力[89]。Michail 等（2021）采用面板向量自回归方法，表明海运集装箱贸易是 GDP 增长的一个重要决定因素[90]。Mustafa 等（2021）证实土耳其的海运集装箱运输在短期和长期内均对经济增长具有重大贡献[91]。

龙建辉等（2014）研究证实港口物流的发展可以促进社会经济的增长[92]。江明光（2017）认为港口物流通过港口物流产业发展发挥的集聚扩散效应使关联产业集聚，基础设施投资建设发挥的乘数效应以及港口物流产业发挥的区域乘数效应使得成本降低进而使得外贸增长，最终促进了区域经济增长[93]。王越等人（2020）的研究内容为港口物流与经济之间的相关性，研究对象为宁波舟山港，所选用的分析法为灰色关联，分析结果显示港口物流与经济指标之间存在较高水平的相关性[94]。张蒙（2021）研究了港口繁荣对区域经济发展的影响，并通过建立面板向量自回归模型对两者关系进行分析，分析结果显示，港口与城市经济之间存在正向的双向影响[95]。侯媛媛等（2023）实证研究发现海口港港口物流和海口市经济之间相互促进[96]。

综上所述，学者们在港口物流与经济之间关系的研究上已有大量的成果。而在实证研究过程中，有以港口吞吐量作为衡量港口物流指标的，有简单建立指标体系评价港口物流的。如今港口物流已经发展成为一个综合服务体系，因此，在港口物流实证研究中，应综合考虑涉及港口物流的多个因素，如营运规模、腹地经济支持水平、绿色发展水平等，其实证模型也各有不同，包括 VAR 模型、GMM 模型、面板回归模型等。但目前均是港口物流与区域经济增长的研究，而社会经济的发展目标已经转向追求经济的高质量发展。因此，关于港口物流与经济高质量发展之间的关系是有待进一步研究的问题。

2.5 空间计量模型在相关领域的应用现状

2.5.1 基于空间计量方法的物流有关研究综述

空间计量经济学的概念最早由 Paelinck[97] 提出，此后经过不同学者如 Cliff[98,99]、Anselin[100] 等的努力得到进一步发展，并最终形成了空间计量经济学的理论框架体系。Lee[101,102] 等通过全面而深入的研究，对空间面板数据模型提出了一个新的总体框架，并将其具体化，可以从空间结构和时间结构上来研究具体问题。

运用空间计量模型可以从空间和时间上研究不同的经济要素是如何影响物流发展的。Liu Jie[103] 等运用空间杜宾模型检验了中国物流业对碳排放的空间溢出效应，研究结果表明，物流集聚对区域和周边地区的减排均有正向影响。王东方[104] 采用空间计量方法对中国城市物流发展空间结构演化进行研究，发现我国城市物流发展水平虽然持续提升，但区域发展不平衡问题依然突出。徐秋燕等[105] 通过空间计量模型，验证了物流产业集聚对经济增长存在空间溢出效应和空间异质性。刘国巍[106] 基于空间杜宾面板数据模型研究发现物流技术创新对物流业的发展存在正向外溢作用。李忠民等[107] 以新丝路经济为例研究发现物流发展能够有效促进经济带的经济增长。刘瑞娟等[108] 运用空间面板计量方法实证检验了交通基础设施对物流产业效率存在正向的空间溢出效应。周楠等[109] 基于"钻石模型"构建物流竞争力评价指标，运用空间计量研究长江经济带的物流竞争力水平，发现长江经济带物流竞争力由下游至上游呈梯度递减格局，且存在显著空间相关性。

2.5.2 基于空间计量方法的港口经济研究综述

PARK 等（2016）应用计量经济学分析海港对韩国地区的经济影响，结果表明：海港只有在吞吐量足够的情况下才能促进区域经济增长[110]。Deng 等（2020）研究港口综合实力是否可以影响经济的增长以及产生空间溢出效应，结果表明：港口综合实力的提高可以促进经济的增长，并且产生了显著的正向空间外溢[111]。CONG 等（2020）建立面板回归模型检验中国港口城市的港口吞吐量与城市经济发展的相关性，结果表明港口吞吐量对经济的影响不可忽略[112]。Wu 等（2022）研究了长江内陆港对区域经济发展的空间溢出效应，证明内陆港能促进所在城市的经济发展，同时内陆港对周边城市的经济发展也有很大的间接正效应，并且对周边城市的溢出效应远远大于对当地城市的溢出效应[113]。Theocharis 等（2022）应用动态空间杜宾模型证实基础设施对经济具有溢出效应[114]。

叶善椿等（2021）以广东省为研究对象，分析港口与城市经济的空间效应，研究显示港口对城市经济呈现正向的空间效应[115]。刁姝杰等（2021）的研究内容是关于港口对经济开放的空间效应，其利用空间杜宾模型完成了溢出效应的分析，结果表明：本地港口与周边港口的发展均作用于城市经济开放[116]。沈立新等（2022）研究港口对经济增长的空间效应，研究表明：港口发展不仅可以促进本地的经济增长，还可以带动周边的经济增长[117]。管红波等（2022）应用空间计量模型研究发现，数字经济对海洋经济高质量发展呈现正向溢出效应[118]。高永丰（2023）构建空间杜宾模型证实流通业集聚对区域经济高质量发展的影响具有溢出效应[119]。李唐蓉等（2023）采用动态空间杜宾模型发现，绿色金融能够促进经济高质量发展，并且还产生了正向外部性[120]。

综上所述，空间计量模型在研究港口物流与经济关系以及经济高质量发展方面已经得到了广泛的应用。并且经过证实，港口物流对经济增长存在空间溢出效应，同时，经济高质量发展在空间上也表现出了相关性。因此，研究港口物流对经济高质量发展的影响，可以将空间要素考虑在内，以此了解港口物流是否会对经济高质量发展产生溢出效应，即港口物流除了对本区域经济高质量发展产生影响外，是否还会对经济腹地的经济高质量发展产生影响。

2.5.3 基于空间计量方法的数字经济研究综述

王彬燕等（2018）使用了腾讯研究院公布的数字经济指数，对 2016 年中国数字经济的空间分布进行了研究，同时还对东部、中部、西部和东北地区的数字经济发展进行了因素分析[121]。焦帅涛等（2021）采用省域面板数据，测定了中国数字经济发展水平，并通过空间计量方法分析了影响因素。他发现城镇化水平、人力资本、贸易开放度等因素对中国数字经济的发展有促进作用[122]。彭文斌等（2022）研究了京津冀地区数字经济的空间效应，发现人均GDP、城镇化水平、产业结构调整都有助于该地区数字经济的正向发展，然而，教育质量和技术水平则会带来负面影响[123]。吴涛涛（2022）综合评价了中国东、中、西部数字经济的发展质量，并发现数字经济在不同地区存在明显的空间集聚效应，数字经济规模是主要的影响因素之一[124]。杨雪静（2022）分析了中国三大区域的数字经济发展水平、分布动态和区域差异，并发现经济增长水平、经济外向度、居民工资水平等因素对数字经济的发展具有正向影响[125]。王帅军等（2022）使用2014~2019年的省区市面板数据，构建了数字经济发展评价指标体系，并运用空间计量模型研究了数字经济发展的空间效应和影响因素[126]。程筱敏和邹艳芬（2022）从四个关键维度出发，构建了数字经济的综合评价体系，研究了数字经济在空间上的关联性，并运用空间计量模型对数字经济的空间溢出效应以及影响因素进行了实证检验[127]。江艳婷和韩慧霞（2023）构建了空间计量模型，分析了长江经济带产业结构升级对数字经济发展的影响和溢出效应，结果表明数字经济发展在该地区存在不均衡性[128]。马毛毛（2023）选取多个指标构建了数字经济发展指数，运用空间分析方法研究了数字经济的空间效应和影响因素[129]。何地等（2023）基于数字基础设施、数字经济环境、数字产业发展等多个角度构建了数字经济评价体系，使用空间模型评估了数字经济发展的时空差异特征[130]。

Zhiqiang Li 和 Ying Liu（2021）结合探索性空间数据分析（ESDA）和地理加权回归（GWR）模型分析，探讨了中国数字经济的空间分布格局及其影响因素。结果表明，八个综合经济区在数字经济发展水平方面存在显著的差异，这种差异在地理空间上表现出明显的相关性。投入要素、技术进步和制度变迁对数字经济空间分布的驱动模式表现出明显的空间分异[131]。Ding Chen 等（2021）用中介效应模型和空间 Durbin 模型等方法，对2011~2019年中国30个省份数字经济对经济高质量发展水平影响的机制、效应和区域异质性进行了测度和实证检验[132]。Xu Han（2022）以山东省为例，对数字经济发展指数进行测度和分析，并利用 Moran 指数进行空间自相关分析，考察地理位置对数字经济发展指数水平的影响[133]。Wei Zhang 等（2022）采用投入产出模型和社会网络分析法对2007~2017年中国数字经济核心产业与物流业的产业融合水平进行实证分析，中国核心产业之间的融合水平对数字经济与物流业的关系进行测度，并对其时空特征进行测度和分析[134]。Run Luo 和 Nianxing Zhou（2022）构建了数字经济评价指标，运用空间马尔可夫链、达格姆基尼系数和地理探测器等方法，分析了2011~2020年中国省级数字经济的动态演变、空间差异和驱动因素。中国省级数字经济发展存在显著的空间差异，主要是由区域间差异造成的。中国省级数字经济空间分异是多因素交互作用的结果，以经济条件和研发支出为主导[135]。

这些研究共同突出了数字经济的空间分布特征，以及不同因素对数字经济发展的影响。文献都使用了空间计量方法，但具体方法和模型可能有所不同，以适应各自研究的问题。这些方法包括探索性空间数据分析、地理加权回归、中介效应模型、投入产出模型等。

2.6 港口群腹地物流发展水平测度的研究现状

物流作为推动经济发展的重要力量，其发展水平对经济运行状况有着重要影响。因此，对物流发展水平的测度与评估一直是学术界关注的重点领域之一。在过去的几年里，众多研究者取得了丰富的研究成果。这些成果对于理解物流发展趋势、揭示物流运营规律、制定物流发展政策等方面具有重要的借鉴意义。

针对我国全域物流的发展水平评价。谷城等[136]借助熵权与变异系数综合赋权法测度了我国物流业智慧化水平；王玲等[137]运用DEA和全局Malmquist指数，测算我国经济体物流业效率及全要素生产率后，对我国物流业效率及全要素生产率在全球的地位进行了客观评价。董泽等[138]使用主成分分析法构建绿色智慧物流评价模型，为今后绿色智慧化物流的发展提供借鉴。张建超[139]运用层次分析法对我国智慧物流产业发展水平进行评估，判定我国智慧物流为中级发展水平，与发达国家具有一定差距。

针对区域物流的发展测度研究。付向东[140]利用熵值法构建区域物流发展水平评价指标体系，测算了2018~2021年江苏省区域物流发展水平；张广胜等[141]利用灰色关系分析法和熵权-TOPSIS法对山东省的物流网络发展水平进行分级排序；冶建辉[142]构建我国区域物流发展水平的评价体系，并对整体的发展及时空演化规律进行了研究；吴立冰[143]运用模糊综合评价对智慧物流背景下的物流企业核心竞争力进行测评；张鹏等[144]运用层次分析法，测算了快递业绿色物流系统生态度。虽然目前还没有针对港口群腹地物流发展水平测度的研究，但是针对区域物流发展水平测度的研究可以为港口群腹地物流发展水平测度提供借鉴。

2.7 港口物流发展水平测度的研究现状

国外学者在建立港口物流指标体系方面已有成熟的研究：KIM（2016）从港口吞吐量、港口基础设施和港口金融等三方面评价了中韩港口的竞争力[145]。Dinu（2016）提出了评价内河港口的指标体系，该体系考虑了港口的承载能力、与腹地之间的联系、交通网络以及吞吐量等因素，并以多瑙河内河港口为例进行了实证分析[146]。Hales等（2016）同时考虑了客户和投资者的角度，并应用AHP方法评价了全球12个海港的竞争力[147]。Mo（2018）以深圳港为例，应用DEA方法从港口物流的运营环境、基础设施条件、服务水平和发展潜力等方面评价港口的竞争力[148]。Kalgora（2019）结合集装箱运输容量的限制、吃水深度、码头面积、码头长度、码头起重机以及集装箱吞吐量等因素评价了阿比让、科托努、拉各斯等集装箱港口的竞争力[149]。Bhatti等（2019）考虑了港口的区位条件、效率、成本、货运量和多式联运的连接等五方面，应用AHP对"一带一路"上的苏斯特陆港和赫韦利杨陆港竞争力进行了分析[150]。Gao（2019）以生态位理论为基础，评价了长三角地区主要港口的物流竞争力[151]。Xu等（2020）从码头泊位数、港口货物吞吐量、港口航线总数、港口货物周转量、港口通关能力等17个指标对青岛港竞争力进行了评价[152]。Munim（2022）从港口连接性、设施、成本、服务质量、政策管理以及绿色港口管理实践等六方面评价了孟加拉国吉大港的竞争力[153]。

目前国内也未对港口物流的评价形成统一的指标体系：程敏等人（2017）从硬实力（港口硬件设施基础、港口规模生产能力）和软环境服务实力（腹地经济水平、未来发展潜力）等指标构建了港口物流综合服务能力评价指标体系[154]。王钰等人（2019）从港口万吨级泊位数、港口吞吐能力、港口陆域面积和港口覆盖航线数等指标构建了港口物流评价指标体系[155]。徐剑等人（2021）从港口作业能力、港口基础设施、腹地经济条件和港口发展潜力等四方面构建了长三角地区港口物流竞争力评价指标体系[156]。冯海珊等人（2022）从港口基础条件指数、服务水平指数、辐射经济区能力指数和发展潜力指数等四方面构建了北部湾港口物流指标体系[157]。朱广文等人（2022）从港口的吞吐量大小、基础设施的建设水平以及腹地的经济支持能力等三个方面评价了长江经济带港口的竞争力[158]。

在以上研究中，指标体系的评价方法包括：主成分分析法（徐剑等）、熵值法（冯海珊等）、层次分析法（Hales等、杜林娟等）、因子分析法（Xu等）、熵权TOPSIS（KIM）、CCA方法（Munim）、组合评价法（程敏等）以及DEA方法（Kalgora、Mo）。

综上所述，港口物流指标体系的构建目前主要应用于评价港口物流的竞争力。而关于港口物流指标体系的评价：首先，指标范围逐渐拓宽，由吞吐量、泊位数等基础指标拓展到港口发展潜力、腹地经济支持等方面的指标。其次，评价方法也逐渐多样化，包括熵值法、因子分析法、DEA方法等，并且由单一方法评价发展至组合方法评价。但在实证研究中，不能只简单参照学者们的指标体系，需结合研究对象的实际发展情况以及区域政策等问题，灵活选择指标构建港口物流指标体系。

2.8 港口群腹地数字经济发展水平测度的研究现状

赵涛等（2020）对2011～2016年间中国的222个地级及以上城市的数字经济整体水平进行了量化评估[159]。马梅彦等（2023）基于《数字经济及其核心产业统计分类（2021）》，对京津冀地区数字经济核心产业进行测度分析[160]。李洁和王琴梅（2022）应用综合加权TOPSIS法测度了基于新发展理念的我国2008～2019年数字经济发展水平[161]。刘伟和张慧（2023）关注"一带一路"数字经济发展，通过构建一套评价指标体系和采用熵值法，详细分析了该倡议下数字经济的现状，并提出了高质量发展建议[162]。董晓芳等（2023）基于2013～2020年我国30个省（自治区、直辖市）的数据，运用DEA-Malmquist指数方法动态分析了乡村数字经济发展效率，并采用泰尔指数方法对全要素生产率的区域差异进行了分析[163]。沈雯萱等（2023）采用改进的赋权法计算了各省份的数字经济发展指数得分，并运用空间误差模型研究数字经济发展与区域经济增长的空间关联[164]。李杨（2023）基于2011～2019年江苏省13个地级市的数据，采用熵值法测算了省内各地区的数字经济综合指数[165]。杨承佳和李忠祥（2023）构建了包含 8 个维度、60 个基础指标的综合评价指标体系，采用熵权法测算了中国数字经济发展水平[166]。刘荣庆和崔茂森（2023）采用纵横向拉开档次法对我国 30 个省份及八大综合经济区 2013～2020 年的乡村数字经济发展水平进行测度[167]。涂明程（2023）通过构建多个准则层，包括数字化环境、数字技术、数字产业和融合应用，采用熵值法确定了各个指标的权重，测算了 2015～2020 年中国省域（除港澳台和西藏）的数字经济发展水平指数[168]。唐睿（2023）从政策环境、创新氛围、基础设施等三个维度构建了安徽省数字经济评价体系，并利用社会网络分析法研究了时空分异特征[169]。王立新和孙梦婷（2023）从多个维度选取了 21 个基础指标，选用基于因子分析的主成分分析法测度了 2015～2019 年间我国 31 个省份数字经济发展水平[170]。陆刚和刘思言（2023）从数字发展载体、数字产业基础、数字发展环境三个维度测度京津冀各地区数字经济发展水平，并分析其时间和空间演变特征及空间相关性[171]。高晓珂（2023）以 2011～2020 年长三角数据为研究样本，采用主成分分析法测度了长三角四省市经济高质量发展指数[172]。陈梦根（2023）指出数字经济发展指数编制的原则与方法，并对国内外的相关指数做了分析对比[173]。何苗和任保平（2023）构建了数字经济的评价指标体系，并基于熵值法进行测算[174]。

数字经济的研究最早由 Tapscott Don 于 1996 年提出，他强调了信息流以实体方式呈现，数字经济的进步与电子商务紧密相连[175]。Milošević N 等（2018）利用综合距离指标（CIDI）方法，创建了一个多变量指标，可以作为数字经济表现的衡量标准[176]。Ling Wei（2020）结合数字经济的内涵和特点，从技术、经济、环境三个维度选取基础指标，对 2009～2018 年中国数字经济发展质量进行研究[177]。Xue Deng 等（2020）将数字经济分为"基础型""技术型""集成型"和"服务型"四种类型，并为每种类型选择 5 个指标。在此基础上，利用改进的熵值法计算各指标的权重，找出数字经济发展中存在的不足[178]。Kongtuan Lin 等（2023）从数字产品制造、数字产品服务、数字技术应用、数字要素驱动、数字效率提升五个产业维度计算省级数字经济发展水平[179]。Wei Zhang 等（2021）从数字基础设施、数字产业、数字集成三个维度对中国 30 个城市的数字经济发展指数进行测度，利用 2015～2019 年中国 30 个城市的面板数据构建计量经济模型进行实证分析[180]。Yanting Xu 和 Tinghui Li（2022）从数字用户、数字平台、数字产业和数字创新四个维度构建数字经济指标体系，然后采用熵权法和灰色目标理论相结合的方法对数字经济指标进行测度[181]。Zhong Wang 和 Peibei Shi（2021）以《中国数字经济发展白皮书》为基础，结合安徽省城市实际情况，将数字经济指标体系划分为数字工业化、工业数字化、信息基础设施三个一级指标和20个二级指标。采用主观评价法确定各指标的百分比权重，采用功效系数法计算安徽省16个地市的指标值[182]。Jiehua Ma 和 Zhenghui Li（2022）以2010～2020年中国大陆278个地级市为研究对象，首先从数字产业、数字用户、数字创新、数字平台四个维度构建了中国城市数字经济指标体系[183]。然后，采用灰目标熵权法计算中国城市数字经济指标和分项指标。Zhao Tao 等（2022）测量了2011～2016年中国222个地级以上城市数字经济和高质量发展的总体水平[184]。Shuwen Yang 和 Jun He（2022）建立了多指标综合评价体系，运用层次分析-熵权法对中国数字经济发展水平进行测度，并在此基础上分析中国数字经济的发展水平、动态变化和区域差异[185]。Dan Ma 和 Qing Zhu（2022）构建了2010～2018年中国281个城市数字经济与高质量绿色发展的综合评价指标，运用多种计量模型深入探讨数字经济对高质量绿色发展是否存在溢出效应[186]。

从上述文献可以看出，研究者们强调数字经济评估的多维度特性。他们从设施、技术、经济、环境、产业等多个关键维度出发，选择基础性指标，以构建全面的数字经济评估指标体系，以全面衡量数字经济的质量和水平。在评价方法上，研究者都采用了综合评价方法，使用熵值法、主观评估法、层次分析-熵权法等计算各指标的权重，评估各指标在综合评估中的相对重要性，以更准确全面地反映数字经济、测度数字经济的发展水平。这些研究为港口群腹地数字经济发展水平的测度提供了支持。

2.9 本章小结

本章对本书研究涉及的相关领域研究现状及文献进行了综述，包括集装箱吞吐量预测、智慧物流、经济高质量发展、港口物流与经济增长关系、空间计量理论在相关领域的应用、港口群腹地物流发展水平测度、港口物流发展水平测度以及港口群腹地数字经济发展水平测度等八个方面。

第 3 章　相关概念和理论

3.1　相关概念

3.1.1　港口物流相关概念

港口（port），江河、湖泊、水库沿岸拥有水陆联运设施以及为船舶安全进出港、靠离泊提供条件的运输枢纽。港口作为水陆交通集结点、枢纽处，是工农业产品、外贸进出口物资集散地，同时又是船舶靠泊、装卸、上下乘客、补充给养的补给站[187, 188]。

港口群（port group），港口规划管理中所采用的重要概念。港口群内各港口通常腹地范围一致、主要航线一致或类似，港口间既有互相制约也有互相依存，从地理位置上看，互相毗邻或接近，所构成的港口地域组合就叫作港口群[189]。纵观世界航运发展史，港口群包括枢纽港、支线港与喂给港。枢纽港与支线港及喂给港的相互依赖与支持是港口群生存的根本。港口及港口群发展依赖的运输方式表现在水路运输（内河运输与海洋运输）、铁路运输与公路运输三个方面，因区域港口群中各港口地理位置邻近且有共同经济腹地，各港口与外界交通运输网络大体一致。

集装箱吞吐量（container throughout），是指一定时间内某港装卸集装箱数量之和，通常用 TEU（twenty-feet equivalent unit）来表示，TEU 指代标准集装箱大小为 20 尺。集装箱吞吐量体现了港口在国内物资交流与对外贸易运输中所扮演的角色，是制定港口规划与基本建设的主要依据[190]。

区域物流指在特定地理区域内，以满足客户需求为主要目标，采取高效的运输、仓储、货物拣选、包装和报关等环节，充分发挥各环节资源，优化物流网络，以实现整体物流系统的最优化服务。这种物流服务主要应用于满足客户在特定区域内的物流需求，如城市内配送、省内物流和跨省物流，以满足客户对快速、准确和可靠物流服务的需求。在物流领域，就物流的确切定义一直缺乏一致性共识。2004年，美国供应链管理协会对物流进行了重新定义，将其视为供应链管理过程的一个组成部分。物流的核心目标是满足客户需求，通过策划、执行和掌控物资正向和反向流动来优化货物流通的效率。欧洲物流协会将物流定义为在一个体系内为实现商品流通目标而执行的一系列计划，以控制人员和商品的运输。在日本学术领域，物流被认为是一种商业行为，其核心目标是将物质和商品从供应商转移到消费者手中，以创造产品在时间和地点上的价值。这一流程涵盖了多个关键环节，包括产品的包装、运输、仓储、库存管理、流通加工、运输和分发等。2021年，中国国家标准化管理委员会发布了《物流术语》（GB/T 18354—2021）。根据中国的实际情况，物流被定义为物品从供应地到接收地的流动过程，它综合了运输、储存、装卸、搬运、包装、流通加工、配送和信息处理等核心功能，以满足国家的实际需求。

港口物流的概念可以从狭义和广义两个层面来理解。从狭义层面来看，港口物流是借助水路来实现货物的运输或转移，在此过程中，通常把港口口岸作为货物运输的出发点，然后中间还可能通过公路、铁路等多种运输方式，才可以将货物送达目的地。此外，为了保障货物运输的顺畅，还需要借助信息网络的传输和内陆无水港的节点作用。从广义层面看，港口物流是一个综合服务体系。港口物流依靠运输、装卸、搬运等基本功能，整合了商流、物流和信息流，推动了金融、航运、服务等多个产业的发展，然后形成产业集聚，以此促进了与经济活动相关产业链的产生[191]。

3.1.2 经济高质量发展

经济高质量发展是在党的十九大报告中所提出的，考虑了中国经济当前的实际发展情况，标志着我国社会经济发展已经从简单追求经济增长的阶段，转向了更加注重经济质量的阶段。该概念可以从宏观和微观两个角度来理解：在宏观角度上，实现经济高质量发展首先需要确保经济增长的条件，然后在新发展理念的基础上，强化创新驱动力、推进区域协调发展、促进绿色发展、提高开放水平和实现共享经济；而在微观角度上，经济高质量发展的关键是有效满足民众的基本需求，即提升产品或服务的多样性和品质，以实现民众对产品和服务更精细化的要求。同时生产者或经营者需要敏锐洞察市场需求的变化，从而可以及时给民众提供符合需求变化的产品和服务。

3.1.3 环渤海（京津冀）港口群

（1）环渤海港口群的分布

根据《全国沿海港口布局规划》，我国沿海包括五大港口群，分别为环渤海港口群、长三角港口群、东南沿海港口群、珠三角港口群、西南沿海港口群[192]。五大港口群当中，长三角港口群以上海港为核心，发展最快，集疏运能力最强，港口间分工定位最为明确，港口群竞争力最强，其中宁波—舟山港是全球吞吐量最大的港口，2020年吞吐量高达117240万吨排名第一，远超排名第二位的上海港。环渤海港口群覆盖我国北方大面积区域，港口众多，腹地范围广，但整体竞争力不及长三角港口群和珠三角港口群[193]。

（2）环渤海港口群的基本情况和发展现状

环渤海港口群为我国5个沿海港口群中覆盖区域最大的港口群，其行政区域为冀、鲁、辽、津，即"三省一市"。环渤海港口群由辽宁、津冀和山东港口群组成，三个区域形成了"三足鼎立"的态势。

辽宁港口群以大连港和营口港为主，支线港包括丹东港、锦州港等，腹地区域包括东北三省和内蒙古东部地区。集装箱干线港以大连港及营口港为主，其他港口集装箱吞吐量都比较小[192]。

津冀港口群以天津港、唐山港、秦皇岛港为主，黄骅港等港口为辅助港口，腹地主要是京津地区及华北与内蒙古部分及延伸地区。从津冀港口群来看，天津港综合性很强，是区域集装箱干线港，秦皇岛港、黄骅港、唐山港等为支线港口；河北省港口以干散杂货为主，集装箱吞吐量较小[192]。

山东港口群是"三足"之中发展最为均衡和全面的港口群，由青岛、烟台、日照、威海等港口组成，其腹地主要包括山东省、江苏省部分地区和河北省河南省的部分地区。其中青岛港在环渤海地区发展最为迅猛，全球各大集装箱船公司都在青岛港拥有枢纽航线，其港口服务水平及一体化程度都出类拔萃，已跻身世界顶级港口行列[192]。

从环渤海地区港口群发展优势来看，近年来，随着国家"一带一路"及京津冀协同发展战略等政策引导，环渤海地区各港口群持续发展，总体竞争力与国际一流水平差距越来越小，科技港口、智慧港口、绿色港口等层次也越来越高[194]。在国际大框架下，环渤海地区港口群位于"一带一路"东段起始区域，为中国北方地区通往太平洋和全世界提供了重要渠道，地缘优势显著。在国内视角下，环渤海港口群与首都北京相毗邻，地理位置较好，工业基础特别是重工业较好，政策支持力度较大，与华北、东北、华东三大区相连，是中国城市群、港口群、产业群最集中的地区之一。

从不利因素角度来看，环渤海经济圈海岸线长 5800 千米，遍布 60 余个大小不等的港口，区域内重复建设现象比较严重，各港口之间竞争十分激烈，这也是形成"三足鼎立"局面的直接原因。另外也面临着资源浪费、无序竞争、地方保护以及粗放经营的困境[195, 196]。这些问题使我国沿海港口在运营管理中具有很大不确定性，而这种不确定性使环渤海港口群竞争力水平下降，同时低竞争力港口更难以有效地提高其竞争力，从而形成一种恶性循环，对环渤海港口群整体发展极为不利[197]。

有所变化的是，在 2019 年新型冠状病毒疫情爆发后，港口业务受到巨大影响。之后随着国内疫情防控形势转危为安，经济形势向好，集装箱业务量逐渐回升带动吞吐量迅速回升，一直持续到 2021 年下半年，其间经济周期拐点出现，全球物资需求量带动集运需求快速回升，而日韩、中东和欧美港口由于疫情形势紧张，港口劳动力和船员短缺，政府政策管制严格，造成港口运转出现问题，集装箱循环减缓，港口堆场出现大量空箱，造成集装箱运价大幅上涨，因而从侧面极大地促进了环渤海地区集装箱业务的发展，一扫 2008 年后 13 年航运业的颓势。

如表 3-1 所示，2022 年上半年，环渤海港口群集装箱业务整体稳步提升，但辽宁港口群出现下滑，其中的营口港和丹东港出现了较大下滑，大连港在经历不断下滑后有小幅回升。河北、天津和山东港口的货物吞吐量整体均为稳步增长。

3.1.4 数字经济

与农耕时代的农业经济，以及工业时代的工业经济大有不同，数字经济是一种新的经济、新的动能、新的业态，其引发了社会和经济的整体性深刻变革。其核心特点在于将数据资源视为至关重要的要素，以现代信息网络为主要基础，依赖信息通信技术的综合应用和全要素数字化改革作为主要的推动力，旨在实现更大程度的公平与效率，构建崭新的经济形态。数字经济发展态势持续向好，广泛辐射，使生产、生活和治理的方式经历深远变革，成为全球资源配置重塑、经济结构调整和全球竞争格局变革的引擎和催化剂。

表3-1 2022年6月和上半年环渤海港口群集装箱吞吐量统计

港口或合计	货物吞吐量			集装箱吞吐量		
	自年初累计/万t	本月/万t	（规上）同比增速/%	自年初累计/万TEU	本月/万TEU	（规上）同比增速/%
全国总计	758079	132974	-0.8	14231	2583	3.0
沿海合计	496709	86267	0.1	12562	2271	3.0
辽宁合计	36622	6125	-7.0	506	88	-9.2
丹东	1789	232	-14.8	8	1	-14.8
大连	15315	2455	-3.8	191	32	10.3
营口	10261	1702	-12.5	205	37	-22.5
盘锦	2403	380	-16.5	22	3	1.8
锦州	4594	921	-4.2	80	14	-9.0
葫芦岛	2260	435	14.6			
河北合计	61769	11068	1.3	222	48	16.8
秦皇岛	10047	1731	-1.3	32	6	3.3
黄骅	15185	2582	-3.4	50	10	41.9
唐山	36537	6755	4.2	140	33	12.9
天津	27512	4920	3.2	1052	205	2.2
山东合计	93765	16258	5.5	1821	325	8.0
滨州	2424	374	27.5			
东营	3127	643	1.5			
潍坊	2466	407	9.2	31	5	-2.3
烟台	22954	3948	8.4	204	37	12.4
威海	2090	400	-4.6	65	13	4.7
青岛	32791	5763	2.8	1247	222	7.0
日照	27912	4723	5.8	273	48	11.8
上海合计	31477	5530	-9.0	2254	379	-1.7
江苏合计	20059	3325	12.4	272	44	3.2
连云港	13306	2191	2.4	246	41	-0.8
盐城	6753	1134	39.2	26	3	69.4
浙江合计	77215	13236	2.9	1961	357	9.6
嘉兴	6303	1076	-3.8	136	28	26.6

数字经济通常作为计算机相关的经济活动被广泛认知，其经典定义可以溯源至2016年的《二十国集团数字经济发展与合作倡议》。这项倡议提供了数字经济的明确定义，将其界定为一系列经济行为。数字经济的核心生产要素是数字化的知识和信息，其主要基础是现代信息网络。积极运用信息通信技术，是推动效率提升和经济结构优化的主要助推器。这一定义准确地指明了三个推动数字经济新形态所必需的核心要素：新技术，即信息通信技术或数字技术；新要素，指数字化的知识信息，也就是数据；新设施，指的是现代信息网络或新兴基础设施。在《中华人民共和国国民经济和社会发展第十四个五年规划和2035年远景目标纲要》中出现了"数字经济核心产业"这一新术语，然而纲要并未对其进行详细解释[198]。

数字经济的崛起引发了国际社会广泛的兴趣，原因主要有两点：一方面，数字经济的快速崛起揭示了未来经济发展的趋势和方向，全球经济格局的重塑也依赖于此；另一方面，数字经济的发展为经济增长不足和资源问题提供了新的解决方案。与传统经济相比，数字经济在多个方面具有显著特点：

第一，数据资源和数字化基础设施是数字经济发展的核心要素和重要支持，其特点是边际成本几乎为零，而边际效益逐渐增加。数据资源在收集和挖掘阶段需要大量成本，但随着数据市场的扩大，数据在使用过程中的成本逐渐降低。数据资源具有可重复利用性，其投入成本在社会化生产中趋近于零，而随着数据的积累，数据的利用效益逐渐增加。类似地，数字化基础设施建设在初期需要大量资本投入，但在投入使用后，其边际成本逐渐下降，边际效益逐渐增加。

第二，数字经济的主要发展路径涉及与传统经济部门的融合。数字经济表现出高度融合性、高度渗透性和广泛扩散性。数字技术具有高度渗透性，其在实体经济中的应用助力产业数字化转型，跨越产业传统界限，促进多元化产业的发展。同时，数字经济与传统经济的结合不仅提升了产业的效率和竞争力，而且不同产业间的互相学习也进一步推动了数字经济的广泛传播。具体来说，数字经济在各个行业的传播和融合范围都在不断扩大，通过这种融合、传播和渗透，数字经济正在影响社会各个方面的发展。

第三，数字经济的进展呈现出明显的外部经济性和可持续性。数字技术和数据资源的应用有助于提高资源配置效率和资源的有效利用，减轻了传统经济发展中的资源约束和生态环境压力，为经济朝着更具环保性和可持续性的方向提供了全新的机遇。数字经济的外部经济性不仅体现在数字产品的使用阶段，而且随着数字产品用户规模的扩大，这一特点愈加显著。

3.1.5　智慧物流

智慧物流，是指在传统物流基础上以大数据、云计算、物联网等先进技术为手段，建设智慧化物流管理平台，提升物流管理效率，使物流系统更加智慧和高效并推动物流模式的现代化转变[199]。它起源于美国，并在2009年奥巴马总统提出将"智慧的地球"作为美国国家战略之后得到了进一步的发展。同年，IBM公司提出了智慧供应链概念，旨在通过一系列先进的设备和技术手段实现物流的自动化、可视化、可控化、智能化和网络化等目标。2009年12月，中国物流技术协会信息中心、《物流技术与应用》编辑部以及华夏物联网联盟共同提出了"智慧物流"这一概念。他们认为，物流实质上是在空间和时间上对商品等物质资料进行高效的动态调整和管理。

智慧物流的引入和应用，有助于企业实时掌握物流信息、优化资源配置、提高运输效率、降低运营成本，并增强企业的市场竞争力。同时，它也有助于提升物流服务水平，增强客户满意度，为企业在市场中创造新的竞争优势和发展空间。推广和应用智慧物流，将推动物流行业的智能化、自动化、网络化、可视化发展，提高物流系统的整体运作效率和可持续性。这对于促进国民经济的发展，推动全球经济合作和贸易往来具有重大意义。

3.2 相关理论

3.2.1 区域经济学相关理论

区域经济学是经济学的一个分支领域，研究地理区域内不同地区之间的经济活动、资源分配、发展差异以及它们对经济增长和社会福祉的影响。该领域的理论和方法旨在帮助人们更好地理解为什么不同地区的经济表现如此多样化，以及如何制定政策来促进区域发展。涉及的重要理论和概念有：

（1）地方公共财政理论

地方公共财政理论是经济学领域的一个重要分支，专注于研究地方政府如何收集和管理资源以提供各种公共服务和设施。这些服务和设施包括教育、卫生保健、基础设施（如道路和桥梁）、公共交通、警察和消防等。地方公共财政理论的主要目标是帮助政府有效地配置资源，提供公共服务，促进经济和社会发展，同时保持财政可持续性。地方公共财政理论研究了政府如何决定和分配支出，以满足社会需求和政策目标。这包括对不同部门和项目的资源分配决策的分析，以确保资源被用于最需要的领域。基于上述理论，本书主要将政府干预水平作为控制变量进行研究。

（2）人力资本理论

人力资本理论是一种经济学理论，侧重于将个体的教育、培训、技能和健康等人际可投入资源视为生产要素，强调这些资源对于个体和社会的经济表现和发展的影响。该理论的核心命题是，人力资本投资能够提高个体的生产力和劳动力，从而提高其在工作场所中的价值和收入水平。人力资本的积累和开发被视为一种战略性的经济活动，可以通过教育、培训和健康投资来实现。人力资本理论提供了一个框架，用于理解和分析个体和社会如何通过投资于教育、技能、健康等资源来提高生产力和经济表现。这一理论对于政策制定者、经济学家和社会科学家来说都具有重要意义，因为它有助于制定政策，优化资源分配，提高国家或地区的经济竞争力和社会福祉。基于人力资源理论，本书主要将人力资源水平作为控制变量进行研究。

（3）经济集聚理论

经济集聚理论是一种经济学理论，其关注于解释为什么企业和产业在某些地理区域内集中发展，形成所谓的产业集群。这一理论主张企业和产业之间的空间集聚可以产生积极的经济效应，包括知识共享、技术创新、资源利用效率提高以及劳动力市场的发展。经济集聚理论指出，企业和工人倾向于迁移到集聚区域，以利用其中的经济机会。这种资源和劳动力流动有助于区域的经济活力和增长。

经济集聚理论的核心概念之一是外部性效应，也称为区域性或区域外部性。这指的是当企业或产业集中在一起时，它们会相互受益，产生附加值。这些效应包括技术创新、知识共享、劳动力市场的深度和广度、供应链效率提高等。虽然集聚区域可能存在激烈的竞争，但也存在合作机会，尤其是在共享知识和技术方面。这种竞争与合作的动态有助于创新和提高生产效率。

城镇化提高了城市地区的规模，为经济集聚创造了条件，本书采用城镇化水平作为控制变量进行研究。

（4）产业集聚理论

产业集聚是指相同或相关的产业在一定的地域范围内形成聚集。这种产业聚集能够带来多方面的优势，首先，在区域内聚集的企业相互之间通常会共享信息和技术，有助于促进资源的有效利用以及降低企业的成本。其次，区域聚集范围中企业的生产或运营会产生人才需求，进而招揽各行业人才，人才之间的交流、合作和竞争，推动了技术的进步和创新。最后，产业集聚还可以促进形成完整的供应链网络，减少企业的物流成本和交易成本。企业在供应链上的紧密合作以及发挥的协同效应还可以提高整个产业链的竞争力和效率。

在港口物流方面的产业集聚：港口是运输货物的关键节点，因此港口通常首先会吸引物流运输企业和货运代理企业的聚集。其次，港口物流中心也会提供储存、包装、装卸货物等服务，因此还会集聚物流服务企业。最后，港口作为贸易的直接窗口，也会吸引进出口贸易企业和货代企业，与货物进出口相关的海关代理和报关服务企业也会随之产生。至于港口运输船舶，会产生维护和修理设备的需求，因此相关维修服务企业也会存在。港口物流汇聚了商流、资金流和信息流等，因而也会存在保险企业、金融机构、信息科技企业等。

（5）不平衡增长理论

不平衡增长理论是非均衡增长理论的一个重要组成部分，由美国经济学家赫希曼（A. Hirschman）在1958年首次详细阐述，并收录在他的著作《经济发展战略》中。这一理论的中心思想有三个核心观点：一是"追求投资的最大化"原则，二是"联系效应"理论，三是优先推进"进口替代工业"的原则。不平衡增长的观点强调，发展中的国家应当在特定的领域进行有针对性的投资，利用这些领域的外部经济影响，逐渐推动其他领域的经济增长。区域物流作为供应链的一部分，通过优化物流网络、提高物流效率等方式，有助于降低数字经济中产品和服务的交易成本，提高供应链的整体效益。赫希曼的理论是基于充分利用有限的主要资源，从而提出了不平衡增长这一新概念。

赫希曼在其书中还提出了"中心与外围区理论"。该理论强调在一个地理区域内存在一个核心或中心地区，以及一个边缘或外围地区，这两者之间存在着明显的经济和社会发展差异。赫希曼认为中心地区在经济上具有集聚效应，这将吸引周边地区的劳动力和资本聚集在中心地区，从而促进中心地区的经济增长。这种过程形成了高收入水平的"中心地区"。赫希曼还将这两种不同效应分别称为"极化效应"和"涓滴效应"。赫希曼的"中心与外围区理论"强调了地区经济发展中的集聚效应和差异化效应，这对理解京津冀地区发展不平衡的原因和过程具有重要启发意义。

（6）增长极理论

1950年，法国经济学家佩鲁（F. Perroux）在他的著作《经济空间：理论与应用》中引入了被视为经济增长驱动力的"极"（Pole）。佩鲁认为，通常情况下，经济增长首先在某些具备创新能力的企业和领域集中发展，这些处于先导地位的产业和主导领域形成"增长极"（Growth Pole）。经济增长极不仅产生了自身的规模经济效应，还对周边地区产生了一系列经济效应，包括经济极化效应、扩散效应、支配效应和乘数效应。

区域物流的数字化转型可被视为一个增长的催化剂，为数字经济的不同领域创造了有利的条件。实时数据的可用性使决策者能够更准确地把握市场趋势。智能决策系统通过优化供应链和物流流程提高了资源利用效率，高效运营的物流网络则为数字经济提供了可靠的支持。通过数字化物流系统，港口群腹地不仅可以更好地满足日益增长的数字经济需求，还有望成为吸引数字经济企业集聚的中心。数字化转型为港口群腹地物流带来的高效性和创新性有望形成正反馈，形成一个持续发展的增长极。

由于经济增长极的吸引力，周围的资源开始向核心区域集中，这进一步引发了经济的极化现象。这意味着资源和投资倾向于集中在增长极地区，从而加剧了地区之间的经济差距。经济增长极通常拥有先进的技术和高水平的经济发展，因此对周边地区具有支配作用。这包括要素流动等，可以对周边地区的经济活动产生影响，形成支配效应。经济增长极对其周围地区的经济增长起到了示范和推动的作用，并通过循环积累来加强这种作用，从而产生了乘数效应。这意味着经济增长极的发展不仅直接影响周边地区，还通过连锁反应进一步放大了其影响，使其影响范围更加广泛。

法国经济学家布代维尔（J. Boudeville）则主张，经济增长极描述的是区域中不断发展的工业集群和主导产业，这些产业通过区域的内部扩张和对区域经济活动的指导，进一步促进了经济活动的增长。他设计了一个区域经济增长极等级体系，该体系由不同规模和级别的中心城市构成，并依据特定规则将经济空间细分为"极化区域""均质区域"以及"计划区域"。

（7）外部性理论

经济层面上的外部性是指某个经济活动中产生的效益不仅能够对自身产生影响，还会影响其他对象。外部性可以分为正向外部性和负向外部性。以港口为例，正向外部性是指港口对腹地的经济发展产生了积极的影响，港口作为腹地对外交流的渠道，可以促进腹地的国际贸易发展、吸引高质量外资、引进优秀人才等，进而使腹地经济快速发展。负向外部性是指港口对区域的发展产生了抑制作用，港口为腹地所提供的便利条件会吸引周围的优质资源均流向腹地，导致其他区域资源匮乏，从而限制了其他区域的经济发展。另外，负向外部性也可能是港口物流活动对周边地区的生态环境产生的负面影响。

3.2.2 空间相互作用理论

港口群腹地物流在空间上的布局和组织方式会影响数字经济的空间结构。理论上，物流网络的合理构建有助于数字经济在不同腹地之间实现资源的优化配置和协同发展。艾萨德在其两部著作《区域科学导论》和《区域分析方法》中，将"空间系统"设定为研究焦点。在20世纪50年代，乌尔曼首次提出了空间互动关系的观点。他深入研究了区域空间结构如何形成和发展，特别强调了互补性、可转移性和介入机会这三个关键因素之间的相互影响和互补关系。

除此之外，博芬特尔还特别强调了生产要素，如集聚效应、运输成本和土地等，在影响区域经济差异方面所起到的核心作用。胡佛的观点是，区域经济的差异主要源于生产要素流动性的局限性和经济活动在地理空间上的不完整性。从另一个角度来看，马歇尔特别强调了技术外溢、地域性劳动市场以及中间产品供应等多个因素在经济集聚效应形成中的关键作用。

我国学者陆玉麒提出了区域"双核结构"模式，他认为区域经济增长效应和扩散效应可能是由两个不同功能的"极"之间的相互作用而形成的[200]。这些学术观点和研究方法为深入理解区域经济发展提供了有力的理论框架和分析工具。

3.2.3 综合评价理论

综合评价理论的产生和发展与决策科学、统计科学的产生密不可分。综合评价的核心是综合评价方法，它是获取综合评价结果的重要途径和工具。综合评价是通过运用多个指标对多个参评单位进行全面评估的方法，也称为多变量综合评价或综合评价方法。它的核心理念是将多个独立的指标整合为一个综合指标，从而更全面地反映参评单位的整体情况。综合评价方法大致可以分为定性分析法（德尔菲法）、定量分析法[201-203]、基于统计的分析法[204-206]、基于目标规划模型的评价法（ELECTRE法）[207, 208]、TOPSIS法以及多种方法融合的评价方法。

本书将综合运用多种评价方法实现对智慧物流、经济高质量发展、数字经济发展、港口群腹地物流发展水平等的评价。

3.2.4 空间计量理论

目前，已经有很多学者运用探索式空间数据分析，通过构建合适的空间权重矩阵来进行全局空间相关分析、局部空间自相关分析以及空间关系判断的检验等。

空间的相关性需要在不同的空间位置检测空间中小单元属性值的集聚程度进行研究。在检测全局空间相关性时，需要从整体的角度出发，因此采用全局莫兰指数来测量。局部空间相关性使用局部莫兰指数和LISA集聚图来测量相邻区域之间的空间相关性。

空间计量分析方法来源于地理学第一定律。按照其基本思想，空间中的事物都是相互关联的，距离不同也会产生不同的影响。一般来说，当两个物体距离较近时，它们之间的相互影响就会比远距离产生的影响大。所以，空间数据分析是在不做任何条件假设的前提下对数据进行描述并进行可视化呈现，进一步辨别空间数据的异常值，检测某一个经济地理现象如何分布以及如何相互影响，进而去探索这些现象背后的互动机制。空间计量学的一些基本概念包括：空间权重矩阵、空间相关性、空间溢出效应等。

（1）空间权重矩阵

空间权重矩阵是用来表示不同的空间单元之间的相邻关系，反应研究个体在空间中依赖关系的矩阵。在进行空间研究时，如何构造合适的空间权重矩阵是一个比较重要的问题。对于空间权重矩阵的构建是外生性的，需要研究者根据研究实际和主观经验设定，同一个研究问题不同的空间权重矩阵可能产生不同的结果。根据目前已有文献梳理，常见的空间权重矩阵有以下几种形式：

首先是基于邻接关系的矩阵。基于邻接关系的矩阵有三种，分别是 Rook 矩阵、Bishop 矩阵和 Queen 矩阵。

① Rook 矩阵的判断标准是有共同边界。
② Bishop 矩阵是有共同顶点。
③ Queen 矩阵是有共同边界或共同顶点。

当地区 i 与 j 相邻时，$w_{ij}=1$；否则 $w_{ij}=0$，由于相邻关系构造的权重矩阵能够直接反应临近空间之间的相关关系，计算起来相对容易，在众多研究中使用的频率较高，但是由于其体现的空间关系过于简单，所以往往不能够真实地反映空间关系。

其次是基于距离关系的矩阵。基于距离关系的矩阵就是研究不同距离对临近空间产生的影响。广义上的距离矩阵就是两个地区之间的相互距离，设定一个函数：

$$w_{ij}=\begin{cases} \dfrac{1}{d_{ij}^{\alpha}}, & d_{ij}<d \\ 0, & d_{ij}>d \end{cases} \quad (3-1)$$

式中，d_{ij} 为 i，j 之间的距离，一般设定为 1 或 2，d 为 i 设定好的距离值，可以看出 i，j 之间的距离与 j，i 之间的距离是一样的，所构建的矩阵 w 为对称矩阵，想要得到最终的空间矩阵还需要进行归一化处理。

但在实际的空间中，两个单元的距离可能很远，直接用距离，导致权重过小。可以通过设定一个固定阈值 d，当两个地区之间的距离小于这个固定值时，就认为两者邻接，否则就不邻接。一般形式是：

$$w_{ij}=\begin{cases} 1, & d_{ij}<\theta \\ 0, & 其他 \end{cases} \quad (3-2)$$

式中，d_{ij} 为 i，j 之间的距离；θ 为设定的固定值，通常是一个常数。

但距离矩阵在构建时采用两个地区之间的直线距离，也可以是经济距离、时间距离等虚拟距离，经济距离权重矩阵在日常研究中应用较多，其构建方法是先计算两个经济单元之间的 GDP 或 PGDP 的差值，然后取绝对值的倒数。表达式为：

$$w_{ij} = 1 - \left| \frac{GDP_j - GDP_i}{GDP_j - GDP_i} \right| \qquad (3-3)$$

最后是其他类型的矩阵。运用最多的是 K-最近邻矩阵和邻接矩阵与其他矩阵的结合。K-最近邻矩阵是一种基于空间点之间距离的关系矩阵，其中每个点都有与其最近的 K 个邻居之间的关系。在该矩阵中，每个点都与其最近的 K 个邻居之间的距离被赋予较高的权重，而与其他点之间的距离则被赋予较低的权重或零权重。

邻接矩阵可以与其他矩阵结合使用，以进一步分析和应用空间数据。①与距离矩阵结合：在空间分析中，邻接矩阵通常与距离矩阵结合使用。距离矩阵描述了空间中不同位置之间的距离或距离关系，而邻接矩阵则描述了空间中不同位置之间的连接或相邻关系。通过将这两个矩阵结合起来，可以研究空间中的距离和连接之间的关系，例如确定城市交通网络的最佳路径或计算空间数据的最短路径。②与权重矩阵结合：邻接矩阵也可以与权重矩阵结合使用。权重矩阵是另一个描述空间数据关系的矩阵，其中每个元素表示两个位置之间的权重或联系程度。将邻接矩阵和权重矩阵结合起来，可以更详细地描述空间数据之间的联系和影响，例如计算空间加权网络的连通性或分析空间数据的传播效应。③与属性矩阵结合：邻接矩阵还可以与属性矩阵结合使用。属性矩阵是描述空间数据特征的矩阵，其中每个元素表示一个位置的特征属性值。将邻接矩阵和属性矩阵结合起来，可以研究空间数据的特征和连接之间的关系，例如在城市规划中确定人口密度的分布规律或分析地理信息系统的生态质量评价。通过将邻接矩阵与其他矩阵结合使用，可以更深入地了解空间数据的特征和规律，为空间分析和应用提供更多有用的信息。

（2）空间相关性

空间自相关分析是研究同一区域内变量之间的相关性，以揭示空间结构与空间关系、空间过程和现象的内在机制的一种方法。空间相关性可以通过空间自相关系数进行测量。空间自相关系数是一种用于衡量空间数据之间相互依赖程度的统计量，有正负之分。如果系数为正，则表示该地区与其邻近地区的这一研究现象存在正向空间相关性，即该地区的观测值与邻近地区的观测值呈现相同或相似的趋势；如果系数为负，则表示存在负向相关，即该地区的观测值与邻近地区的观测值呈现相反的趋势。

空间相关性的分析根据观测角度不同可以分为全局空间自相关和局部空间自相关。全局空间自相关是对整个研究区域内的空间数据整体上是否存在空间自相关进行检验，而局部空间自相关则是对研究区域内的各个子区域是否存在空间自相关进行检验。局部空间自相关可以更具体地了解空间数据的分布情况，有助于更好地理解空间过程的细节。

全局空间自相关是用来衡量研究的某一个现象在整个研究区域中的空间分布是否存在相关性，通常用全局莫兰指数和 Geary 系数来表示。但是运用最广泛的是莫兰指数，因此本书将采用莫兰指数来检验主要变量的空间相关性。局部空间自相关使用局部莫兰指数并用 LISA 集聚图来进行可视化分析。

①全局莫兰指数。莫兰指数是全局莫兰指数的简称，是澳大利亚统计学家帕特里克·阿尔弗雷德·皮尔斯·莫兰在 1950 年提出。为了表示他对空间统计所做的贡献，便以他的名字来命名。它是研究变量在同一个分布区内的观测值之间潜在的相互依赖性的一个重要指标。其公式具体表示为：

$$Moran's\ I = \frac{\sum_{i=1}^{n}\sum_{j=1}^{n}w_{ij}(y_i-\bar{y})(y_j-\bar{y})}{\sum_{i=1}^{n}(y_i-\bar{y})^2} \times \frac{n}{S_0} \qquad (3-4)$$

其中，$S_0 = \sum_{i=1}^{n}\sum_{j=1}^{n}w_{ij}$，$n$ 为空间单位总个数，y_i 和 y_j 分别表示第 i 个空间单元和第 j 个空间单元属性，$\bar{y}$ 为所有空间单元属性值的均值，w_{ij} 为空间权重值。莫兰指数取值范围在 -1.0 至 1.0 之间。当 $Moran's\ I > 0$ 时，表示空间正相关性，其值越大，空间相关性越明显；当 $Moran's\ I < 0$ 时，表示空间负相关性，其值越小，空间相关性越弱，当其等于零时表示没有相关性。

全局莫兰指数的显著性检验通常采用 Z 检验，检验的计算公式为：

$$Z = \frac{I - E(I)}{\sqrt{Var(I)}} \qquad (3-5)$$

②局部莫兰指数。相比全局莫兰指数，局部莫兰指数的计算式相对简单，其计算方程为：

$$I_i = \frac{Z_i}{S^2} \sum_{j \neq i}^{n} w_{ij} Z_j \qquad (3-6)$$

其中，$Z_i = y_i - \bar{y}$，$Z_j = y_j - \bar{y}$，$S^2 = \dfrac{1}{n}\sum(y_i - \bar{y})^2$，$w_{ij}$ 为空间权重矩阵，n 为研究区域内所有的地区的总数，I_i 表示第 i 个地区的局部莫兰指数。将公式（3-6）展开后得到如下方程：$I_i = (y_i - \bar{y})\big[w_{i1}(y_1 - \bar{y}) + w_{i2}(y_2 - \bar{y}) + \cdots + w_{i(n-1)}(y_{n-1} - \bar{y}) + w_{in}(y_{2n} - \bar{y})\big]$。由于 S^2 恒为正值，所以 I_i 的正负取决于 $(y_i - \bar{y})$ 以及其后大括号中的内容，前者可以反映出第 i 个地区经济发展水平与整个区域的平均水平之间的高低情况，后者反映出第 i 个地区的周边地区与整个区域平均水平之间的高低情况，所以局部莫兰指数的取值范围不会局限于 [-1, 1]。可以通过表 3-2 来具体描述局部莫兰指数的取值变化，可以看出局部莫兰指数是没有限制的。

表3-2 局部莫兰指数取值情况

Z_i	$\sum_{j \neq i}^{n} w_{ij} Z_j$	I_i	意义
>0	>0	>0	第 i 个地区经济发展水平高，周边地区发展水平高
<0	<0	>0	第 i 个地区经济发展水平低，周边地区发展水平低
<0	>0	<0	第 i 个地区经济发展水平低，周边地区发展水平高
>0	<0	<0	第 i 个地区经济发展水平高，周边地区发展水平低

（3）空间溢出效应

所谓溢出效应，是指一个组织在进行某项活动时，不仅会产生活动所预期的效果，而且会对组织之外的人或社会产生影响。简而言之，就是某项活动要有外部收益，而且是活动的主体得不到的收益。溢出效应分为知识溢出效应、技术溢出效应和经济溢出效应等。而空间溢出效应是指间接效应或者是邻地效应，用于度量"邻近"地区的某个解释变量对本地区的被解释变量的影响。

局部莫兰指数同样需要 **Z** 检验，其显著性检验式为：

$$Z(I_i) = \dfrac{I_i - E(I_i)}{\sqrt{\operatorname{Var}(I_i)}} \qquad (3-7)$$

3.3　本章小结

本章主要对研究中使用到的相关概念和理论进行了介绍。包括：港口物流、经济高质量发展、环渤海（京津冀）港口群、数字经济以及智慧物流。理论包括：区域经济学相关理论、空间相互作用理论、综合评价理论和空间计量理论。这些概念和理论为后续研究奠定了基础。

第4章 本研究所涉及的重要理论关系分析

4.1 港口物流量预测的理论分析

港口吞吐量作为港口发展中一项重要规模性指标,对港口规划与管理具有重要基础性作用。其短期精准预测为港口企业资源预调度提供了依据,对港口智能调度具有决定性的意义,长期趋势预测对港口战略性规划与设计、国家发展战略都有重要影响。港口集装箱吞吐量的影响因素比较复杂,主要有以下五个方面:

(1) 世界经济的因素

世界上的几乎所有大宗货物贸易均通过海运运输,世界经济一旦出现波动,就会直接影响航运业。当国际经济形势向好时,国际贸易频繁,物流量增大,港口的吞吐量亦随之变化。波罗的海指数(BDI)与中国出口集装箱运价指数(CCFI)均是反映国际集装箱运输市场运价变动趋势的航运价格指数,也是反映航运市场变动情况的晴雨表之一,可供政府与企业经营决策参考[209]。

(2) 港口外部环境

集装箱运输外部环境复杂,涉及船舶管理公司、船东、船代、船舶租赁方、货主、货代、保险公司、泊位、装卸方、引水服务、船舶补给服务、船坞、港口国监督(PSC)、船旗国检查(FLC)、船级社、国际劳工组织(ITF)、海事局(MSA)、港务局、海关、理货、运输方、堆场、海关、检验检疫、铁路、公路和航空运输等。在某些环节中,程序极为复杂,专业性很强,此外如港口使费、引航费、装卸费、代理费等名目极多,也导致船舶管理方和货主的成本上升,从而影响物流量和港口的吞吐量。

（3）港口供需状况

主要是港口泊位的供需影响，一般来说散货船、杂货船装卸效率相对较低，受泊位的影响大。如果泊位需求量大，缺乏空余泊位，装卸货船舶可能需要在锚地等待数天甚至数月，泊位的供需变化影响着价格成本，提升了租船方和货主的成本。集装箱船舶速度快、装卸效率高，日本海的一些小型集装箱船舶甚至不需要引水服务，自引自靠，使相应泊位的使用率大幅提高。即便如此，如果遇到船舶预计到达时间（ETA）不准确，或者装卸货港变化等特殊情况，也可能造成泊位需求量变化的情况，造成成本上升并影响集装箱吞吐量的变化。

（4）港口自身条件

首先，泊位的质量和数量是港口的主要竞争力之一，如果港口泊位的竞争力不高，那就必然要被其他港口分流货源。如超大型油轮（VLCC）船长可达400米，一般的装卸泊位的长度和水深难以满足，另外还要求高度专业化的相应设备和人员，这些条件必然影响着相应的港口吞吐量。其次，港口的自身水文气象条件、人员成本、政策管制条件、港口的运营成本都会影响港口吞吐量的变化。

（5）杂项和不稳定的不确定性

如贸易战的爆发影响全球贸易格局，导致国际商品物流成本变化，进而对以货物运输为需求的航运业产生巨大的影响[210]；疫情爆发给货物流带来不确定性，造成港口开发项目的决策面临挑战[211]。

4.2 港口群腹地经济发展与智慧物流发展的互动机理

以往的研究表明港口群腹地经济发展和区域智慧物流发展水平之间存在一定的关联性，即经济发展水平较高的区域，智慧物流发展水平也较高。因此，为了进一步探讨和研究港口群腹地经济发展对智慧物流发展的影响机制，可以从以下几个方面进行分析：

（1）市场需求与智慧物流

环渤海（京津冀）地区拥有庞大的市场需求，为智慧物流的发展提供了动力。随着该地区经济的增长，企业和消费者对物流服务的需求日益增加，要求更高效率、更低成本和更好质量的物流服务。这种市场需求促进了智慧物流的发展，推动了物流行业的数字化、智能化和绿色化转型。并且，随着环渤海（京津冀）区域经济一体化进程的加快，推动了区域内各城市之间的经济联系和合作，为智慧物流的发展提供了良好的环境。智慧物流通过优化资源配置、提高物流效率等方式，能够更好地满足区域内各城市之间的物流需求，促进区域经济的协调发展。此外，环渤海（京津冀）区域内的产业结构也在不断升级，高新技术产业、现代服务业等新兴产业的发展为智慧物流提供了广阔的市场空间。智慧物流通过应用新技术、新模式，能够更好地服务于这些新兴产业的发展，同时也促进了自身的升级和发展。

（2）基础设施与智慧物流

环渤海（京津冀）地区拥有较为完善的基础设施，包括公路、铁路、港口、机场等，为智慧物流的发展提供了良好的条件。同时，该区域内的各个城市还在不断完善各自的基础设施，特别是在物流园区、配送中心和仓储设施等方面，为智慧物流的发展提供了更多的支持和保障。随着区域内的交通、物流等基础设施建设不断完善，为智慧物流的发展提供了良好的基础条件。这些基础设施的完善，使智慧物流能够更加便捷、高效地服务于区域内的企业和消费者，提高了整个区域的物流运作效率。

（3）科技创新与智慧物流

环渤海（京津冀）地区的科技创新实力较强，为智慧物流的发展提供了技术支持。该地区的科研机构和企业不断推出新的物流技术和解决方案，如物联网、大数据、人工智能等技术的应用，推动了智慧物流的快速发展。

（4）政策支持与智慧物流

环渤海（京津冀）地区的政府对智慧物流的发展给予了政策支持。政府通过出台扶持政策、加强法规制定和优化营商环境等方式，为智慧物流的发展提供了良好的环境。环渤海（京津冀）区域内的政府对智慧物流的发展给予了大力支持，出台了一系列政策措施，包括财政支持、税收优惠、人才引进等，为智慧物流的发展提供了有力的政策保障。例如，河北省现代物流业发展领导小组办公室印发的《河北省智慧物流专项行动计划（2020—2022年）》提出了推进京津冀物流数字化协同等多项措施，为智慧物流的发展提供了政策引导和支持。

综上所述，环渤海（京津冀）区域经济发展对智慧物流发展的影响因素是多方面的，包括市场需求、基础设施、科技创新和政策支持等。这些因素相互促进、协同发展，推动了环渤海（京津冀）地区智慧物流的快速发展。

4.3 港口物流与经济高质量发展的互动机理

港口物流是区域对外交流的重要渠道，对区域的经济发展起着关键性的作用。经济高质量发展的核心理念包括创新、协调、绿色、开放、共享，因此本书从五大理念出发，分析港口物流对区域经济高质量发展的影响。首先，从绿色港口建设说明对区域绿色发展的影响。其次，从产业集聚效应、腹地扩散效应、投资乘数效应与出口竞争效应等四个方面分析港口物流对区域创新、协调、开放、共享等方面的影响。港口物流对腹地经济高质量发展的影响机制，如图4-1所示。

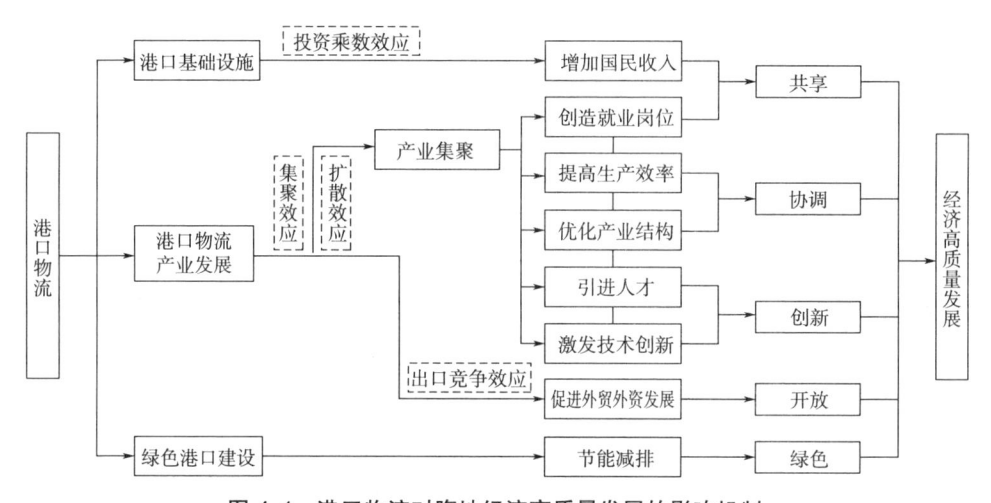

图 4-1　港口物流对腹地经济高质量发展的影响机制

（1）绿色港口建设

天津港应用先进的智能技术，降低了港口运营和生产过程中的碳排放。同时，天津港还采用风能、氢能、光伏等清洁能源，减少了能源消耗[212]。唐山港同样在推进清洁能源的应用，涵盖了太阳能、风能、LNG冷能等，另外还通过增殖放流、种植耐盐碱植被、扬尘治理等措施，改善和修复生态环境[213]。秦皇岛港已经通过购入新能源设备、推进岸电建设、安装粉尘检测设备等措施，在节能减排方面取得显著进展，此外还应用了海绵城市理念来扩大绿化面积[214]。

黄骅港为实现绿色低碳发展，回收利用雨水、煤污水、压舱水等，节约水资源。此外，为确保整个运输流程的环保要求得到满足，黄骅港采取了一系列全流程的防尘及抑尘措施[215]。港口的绿色建设，有助于改善周边地区的生态环境，进而实现可持续发展。

（2）产业集聚效应

产业集聚是指在特定区域内某行业的相同或相关联行业集中发展，形成规模群体，行业之间可以通过合作互助、资源及信息共享来提高整体的竞争力和效益。港口的产生首先会促使航运业、货代业、贸易业、港口服务业等的产生，之后凭借自身的交通运输优势以及运输中转、装卸搬运、仓储配送等基本功能，可以促进临港工业、修造船业等的产生，根据已出现的产业相关联的产业也会产生如金融保险业、信息技术业等[216]。因此，港口物流的发展能够集聚多种产业，并促进产业的发展，引起的产业集聚效应能够推动区域产业结构的调整和生产力的提高，创造更多就业岗位，吸引优秀人才，进而激发技术创新[217]。文江雪等（2021）研究证实港口产业集聚与区域经济高质量发展之间具有倒"U"型关系，产业集聚能够正向显著影响区域经济高质量发展，但须合理控制产业聚集规模，过大的规模可能会引起环境污染、资源短缺等问题[218]。

（3）腹地扩散效应

随着临港产业集聚规模的不断扩大，当临港核心区域资源过于饱和时，劳动力、资本、技术等资源会逐渐向整个区域扩散，这将有助于推动港口群腹地边缘地区的经济发展。宋敏等（2015）证实上海港交通运输业对上海经济具有直接贡献作用[219]。唐希（2022）研究证实沿海的港口物流业对当地及周边城市均具有显著的促进作用[220]。孔庆峰等（2008）证实日照港的发展能够推动日照市的经济增长[221]。

（4）投资乘数效应

投资乘数效应是指对某一产业的投资不仅可以带动这一产业相关活动的产出，还可以间接带动相关产业活动的产出，最终会呈现出倍数式增长的收益。港口物流的基础设施建设投资在前期投入阶段会对生产资料和劳动力等要素产生需求，以此推动经济的增长，此外，在建设完成后会影响区域的通达性，交通成本得以下降，进而影响区域贸易[222]。在港口基础设施未转为资本存量之前，其对经济的影响是通过乘数效应产生的。具体来说，港口前期的投资建设将增加对生产资料的需求，而生产资料需要劳动力的投入，此外，这也会促进新技术、新能源等方面的需求，从而加速技术创新并有助于区域产业结构转型。

一系列连锁反应将导致经济增长[216]。刘晓芸（2016）通过分析宁波市港口的投资状况，结果发现港口投资可以促进对外贸易、带动第二产业发展以及提供就业岗位等[223]。

（5）出口竞争效应

港口作为连接国内外贸易市场的窗口，扮演着不可或缺的角色。相比其他运输方式，水上运输属于物流运输成本较低的运输方式。并且随着城市基础设施建设水平的提高、交通网络系统的完善以及公路和铁路运输的紧密结合，极大地提高了港口与经济腹地之间的运输效率，因而，使港口腹地在对外贸易方面具有较强的竞争力，同时也为吸引优质外资提供了坚实的基础。总而言之，作为港口腹地经济发展的关键因素，港口在推动外贸发展和港口腹地繁荣方面发挥着重要作用[224]。朱芳阳等（2023）证实港口物流能够对国际贸易产生显著的正向影响[225]。梁可迪等（2022）对 RCEP 成员国港口的基础设施建设进行定量分析，发现基础设施建设水平提高有利于改善贸易条件，进而增加进出口量，对各成员国带来贸易优势[226]。

4.4 港口群腹地物流与数字经济发展的互动机理分析

（1）物流节点的数字经济集聚效应

物流节点在数字经济中展现出重要的集聚效应，成为数字经济产业集聚的关键要素。通过对物流中心的优化与数字化的协同推动，这些节点成为数字经济企业高效开展物流活动的关键枢纽，进而催生了数字经济在这些地区的集聚与繁荣。这一集聚效应在地区层面推动了数字经济的发展，同时也促使了数字经济与物流业务更深程度的整合。数字化的物流中心通过采用先进的信息技术，实现了物流运作的实时监控、智能决策和高效协同。这使数字经济企业能够更迅速、便捷地进行供应链管理、产品配送以及订单履行等物流活动。由此，形成了数字经济产业在物流节点的集聚现象，这种集聚不仅提高了生产效率，也促使了产业协同创新。

在物流网络高效运作的基础上，数字经济企业更容易实现规模化、定制化和个性化的物流服务，满足不断增长的市场需求。这种高效物流的支撑作用使数字经济产业在特定区域内形成了集聚效应，吸引了更多相关企业和产业链上下游企业的入驻，进而形成数字经济的良性循环。此外，物流节点的优化与数字化也推动了数字经济与物流业务的更深程度整合。数字经济企业通过数字技术的引入，可以更好地与物流服务提供商合作，实现信息共享、资源整合和业务创新。物流节点的数字化不仅提高了物流效率，还促进了数字经济产业链上下游的协同发展，形成了数字经济与物流业务相互促进的良性互动关系。

总的来说，物流节点的优化与数字化在数字经济中具有重要的集聚效应，推动了数字经济在特定地区的繁荣发展。这种集聚效应不仅提升了数字经济产业的竞争力，也促使了数字经济与物流业务更加紧密、深度地融合，为整个经济体系带来了更高效、创新的发展动力。

（2）物流扩大数字经济市场

物流在数字经济中扮演着关键角色，其作用不可忽视。通过数字化技术的引入，物流成功地整合和协同了信息流、资金流和物流流程，为数字经济的发展提供了重要支持。实时监控、智能调度、路径优化等先进技术的广泛应用，显著提高了港口群经济腹地的物流效率，同时有效地削减了企业运营成本，从而为数字经济创造了有力的基础。

实时监控系统使物流运输过程可视化，有助于实时追踪货物的位置和状态。智能调度技术通过数据分析和算法优化，合理分配运输资源，降低空载率，提高了运输效率。路径优化则充分利用实时交通信息和历史数据，为货物选择最优运输路径，有效地减少运输时间和成本。这些物流系统的应用为电子商务等数字经济相关企业降低成本，有助于电商提供更有竞争力的价格，促进了数字经济增长。高效的物流网络使市场不再受地理位置的限制，实现商品迅速配送。这有助于推动数字经济的市场扩大。同城配送、智能仓储等物流服务的引入，不光提高了物流效率，也为数字经济提供了更多可能性。

物流在数字经济中的作用不仅体现在提高效率的层面，更在于为数字经济的蓬勃发展打下了坚实的基础。通过提高效率、降低成本、拓展市场等途径，港口群腹地物流为数字经济的持续发展创造了有利条件。

（3）物流数据驱动数字企业决策

数据驱动决策是港口群腹地物流对数字经济发展产生深远影响的一项关键机制。随着数字化港口群腹地物流系统的推进，大量实时数据不断涌现，这为企业提供了珍贵的分析和预测资源，能够洞察市场趋势、需求变化等关键信息。这种数据驱动的决策过程为企业提供了更为精准的方向，使其能够迅速调整策略，以更好地适应数字经济中市场变化的快速性。港口群腹地物流系统通过实时监测和记录各个环节的数据，创造了一个信息丰富的环境。这些数据不仅包括货物流动、库存状态，还包括供应链的各个细节。通过对这些数据的深入分析，企业能够更好地理解市场动态，捕捉潜在机会，并有效防范潜在风险。这样的数据洞察成为企业制定战略和决策的有力支持。

数据驱动决策的另一优势在于提高市场反应速度。随着信息技术的不断发展，港口群腹地物流系统能够实现实时监控和反馈。企业可以迅速获取市场变化的信息，从而更灵活地调整供应链、优化物流路径，确保能够更及时地满足市场需求。这种敏捷性成为数字经济中企业获取竞争优势的关键因素之一。

综上所述，数据驱动决策是数字化港口群腹地物流系统对数字经济发展产生积极影响的重要机制。通过充分利用实时数据，企业能够更精准地洞察市场，更迅速地作出决策，从而在竞争激烈的数字经济时代获得更为有利的地位。

（4）物流需求促进数字经济相关技术的进步

物流行业的迅速发展充当了数字经济技术进步的关键推动力。随着物流需求的蓬勃增长，实时性、可视化等要求催生了传感器技术、物联网和大数据分析等新兴技术，以提升供应链的实时监控和智能管理。自动化技术的广泛应用，如自动驾驶卡车、机器人和智能仓储系统，显著提高了物流操作的效率和精确度，为数字经济的高效运作提供了有力支持。区块链技术的应用使货物运输和支付过程的信息不仅安全可靠，更为数字经济的信任和透明度注入了新的动力。人工智能和机器学习的广泛应用优化了路径规划、库存管理和需求预测等关键流程，为数字经济提供了更为智能和精准的决策支持。云计算技术的应用为大规模数据处理提供了高效的解决方案，促进了数字经济生态系统的发展。总体而言，物流行业对数字经济技术日益增长的需求促使这些技术不断创新和提升，为数字经济的发展奠定了坚实基础。

4.5 本章小结

本章分析了书中要验证的重要理论关系。首先，阐述了港口群物流量预测的理论基础；其次，分析了港口群腹地经济发展与智慧物流在空间上的理论联系；再次，构建并分析了港口物流发展与经济腹地在高质量发展方面的空间理论联系；最后，分析了港口群腹地物流发展与数字经济发展之间的空间理论联系。

第 5 章 区域港口群物流预测方法研究

针对集装箱吞吐量数据的不确定性问题,本书尝试结合时间序列模型、非时间序列模型和回归分析法,建立组合模型,最后使用加权法,对不同组的组合模型进行加权,从而得到最后的预测结果。本章将介绍本研究主要使用的以下模型或方法:经验模态分解、分数阶灰色模型、指数平滑模型、非线性回归算法、BP 神经网络、组合模型与其赋权法。

5.1 数据分解方法——经验模态分解

本章中,仅使用 EMD 将原始数据进行分解观察,用以说明数据的不同线性和非线性特征,所以确定使用组合模型进行建模,从而提升模型对集装箱吞吐量原始数据的特征进行捕捉分析的能力。因为本书进行的是以年度为单位的集装箱吞吐量预测,数据样本相对较小,不同于其他学者使用的先分解预测,再集成"分而治之"的处理方式。

经验模态分解(empirical mode decomposition,EMD)的提出者为美籍华人科学家 N. E. Huang(1998)。在非平稳信号处理中,作为希尔伯特—黄变换(Hibert-Huang tranform,HHT)的一个重要部分,Huang 提出了一种新型的非平稳信号处理方法。该方法对线性、非线性信号分析均很适用,还能分析出较光滑的信号,而且对线性、光滑信号进行分析时,还能较其他时频分析方法更能体现出信号所具有的物理意义,这也是为什么众多学者热衷于使用此方法对集装箱吞吐量预测问题进行研究。集装箱吞吐量数据表现出的线性特征有很多，但是往往有几个波动很大的离群值，这种非线性问题通常采用分解方法。它的功能就是分解一个复杂时间序列使之序列下降，分解成多个本征模函数（IMF），本征模函数包括原始时间序列的全部特征，其中可能包括线性、非线性、周期特征等。

EMD可以很好地分解时间序列，但同时也存在一些缺陷，比如存在模态混合、信号失真，造成输出的本征模函数无效的缺点。因此，Wu等经过对白噪声分解结果的统计，提出集成的经验模态分解。集成经验模态分解（EEMD）作为噪声辅助技术，与简单经验模态分解相比，其自适应性强、鲁棒性高，能有效检测出数据非平稳性与非线性特征。通过对初始位置稍有扰动的信号进行多次分解来检查鲁棒性。在所有IMF结果的总体平均中，噪声将相互抵消，结果是纯分解。我们假设原始数据表示为$s(n)$，第t个模态可以表示如下：

$$IMF_t(n) = \frac{1}{J} \sum_{t=1}^{J} IMF_t^i(n) \quad （5-1）$$

其中，J表示第J个高斯白噪声，t表示不同模态数。

由于EEMD算法增加了高斯白噪声，虽能解决EMD过程中模态混乱问题，但是运算量大，涉及噪声等问题，因此CEEMDAN再次被提了出来，解决了以上难题。其优点是加入自适应的噪声（adaptive noise）来进一步减小模态效应，从而解决了EEMD中随机噪声的残留问题。

5.2 分数阶灰色模型

灰色系统这一概念最早是由我国学者邓聚龙教授于1981年提出。此后，灰色理论受到了大量的关注，众多学者对灰色理论进行了实践研究，并取得了不俗的成果。经典的GM（1，1）模型就是在灰色理论的基础上，建立时间序列微分方程，实现了短期有效预测。灰色GM（1，1）模型是由数据累加、灰色模型、数据累减等步骤实施，能够对样本数量小、数据完整性与可靠性不高的数据序列作出有效的预测。但灰色预测模型仅适合小样本短期预测，比如空气质量预测、碳、大气污染物排放，近年来还有出生人口预测、私人汽车拥有量预测等。

然而灰色 GM（1，1）存在不足，变量的阶数固定为 1 阶，无法更有效利用原始数据，在数据体现出非时间序列特征明显时误差很大，甚至不如平均值的预测，针对此问题，有关文献给出了灰色模型的一些较为有效的改进方法，其中就包括本书使用的分数阶灰色模型（fractional grey model，FGM），其针对 GM（1，1）模型的不足，通过选择合适的累加阶数减小误差，可以得到更准确的预测结果。下面介绍分数阶灰色模型的基本过程：

①由原始的集装箱吞吐量历史非负数据，给出原始序列：

$$X^{(0)} = \left(x^{(0)}(1), x^{(0)}(2), \cdots, x^{(0)}(n)\right) \tag{5-2}$$

②基于原始非负序列，得到 r 阶累加序列为：

$$X^{(r)} = (x^{(r)}(1), x^{(r)}(2), \cdots, x^{(r)}(n)) \tag{5-3}$$

其中：$x^{(r)} = \sum_{i=1}^{k} C_{k-i+r-1}^{k-i} x^{(0)}(i)$，$C_{k-i+r-1}^{k-i} = \dfrac{(k-i+r-1)(k-i+r-2)\cdots(r+1)r}{(k-i)!}$，$C_{r-1}^{0} = 1, C_{k}^{k+1} = 0$。

③建立白化微分方程为：

$$\frac{\mathrm{d}x^{(r)}(t)}{\mathrm{d}t} + ax^{(r)}(t) = b \tag{5-4}$$

④方程解的形式为指数函数：

$$x^{(r)}(t+1) = [x^{(0)}(1) - \frac{b}{a}]\mathrm{e}^{-at} + \frac{b}{a} \tag{5-5}$$

利用最小二乘法解出 $\hat{a}$，$\hat{b}$ 为：

$$\begin{pmatrix} \hat{a} \\ \hat{b} \end{pmatrix} = (\boldsymbol{B}^{\mathrm{T}}\boldsymbol{B})^{-1}\boldsymbol{B}^{\mathrm{T}}\boldsymbol{Y} \tag{5-6}$$

其中：

$$\boldsymbol{B} = \begin{pmatrix} -0.5(x^{(r)}(1) + x^{(r)}(2)) & 1 \\ -0.5(x^{(r)}(2) + x^{(r)}(3)) & 1 \\ \vdots & \vdots \\ -0.5(x^{(r)}(n-1) + x^{(r)}(n)) & 1 \end{pmatrix}, \boldsymbol{Y} = \begin{pmatrix} x^{(r)}(2) - x^{(r)}(1) \\ x^{(r)}(3) - x^{(r)}(2) \\ \vdots \\ x^{(r)}(n) - x^{(r)}(n-1) \end{pmatrix} \tag{5-7}$$

⑤解出时间响应的函数为：

$$\hat{x}^{(r)}(k+1)=[x^{(0)}(1)-\frac{\hat{b}}{\hat{a}}]e^{-\hat{a}k}+\frac{\hat{b}}{\hat{a}} \qquad (5\text{-}8)$$

其中，$\hat{x}^{(r)}(k+1)$ 为时刻 $k+1$ 时的值。

⑥对于序列 $\hat{X}^{(r)}=\{\hat{x}^{(r)}(1),\hat{x}^{(r)}(2),\cdots,a^{(1)}\hat{x}^{(r)}(n)\}$，还原序列为：

$$a^{(r)}\hat{X}^{(r)}=\{a^{(1)}\hat{x}^{(r)(1-r)}(1),a^{(1)}\hat{x}^{(r)(1-r)}(2),\cdots,a^{(1)}\hat{x}^{(r)(1-r)}(n)\} \qquad (5\text{-}9)$$

这里：

$$a^{(1)}\hat{x}^{(r)(1-r)}(k)=\hat{x}^{(r)(1-r)}(k)-\hat{x}^{(r)(1-r)}(k-1) \qquad (5\text{-}10)$$

经过累减运算，得出预测序列为：$\{\hat{x}^{(0)}(1),\hat{x}^{(0)}(2),\cdots\hat{x}^{(0)}(n)\}$。

当 $r=1$ 时，灰色分数阶 FGM 模型就是灰色 GM（1,1）模型。

本书中，我们使用 Python 构建 FGM，对预处理后的数据的线性特征进行处理预测。

5.3 指数平滑法

指数平滑法（exponential smoothing，ES）作为一种特殊的加权移动平均法，适用于对数据资料进行中短期的预测。它的基本原理是利用最近观察值对预测值的影响，在不同观察时间内进行不同赋权数值的处理，从而使预测值能够反映数据在将来的变化情况，通俗地说，距离预测值较近的一点，对预测值的影响越大，所得赋权值就越大。平滑的意义是将时间序列数据平滑，以进一步分析出变量在将来的变化情况。指数平滑法按平滑次数分为一次平滑、二次平滑、三次平滑及高次平滑等[78]。一次平滑法充分考虑数据序列顺序中的权重，通常越接近的数据权重越大，二次平滑法更加注重趋势性，而三次平滑法则是以二次平滑法为主，兼顾二次趋势性。本章使用的是二次平滑法，其基本公式如下：

$$S_t = a \cdot y_t + (1-a)S_{t-1} \qquad (5\text{-}11)$$

其中，S_t 为时间 t 的平滑值；y_t 为时间 t 的实际值；S_{t-1} 为 $t-1$ 的平滑值；a 为平滑常数，其取值决定了 S_{t-1} 对 S_t 的影响程度，范围在 [0，1]，a 值越大，远期数据对未来预测值影响越小，反之亦然。

在港口吞吐量预测中，指数平滑法和灰色模型因为适用于小样本数据预测，从而应用较为广泛，如桂德怀和张显璇使用了三种指数平滑法对上海港集装箱吞吐量进行了分别预测研究，在进行方法对比分析后，使用三次平滑预测模型进行了实证研究，其预测结果呈现了比较稳定的线性趋势。研究者通过指数平滑法可以对港口吞吐量的历史数据的发展情况进行拟合，并对平滑常数 a 进行平滑确定，分析数据的时间序列变化，从而对未来的情况进行预测。一般在实际生产中，平滑常数 a 与生产管理者对历史生产数据的理解有一定关联，其取值在不同的预测活动中不一定相同，这也使该模型具有一定的主观性，但方法本身仍具有较强的定量分析成分。

5.4 非线性回归算法

本书使用的非线性回归算法（nonlinear regression algorithm，NRA）属于回归算法，在本书中和 BP 神经网络一起作为处理集装箱吞吐量数据的非线性预测算法，主要有一元线性回归、多元线性回归、非线性回归 3 种常用模型。线性回归与非线性回归最本质的区别就是结果变量与模型变量的关系，若是线性，就是线性回归，否则就是非线性回归。在本书第 6 章的实证研究中，为了研究原因变量和结果变量之间的非线性关系，使用了非线性回归算法进行探索。回归算法简单易行，用于集装箱吞吐量预测中较为常见，相关文献已经在第 2 章给出。另外，灰色理论也可结合回归分析法。例如，林强和陈一梅对上海港吞吐量的对比预测中，结合灰色理论和回归分析法，对比分析不同种类灰色多元回归模型的优劣，以及各种类模型对上海港吞吐量数据资料预测结果的准确度。

回归分析法同样存在缺点：选取的表达式用以描述原因变量和结果变量之间的关系只是一种推测，如本书第 6 章所采用的三次函数表达式也是在其他二次、多次多项表达式之间比较之后选取的，是对两者之间关系的一种推测。在这样的情况下，其预测最优的根据性是不足的，所以本书第 6 章将尝试使用分数阶灰色模型与回归分析法组合进行预测，以提升预测的鲁棒性。

5.5　BP 神经网络模型

人工神经网络（Artificial Neural Networks，ANN）是一种可以用来处理节点多、输出点多的现实问题的网络结构，它有着很大的发展潜力，其原理与人类大脑相似，在信息处理方面有着极其强大的功能。随着研究和技术的发展，机器学习、深度学习等类神经网络方法不断涌现。Rumelhart 等提出了 BP 神经网络（back propagation neural network），这种方法的最大特点在于信号的前向传递和误差的反向传播。在正向传播时，对输入信号进行隐藏处理，并将其传达到输出层。如果输出层节点不满足期望，启动误差逆向传播阶段。将隐含层反馈给输入层，以得到每层输出的误差信号，输入层使用反馈的误差信号修正输入值的权值，直至反向传播终止，实现目标误差，完成训练，给出训练结果。然而，BP 神经网络算法仅利用均方误差函数关于权值与阈值的一阶导数即梯度信息，同时暴露出收敛速度慢、大样本数据收敛困难、易陷入局部极小等问题。Hinton 等又提出了深度神经网络，从而进一步尝试解决神经网络中输入层和隐藏层的结构优化问题。

需要特别指出以下几点：

①输入层和隐藏层的神经元、节点数的数量、阈值等涉及神经网络的训练过程复杂程度。参数如果过于复杂则可能会出现过度拟合的情况。这也是本书在后续研究中设置神经元个数、训练波数等参数时会特别注意的问题，以避免造成数据过度拟合，过早形成局部最优情况。

② BP 神经网络与其他一般的人工神经网络类似，需要大量数据作为参考标准和训练新数据的依据。这与分数阶灰色模型和指数平滑法所需要的小样本数据恰恰相反，在后续的实证研究中，本书在采取模型结合时，将使用 bootstrap 的方法对小样本数据进行随机重复抽样，从而将小样本数据转化为大样本数据，用于神经网络的训练。

③区别于以往的定量处理方式，BP 神经网络的工作原理在于寻找数据的相关性，其关系并非严格的数学等式，因而在实证研究中，使用同样的数据和同样的神经网络层数、节点数等，在训练时也会得出不同的结果。在后续实证研究中，应当多次训练得到最优结果。

BP 神经网络流程示意图如图 5-1 所示。

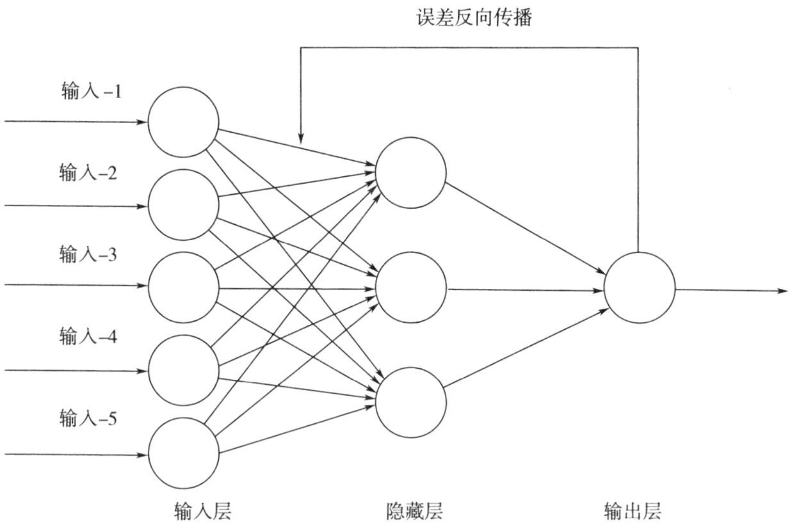

图 5-1 BP 神经网络流程示意图

5.6 组合模型预测和赋权法

组合模型方法最早由 Bates 和 Granger 于 1969 年提出，其基本原理是：综合利用各种单项预测模型对于数据资料的敏感性特征，把两个或两个以上单项预测模型结合在一起，提出组合预测模型思想。如两种预测方法或模型，分别具有较大预测误差和较小预测误差，若包含系统中各种独立的信息要素，两者建立的组合模型可能提高整个模型系统的预测性能。相关文献已经在第 2 章的文献综述中给出。

组合预测的关键部分就是权重系数的确定。赋权法包括主观赋权法和客观赋权法。主观赋权法的缺点在于过多地依赖有关专家主观观点，赋权结果客观性不强，客观赋权法的缺点则在于过于依赖统计或者数学等定量方法，忽略对评价指标进行主观定性分析。所以，更科学的方法就是把主观和客观相结合，这样才能综合二者的优点，得到更加合理的权重结果。本书主要是对集装箱吞吐量预测问题的定量研究，所以对主观赋权方法暂不作研究和使用。

由于组合模型的各个模型之间相互作用的方式不同，我们将组合模型分为以下两种：一是链式（层次）系统，其中预测子系统的输出作为某个更高预测级别的输入。二是非链式（非层次）系统，其中独立的预测子系统具有组合的路径输出。在本书中，使用的是赋权法为第二类组合模型进行加权。以下简要介绍本书使用的加权方法熵权法。

在信息论里，熵值是不确定性的量度，信息量愈大，不确定性愈低，熵值愈小，相反，信息量愈小，不确定性愈高，熵值愈大。熵值法（the entropy method）是一种数学方法，用于判断数据序列是否离散。本书将采用熵值法对组合预测模型的相对误差波动性进行分析，进而确定组合模型之间的加权数值，对数据进行加权处理，从而得出结果。用熵值法确定组合预测加权系数的简要步骤如下。

①对每个预测结果相对误差进行归一化处理，可得到第 i 种预测模型在第 t 时刻预测值相对误差所占比重：

$$p_{it} = \frac{e_{it}}{\sum_{t=1}^{N} e_{it}} \quad (5-12)$$

$$\sum_{t=1}^{N} p_{it} = 1, i = 1, 2, \cdots, m; \ t = 1, 2, \cdots, N \quad (5-13)$$

②求得第 i 种预测模型的预测结果熵值：

$$h_i = -k \sum_{t=1}^{N} p_{it} \ln p_{it}, i = 1, 2, \cdots, m \quad (5-14)$$

其中，$k > 0$ 是常数，是自然对数，$0 \leqslant h_i \leqslant 1$，$i=1, 2, \cdots, m$。

③求取第 i 个预测模型预测相对误差变异系数 d_i。由于 $0 \leqslant h_i \leqslant 1$，且系统内熵值大小与系统变异程度正好相反，所以可以得到：$d_i=1-h_i$，$i=1, 2, \cdots, m$。

④得出各预测模型的加权系数为：

$$l_i = \frac{1}{m-1} \left(1 - \frac{d_i}{\sum_{i=1}^{m} d_i} \right), \ i = 1, 2, \cdots, m \quad (5-15)$$

由式（5-15）可见，某单一预测误差序列的变异程度 d_i 越大，则其在组合预测中对应的权系数 l_i 就越小。此外,权系数算术和为 1,即 $\sum_{i=1}^{m} l_i = 1$。求得组合模型的预测结果为各单一预测模型加权后的算术和:

$$\hat{x}_t = \sum_{i=1}^{m} l_i x_{it}, \ t = 1, 2, \cdots, N \tag{5-16}$$

5.7 预测模型评价方式

预测精度是评价预测模型性能的重要标准。本书主要采用以下三个指标来比较模型的准确性和可靠性:均方根误差(Root Mean Square Error,RMSE)、平均绝对偏差(Mean Absolute Error,MAE)、平均绝对百分误差(Mean Absolute Percentage Error,MAPE)。$RMSE$ 和 MAE 是预测误差平均量级的两个度量。$MAPE$ 是一个被认为是预测精度百分比的通用度量。

计算公式:

$$MAE = \frac{1}{n} \sum_{k=1}^{n} |x_k - \hat{x}_k| \tag{5-17}$$

$$RMSE = \sqrt{\frac{\sum_{k=1}^{n} (x_k - \hat{x}_k)^2}{n}} \tag{5-18}$$

$$MAPE = \frac{1}{n} \sum_{k=1}^{n} \left| \frac{x_k - \hat{x}_k}{x_k} \right| \times 100\% \tag{5-19}$$

其中,n 为观测次数,x_k 和 $\hat{x}_k$ 分别为 k 时刻的实际数据和预测数据。MAE、$MAPE$ 和 $RMSE$ 值最低的模型意味着更好的性能。

5.8 本章小结

本章阐述本书所采用的预测模型与方法，并为第 6 章实证研究做准备。本研究主要利用各种不同预测模型的特性来进行"因材施用"，所以对模型的参数与原理并没有进行较深入的研究。对于集装箱吞吐量的预测，当采用时间序列方法与回归分析法时，都需要建立假设条件，而实践中数据的特征表现是飘忽不定的，线性特征与非线性特征并存，建立的假设条件很难完全得到满足。因此书中介绍 BP 神经网络及非线性回归算法来捕获数据中呈现出来的非线性特征以解决非线性系统的预测问题并提高其准确度与稳定性。

第6章 区域港口群物流量预测实证——以环渤海港口群为例

6.1 环渤海港口群数据来源

本书预测环渤海港口群集装箱吞吐量所用历史数据（图6-1），2011～2020年数据来自中国港口统计年鉴，2021年数据来自中华人民共和国交通运输部官网，包括辽宁省、河北省、天津港和山东省的年度集装箱吞吐量。

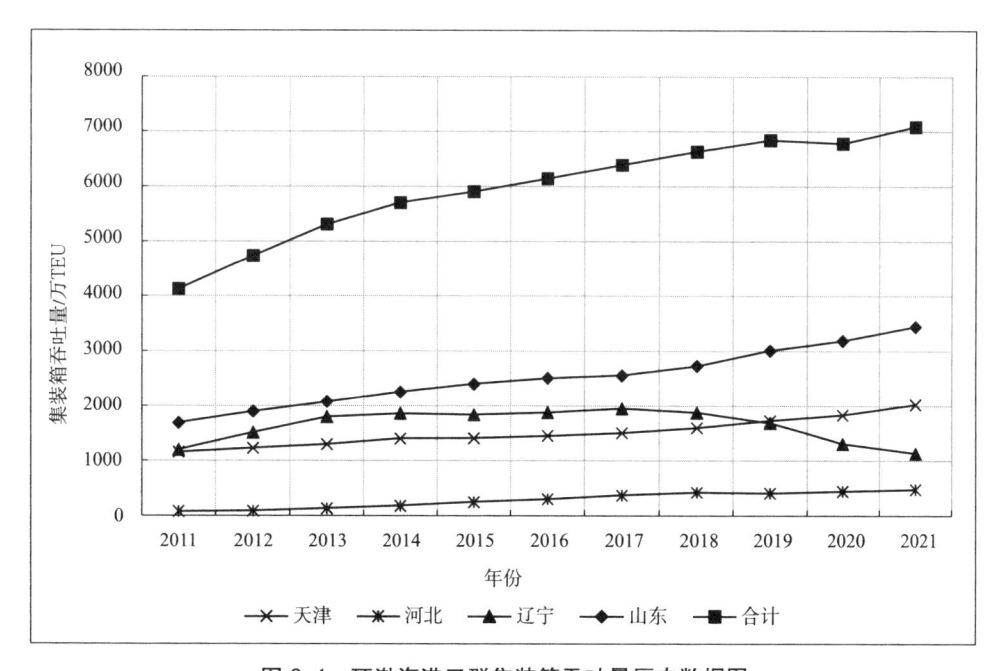

图6-1 环渤海港口群集装箱吞吐量历史数据图

6.2 数据分解分析

如前文 4.1 所述，集装箱吞吐量预测问题受多种因素影响，历史数据的特征也多种多样，常包含有线性和非线性的特征，这就需要我们使用数据分解方法对数据进行处理分析，抓住数据的不同特征对数据分别处理预测。

使用经验模态分解方法的前提是假定任何复杂的信号都可视为多个不同的本征模函数（IMF）和残差（residue）相加之和，本征模函数的线性和非线性特征可以相差较大，并且互相不受彼此影响。该方法的基本原理就是将原始信号进行分解，然后选取部分分解信号进行重构。分解后，得到的所有本征模函数基本上包含了原有信号的所有要素，从而达到更直观地对信号进行研究的目的。以下为 MATLAB 基础上使用经验模态方法（EEMD）对环渤海港口群 11 年的历史数据趋势图分解的结果图（图 6-2～图 6-6）。

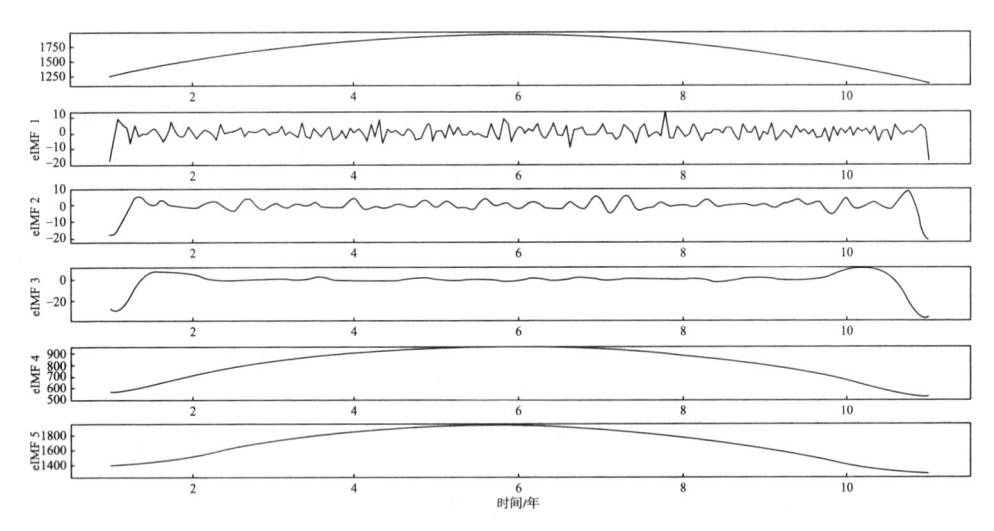

图 6-2 辽宁原始数据分解结果

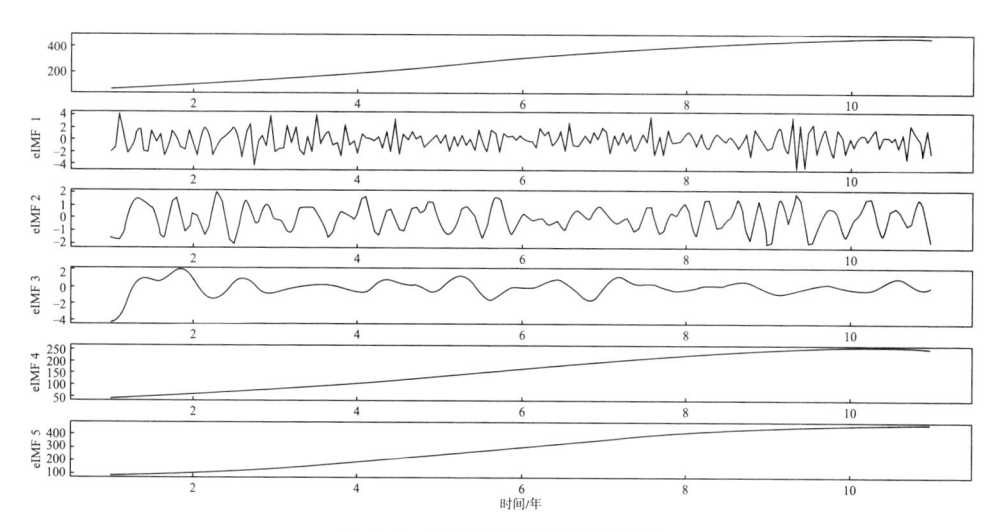

图 6-3　河北原始数据分解结果

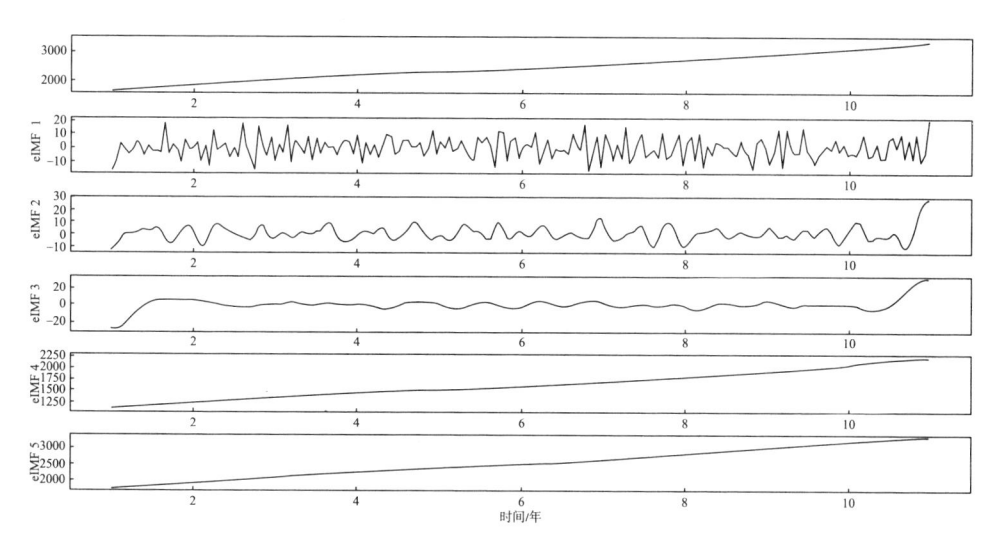

图 6-4　山东原始数据分解结果

由图可见各组数据由原始数据组成的信号分解为若干本征模函数（IMF）和残差（residue），每组 IMF 和残差相加就会得到原始信号。每组 IMF 分别体现出了原始信号的特征，包括线性特征、非线性特征等。

本书中由于将要使用的是以年度为单位的历史数据，样本较小，所以不作分解后再合成处理，在此仅使用 EMD 说明数据样本具有线性和非线性特征，所以下面将继续采用线性、非线性模型和回归算法对数据进行处理，并根据不同的组合模型使用加权法进行加权从而得出结果。

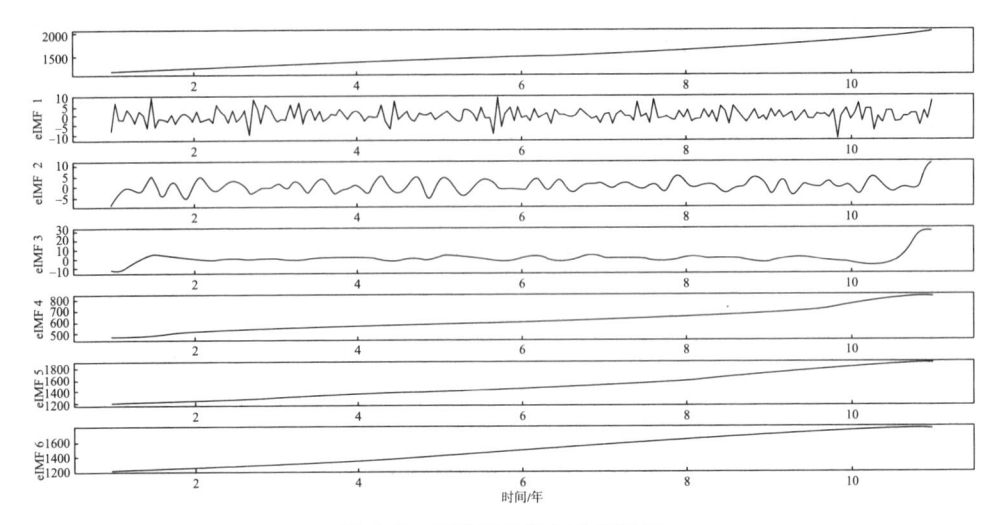

图 6-5 天津原始数据分解结果

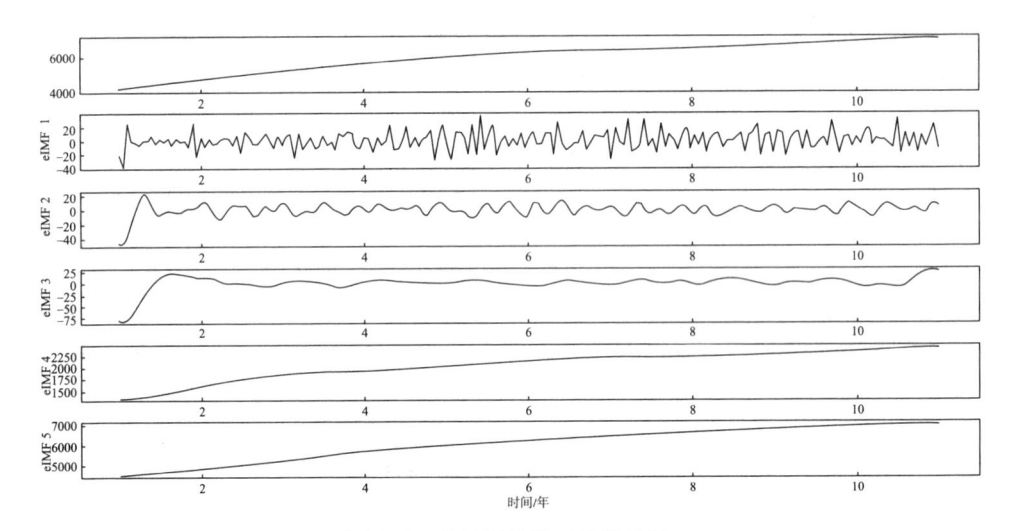

图 6-6 合计原始数据分解结果

6.3 单一模型预测对比

6.3.1 灰色模型GM（1，1）

GM（1，1）模型在集装箱吞吐量预测应用已经非常广泛，鉴于其需求数据少、预测稳定性好的优势，本书在此用以与其他单一预测模型做对比。下面使用Python建模，通过2011～2021年11个年度数据进行GM（1，1）对比测试（表6-1～表6-5）。

表6-1 合计GM（1，1）检验表

年份	原始值	预测值	残差	相对误差
2011	4127.000	4127.000	0.000	0.000%
2012	4733.000	5152.750	-419.750	8.869%
2013	5310.000	5353.243	-43.243	0.814%
2014	5706.000	5561.537	144.463	2.532%
2015	5904.000	5777.935	126.065	2.135%
2016	6146.000	6002.754	143.246	2.331%
2017	6391.000	6236.321	154.679	2.420%
2018	6633.000	6478.975	154.025	2.322%
2019	6842.000	6731.071	110.929	1.621%
2020	6784.000	6992.976	-208.976	3.080%
2021	7090.000	7265.072	-175.072	2.469%

表6-2 天津GM（1，1）检验表

年份	原始值	预测值	残差	相对误差
2011	1159.000	1159.000	0.000	0.000%
2012	1230.000	1207.632	22.368	1.819%

续表

年份	原始值	预测值	残差	相对误差
2013	1301.000	1273.010	27.990	2.151%
2014	1406.000	1341.928	64.072	4.557%
2015	1411.000	1414.577	-3.577	0.254%
2016	1452.000	1491.160	-39.160	2.697%
2017	1507.000	1571.888	-64.888	4.306%
2018	1601.000	1656.986	-55.986	3.497%
2019	1730.000	1746.692	-16.692	0.965%
2020	1835.000	1841.254	-6.254	0.341%
2021	2027.000	1940.936	86.064	4.246%

表6-3 河北GM（1,1）检验表

年份	原始值	预测值	残差	相对误差
2011	77.000	77.000	0.000	0.000%
2012	90.000	129.115	-39.115	43.461%
2013	135.000	163.810	-28.810	21.340%
2014	184.000	200.478	-16.478	8.955%
2015	253.000	239.231	13.769	5.442%
2016	305.000	280.188	24.812	8.135%
2017	374.000	323.474	50.526	13.510%
2018	426.000	369.221	56.779	13.328%
2019	413.000	417.571	-4.571	1.107%
2020	447.000	468.669	-21.669	4.848%
2021	481.000	522.673	-41.673	8.664%

表6-4 辽宁GM（1,1）检验表

年份	原始值	预测值	残差	相对误差
2011	1200.000	1200.000	0.000	0.000%
2012	1514.000	1882.216	-368.216	24.321%
2013	1798.000	1837.108	-39.108	2.175%
2014	1860.000	1792.532	67.468	3.627%

续表

年份	原始值	预测值	残差	相对误差
2015	1838.000	1748.480	89.520	4.870%
2016	1880.000	1704.947	175.053	9.311%
2017	1950.000	1661.926	288.074	14.773%
2018	1878.000	1619.412	258.588	13.769%
2019	1689.000	1577.398	111.602	6.608%
2020	1311.000	1535.878	−224.878	17.153%
2021	1135.000	1494.848	−359.848	31.705%

表6-5 山东GM（1，1）检验表

年份	原始值	预测值	残差	相对误差
2011	1691.000	1691.000	0.000	0.000%
2012	1899.000	1937.888	−38.888	2.048%
2013	2076.000	2062.454	13.546	0.652%
2014	2256.000	2195.028	60.972	2.703%
2015	2402.000	2336.124	65.876	2.743%
2016	2509.000	2486.289	22.711	0.905%
2017	2560.000	2646.107	−86.107	3.364%
2018	2728.000	2816.198	−88.198	3.233%
2019	3010.000	2997.223	12.777	0.425%
2020	3191.000	3189.883	1.117	0.035%
2021	3447.000	3394.928	52.072	1.511%

均方根误差RMSE分别为：河北106.960、天津148.341、山东168.339、合计607.961和辽宁722.974。

其中，辽宁数据中，后验差比C值为0.582，小于0.65，表示模型精度等级为基本达标。此外，小误差的概率p为0.545，小于0.7，表示模型精度为不达标；河北组数据平均相对误差最大，其中最大误差高达43.4%，不满足预测要求。

其他4组数据基本满足要求，但是精度不足。辽宁组数据主要原因在于时间序列特征异常，其数据趋势线函数的单调性不一致。

6.3.2 分数阶灰色模型

前文已经说明，分数阶灰色模型（fractional grey model，FGM）是灰色 GM（1，1）模型的一种改进模型，GM（1，1）的变量，阶数均固定为1，这就造成了原始序列可能对原始数据的使用程度不完全。FGM 设定阶数为 r，通过对阶数的调整达到增加数据使用程度的效果。在此我们使用 Python 分别建模，对数据进行处理。表6-6～表6-8为 GM（1，1）和 FGM 的预测结果的对比数据。

表6-6 GM（1，1）预测结果与相对误差

年份	辽宁	相对误差	河北	相对误差	天津	相对误差	山东	相对误差	环渤海合计	相对误差
2011	1200	0.00%	77	0.00%	1159	0.00%	1691	0.00%	4127	0.00%
2012	1874	23.78%	165	83.33%	1208	-1.79%	1898	-0.05%	5153	8.87%
2013	1830	1.78%	189	40.00%	1273	-2.15%	2037	-1.88%	5353	0.81%
2014	1786	-3.98%	215	16.85%	1342	-4.55%	2186	-3.10%	5562	-2.52%
2015	1744	-5.11%	246	-2.77%	1415	0.28%	2346	-2.33%	5778	-2.13%
2016	1702	-9.47%	280	-8.20%	1491	2.69%	2518	0.36%	6003	-2.33%
2017	1662	-14.77%	320	-14.44%	1572	4.31%	2702	5.55%	6236	-2.43%
2018	1622	-13.63%	365	-14.32%	1657	3.50%	2900	6.30%	6479	-2.32%
2019	1584	-6.22%	417	0.97%	1747	0.98%	3112	3.39%	6731	-1.62%
2020	1546	17.93%	476	6.49%	1841	0.33%	3340	4.67%	6993	3.08%
2021	1510	33.04%	543	12.89%	1941	-4.24%	3585	4.00%	7265	2.47%
MAPE		12.97%		20.02%		2.48%		2.79%		2.86%

表6-7 FGM预测结果与相对误差

年份	辽宁	相对误差	河北	相对误差	天津	相对误差	山东	相对误差	环渤海合计	相对误差
2011	1200	0.00%	77	0.00%	1159	0.00%	1691	0.00%	4127	0.00%
2012	1630.04	7.66%	122.5	36.11%	1207.63	-1.82%	1898.63	-0.02%	4807.82	1.58%
2013	1791.277	-0.37%	166.8	23.56%	1273.01	-2.15%	2052.8	-1.12%	5282.39	-0.52%
2014	1837.17	-1.23%	209.91	14.08%	1341.93	-4.56%	2201.1	-2.43%	5638.39	-1.18%
2015	1822.9	-0.82%	251.87	-0.45%	1414.58	0.25%	2350.44	-2.15%	5926.87	0.39%
2016	1776	-5.53%	292.74	-4.02%	1491.16	2.70%	2503.81	-0.21%	6172.42	0.43%
2017	1711.92	-12.21%	332.55	-11.08%	1571.89	4.31%	2662.91	4.02%	6387.66	-0.05%
2018	1639.81	-12.68%	371.32	-12.84%	1656.99	3.50%	2828.91	3.70%	6580.39	-0.79%

续表

年份	辽宁	相对误差	河北	相对误差	天津	相对误差	山东	相对误差	环渤海合计	相对误差
2019	1565.16	−7.33%	409.1	−0.94%	1746.69	0.96%	3002.74	−0.24%	6755.67	−1.26%
2020	1491.31	13.75%	445.92	−0.24%	1841.25	0.34%	3185.21	−0.18%	6917.03	1.96%
2021	1420.2	25.13%	481.79	0.16%	1940.94	−4.25%	3377.06	−2.03%	7066.98	−0.32%
MAPE	8.67%		10.34%		2.48%		1.61%		0.85%	

表6-8 FGM和GM（1，1）的对比

地区	FGM	MAPE	GM（1，1）	MAPE
辽宁	$r=0.5$	8.67%	$r=1$	12.97%
河北	$r=0.01$	10.34%	$r=1$	20.02%
天津	$r=1$	2.48%	$r=1$	2.48%
山东	$r=0.95$	1.61%	$r=1$	2.79%
合计	$r=0.8$	0.85%	$r=1$	2.86%

由以上 3 个表可以看出，FGM 在对变量阶数优化过后，无论从 MAPE 值还是相对误差都优于 GM（1，1）模型，预测的准确度和稳定性都大幅度提升。此外，辽宁和河北两个组的数据由于离群值较多，线性特征不够明显，造成模型的预测准确性和稳定性相比天津、山东和合计 3 个组较差。

6.3.3 指数平滑模型

利用 SPSSAU 分析软件，分别输入五组数据：合计、辽宁、河北、山东和天津，把阿尔法 α 值设置为 0.7、0.8、0.9、0.8 和 0.8，平滑类型设置为二次平滑，预测三期数据[92]。表 6-9～表 6-13 为指数平滑检验表。

表6-9 合计指数平滑检验表

年份	原始值	预测值	绝对误差	相对误差
2011	4127.000	4127.000	0.000	0.00%
2012	4733.000	4005.800	727.200	15.36%
2013	5310.000	4875.410	434.590	8.18%
2014	5706.000	5691.694	14.306	0.25%
2015	5904.000	6132.529	228.529	3.87%
2016	6146.000	6240.405	94.405	1.54%

续表

年份	原始值	预测值	绝对误差	相对误差
2017	6391.000	6424.075	33.075	0.52%
2018	6633.000	6647.349	14.349	0.22%
2019	6842.000	6880.632	38.632	0.56%
2020	6784.000	7072.888	288.888	4.26%
2021	7090.000	6895.856	194.144	2.74%

表6-10　辽宁指数平滑检验表

年份	原始值	预测值	绝对误差	相对误差
2011	1200.000	1200.000	0.000	0.00%
2012	1514.000	1105.800	408.200	26.96%
2013	1798.000	1658.440	139.560	7.76%
2014	1860.000	2042.504	182.504	9.81%
2015	1838.000	2000.584	162.584	8.85%
2016	1880.000	1873.733	6.267	0.33%
2017	1950.000	1912.990	37.010	1.90%
2018	1878.000	2005.447	127.447	6.79%
2019	1689.000	1858.459	169.459	10.03%
2020	1311.000	1562.686	251.686	19.20%
2021	1135.000	1026.896	108.104	9.52%

本次预测主要运用二次平滑法。均方根误差RMSE数值分别为：河北29.260、天津55.792、山东111.841、辽宁191.637和合计300.495。山东和合计的预测结果非常好，天津的预测结果较好，辽宁和河北的预测结果离散程度较大。此外，所得RMSE值适用于纵向不同模型的同预测项目比较，不适用于横向的预测项目之间比较。如河北的RMSE值远小于合计的RMSE值，但预测性能表现完全相反，这种横向比较没有意义。

表6-11　河北指数平滑检验表

年份	原始值	预测值	绝对误差	相对误差
2011	77.000	77.000	0.000	0.00%
2012	90.000	71.800	18.200	20.22%
2013	135.000	99.295	35.705	26.45%
2014	184.000	173.041	10.959	5.96%

续表

年份	原始值	预测值	绝对误差	相对误差
2015	253.000	231.165	21.835	8.63%
2016	305.000	317.743	12.743	4.18%
2017	374.000	359.767	14.233	3.81%
2018	426.000	440.026	14.026	3.29%
2019	413.000	480.948	67.948	16.45%
2020	447.000	413.449	33.551	7.51%
2021	481.000	473.610	7.390	1.54%

表6-12 山东指数平滑检验表

年份	原始值	预测值	绝对误差	相对误差
2011	1691.000	1691.000	0.000	0.00%
2012	1899.000	1628.600	270.400	14.24%
2013	2076.000	1994.680	81.320	3.92%
2014	2256.000	2231.288	24.712	1.10%
2015	2402.000	2429.368	27.368	1.14%
2016	2509.000	2559.936	50.936	2.03%
2017	2560.000	2635.280	75.280	2.94%
2018	2728.000	2639.074	88.926	3.26%
2019	3010.000	2857.419	152.581	5.07%
2020	3191.000	3234.524	43.524	1.36%
2021	3447.000	3395.513	51.487	1.49%

表6-13 天津指数平滑检验表

年份	原始值	预测值	绝对误差	相对误差
2011	1159.000	1159.000	0.000	0.00%
2012	1230.000	1137.700	92.300	7.50%
2013	1301.000	1262.660	38.340	2.95%
2014	1406.000	1360.356	45.644	3.25%
2015	1411.000	1494.276	83.276	5.90%
2016	1452.000	1451.136	0.864	0.06%
2017	1507.000	1489.323	17.677	1.17%
2018	1601.000	1554.964	46.036	2.88%
2019	1730.000	1677.293	52.707	3.05%
2020	1835.000	1839.758	4.758	0.26%
2021	2027.000	1944.012	82.988	4.09%

6.3.4 非线性回归算法

在前文 3.4 中我们已经介绍了非线性回归算法，利用 SPSSAU 分析软件，在经历测试多种非线性函数后，我们使用 Cubic 三次曲线建模，其基本函数公式为：

$$Y = b_1 + b_2 * X + b_3 * X^2 + b_4 * X^3 \qquad (6-1)$$

以天津为自变量 X 和合计为因变量 Y 两组数据建立非线性回归预测模型（表6-14）：

经过其他模型的分析和预测，天津组的数据明显具有更好的稳定性和可预测性，但其与合计数据的关系则可能具有线性或者非线性的关系，所以我们保守使用非线性的模型 3 次函数来分析两组数据之间的关系，从而通过自变量来得出合计组的预测值。分析参数的显著性，结合其 95% CI 值进行判断，如果 95% CI 值不包括数字 0 则说明参数呈现出显著性，反之则说明参数不具有显著性。输入 X 值对应得到 Y 的预测值。从表 6-14 可知，参数 b_1 为 -32339.191，95% CI 为 -49134.738～-15543.645，不包括数字 0；参数 b_2 为 60.260，95% CI 为 27.475～93.046，不包括数字 0；参数 b_3 为 -0.031，95% CI 为 -0.052～-0.010，不包括数字 0；参数 b_4 为 0.000，95% CI 为 0.000～0.000，包括数字 0。b_1～b_3 均不包括 0，这说明建立的非线性函数具有统计意义。

表6-14 模型参数估计值（n =11）

参数项	回归系数	标准误差	t 值	p 值	95% CI
b_1	-32339.191	7102.840	-4.553	0.003	-49134.738～-15543.645
b_2	60.260	13.865	4.346	0.003	27.475～93.046
b_3	-0.031	0.009	-3.509	0.010	-0.052～-0.010
b_4	0.000	0.000	2.914	0.023	0.000～0.000

依据图 6-7 和表 6-15 可以看出，预测曲线拟合度非常高，在自变量 X 精确的情况下，得到的合计数值误差整体较小，最大的误差仅有 3.23%，大部分误差在 1% 以内。由此可见，依靠较为精确的自变量 X，非线性回归模型很好满足了预测需要，并体现出了较好的预测准确度和稳定性。

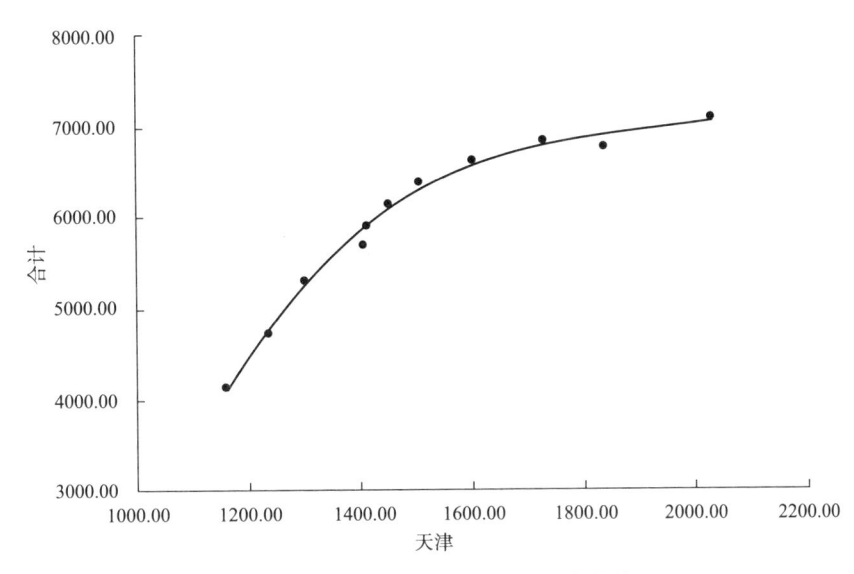

图 6-7 天津—合计非线性回归拟合曲线图

表6-15 天津X和合计Y的非线性关系预测表

天津 X	合计 Y	合计真实	绝对误差	相对误差
1159	4101.68	4127.00	25.32	0.61%
1230	4747.29	4733.00	14.292	0.30%
1301	5281.12	5310.00	28.879	0.54%
1406	5890.54	5706.00	184.539	3.23%
1411	5914.74	5904.00	10.742	0.18%
1452	6098.24	6146.00	47.757	0.78%
1507	6305.41	6391.00	85.594	1.34%
1601	6570.51	6633.00	62.491	0.94%
1730	6795.14	6842.00	46.857	0.68%
1835	6902.98	6784.00	118.982	1.75%
2027	7058.34	7090.00	31.657	0.45%

6.4 组合预测模型

前文 4.1 中已经提到，集装箱吞吐量受多种因素影响，其历史数据往往包含多种特征，包括线性特征、因果特征和非线性特征等。使用单个预测模型难以捕捉数据特征做到精准预测。第 5 章介绍的单一预测模型都是往年其他学者在研究集装箱吞吐量预测问题时所使用的经典模型。本书以"经典方法，全新搭配"的方式，针对研究问题数据的不同特征，使用组合预测模型对数据特征进行处理，从而得出预测精度和稳定性更高的结果。

6.4.1 分数阶灰色和非线性回归组合模型

这一部分我们使用分数阶灰色模型和非线性回归算法（FGM-NRA）进行组合，灰色模型对时间序列特征进行预测，而非线性回归对非时间序列特征进行捕捉。从 FGM 的预测数据可以看出，辽宁和河北的数据相对误差相比其他数据较大，稳定性较差，这也是前文提到的，因为这两组数据的非线性特征较为明显的结果。因而，我们在使用 NRA 进行因果分析时将使用天津或山东组的数据构建三次函数，得出因果两组变量的关系。

预测步骤是纵向进行的：

①使用分数阶灰色模型 FGM 对未来 3 年山东和合计的集装箱吞吐量数据进行预测处理，由得出的结果构建非线性回归的因变量和结果变量的三次关系函数。

②通过 NRA 拟合山东和合计数据之间的三次曲线函数关系，得出曲线图。

③通过山东组的预测数据作为自变量 X，预测出合计组的预测数据因变量 Y 检验评价数据是否达标，并得出组合模型 FGM-NRA 的预测数据。表 6-16 为 FGM 预测结果与相对误差。

表6-16 FGM预测结果与相对误差

年份	辽宁	相对误差	河北	相对误差	天津	相对误差	山东	相对误差	环渤海合计	相对误差
2011	1200	0.00%	77	0.00%	1159	0.00%	1691	0.00%	4127	0.00%
2012	1630.04	7.66%	122.5	36.11%	1207.63	-1.82%	1898.63	-0.02%	4807.82	1.58%
2013	1791.277	-0.37%	166.8	23.56%	1273.01	-2.15%	2052.8	-1.12%	5282.39	-0.52%
2014	1837.17	-1.23%	209.91	14.08%	1341.93	-4.56%	2201.1	-2.43%	5638.39	-1.18%
2015	1822.9	-0.82%	251.87	-0.45%	1414.58	0.25%	2350.44	-2.15%	5926.87	0.39%
2016	1776	-5.53%	292.74	-4.02%	1491.16	2.70%	2503.81	-0.21%	6172.42	0.43%
2017	1711.92	-12.21%	332.55	-11.08%	1571.89	4.31%	2662.91	4.02%	6387.66	-0.05%
2018	1639.81	-12.68%	371.32	-12.84%	1656.99	3.50%	2828.91	3.70%	6580.39	-0.79%
2019	1565.16	-7.33%	409.1	-0.94%	1746.69	0.96%	3002.74	-0.24%	6755.67	-1.26%
2020	1491.31	13.75%	445.92	-0.24%	1841.25	0.34%	3185.21	-0.18%	6917.03	1.96%
2021	1420.2	25.13%	481.79	0.16%	1940.94	-4.25%	3377.06	-2.03%	7066.98	-0.32%
2022	1352.93		516.75		2046.01		3579.01		7207.43	
2023	1290.02		550.83		2456.78		3791.79		7339.81	
2024	1231.64		584.04		2273.54		4016.11		7465.26	
MAPE		8.67%		10.34%		2.48%		1.61%		0.85%

利用FGM给出的山东组的预测数据与真实的合计组数据拟合。拟合效果见表6-17。

表6-17 拟合效果

差异源	平方和 SS	均方 MS	F	p值	R^2
回归	400719179.974	100179794.993	5724.687	0.000	0.995
残差	44596.026	6370.861			

其中，R^2值用于分析模型拟合情况，R^2=0.995<1 证明拟合效果满足要求；F检验辅助判断模型的拟合效果，此处F值相对一般，拟合意义较好；结合模型拟合图辅助判断，三次曲线与观察值基本保持一致。拟合曲线图如图6-8所示。

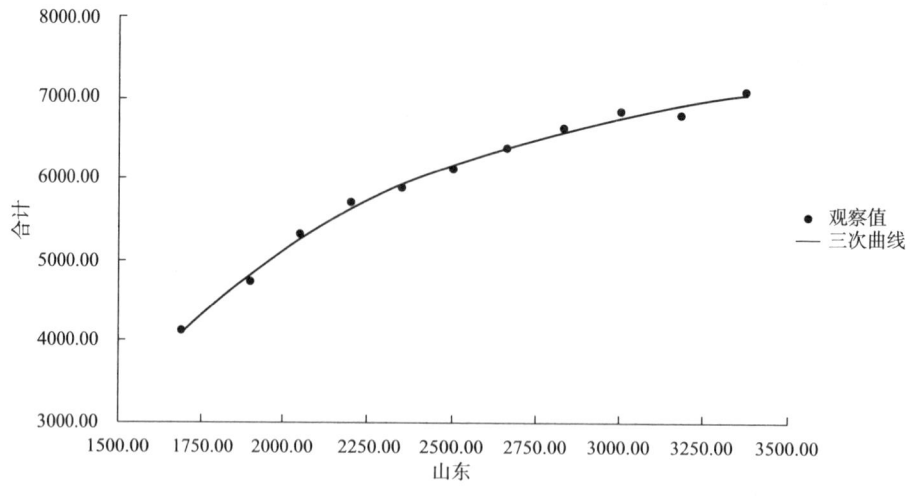

图 6-8　山东—合计非线性回归拟合曲线图

通过拟合计算得出表 6-18 的 FGM-NRA 组合模型的环渤海合计预测拟合结果。

表6-18　FGM-NRA预测拟合结果

年份	FGM山东预测值	环渤海合计拟合值	合计真实值	拟合值相对误差
2011	1691	4097.138	4127	0.73%
2012	1898.63	4825.606	4733	-1.92%
2013	2052.8	5197.974	5310	2.16%
2014	2201.1	5630.248	5706	1.35%
2015	2350.44	5933.247	5904	-0.49%
2016	2503.81	6190.868	6146	-0.72%
2017	2662.91	6410.015	6391	-0.30%
2018	2828.91	6596.854	6633	0.55%
2019	3002.74	6758.609	6842	1.23%
2020	3185.21	6904.777	6784	-1.75%
2021	3377.06	7048.215	7090	0.59%
2022	3579.01	7206.322		
2023	3791.79	7402.367		
2024	4016.11	7667.01		

6.4.2 指数平滑和 BP 神经网络组合模型

预测步骤与上一部分使用的组合模型相似，本部分为指数平滑和 BP 神经网络（ES-BPNN）组合模型，我们使用指数平滑法 ES 对数据的时间序列特征进行预测，使用 BP 神经网络对原始数据进行学习，捕捉数据的非线性特征和因果特征，从而由 ES 预测出的数据，通过 BPNN 的训练得出环渤海合计集装箱吞吐量的预测值。指数平滑的计算结果见表 6-19，拟合图见图 6-9（a）～图 6-9（e）。

表6-19 指数平滑模型预测表

年份	辽宁	河北	天津	山东	合计
2011	1200	77	1159	1691	4127
2012	1105.8	71.8	1137.7	1628.6	4005.8
2013	1658.44	99.295	1262.66	1994.68	4875.41
2014	2042.504	173.041	1360.356	2231.288	5691.694
2015	2000.584	231.165	1494.276	2429.368	6132.529
2016	1873.733	317.743	1451.136	2559.936	6240.405
2017	1912.99	359.767	1489.323	2635.28	6424.075
2018	2005.447	440.026	1554.964	2639.074	6647.349
2019	1858.459	480.948	1677.293	2857.419	6880.632
2020	1562.686	413.449	1839.758	3234.524	7072.888
2021	1026.896	473.61	1944.012	3395.513	6895.856
2022	905.691	513.858	2185.614	3680.664	7253.514
2023	680.706	546.789	2347.548	3916.388	7434.5
2024	455.721	579.721	2509.482	4152.112	7615.487
RMSE	191.637	29.26	55.792	11.841	300.495

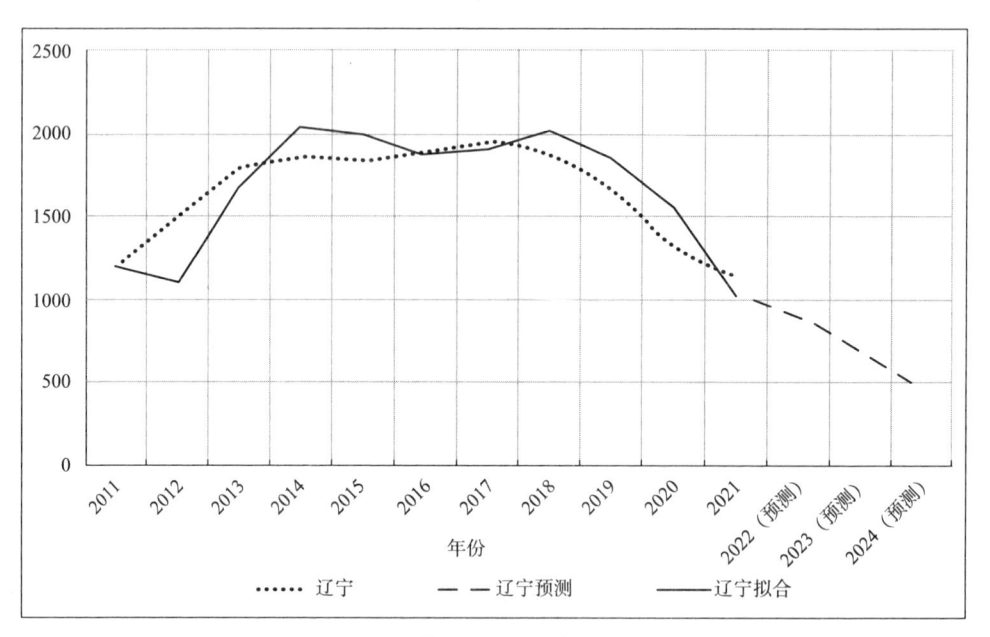

（a）指数平滑法辽宁拟合预测图

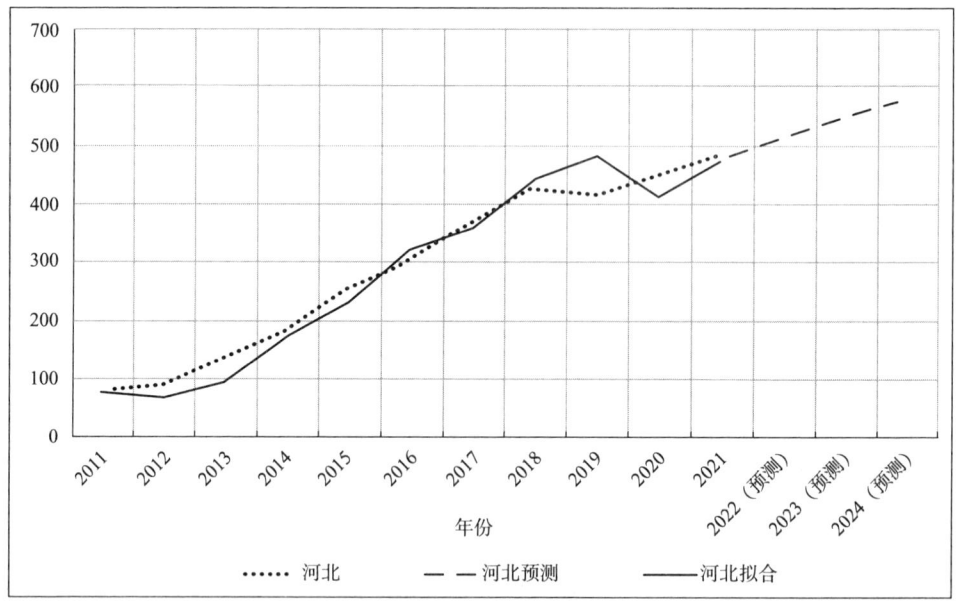

（b）指数平滑法河北拟合预测图

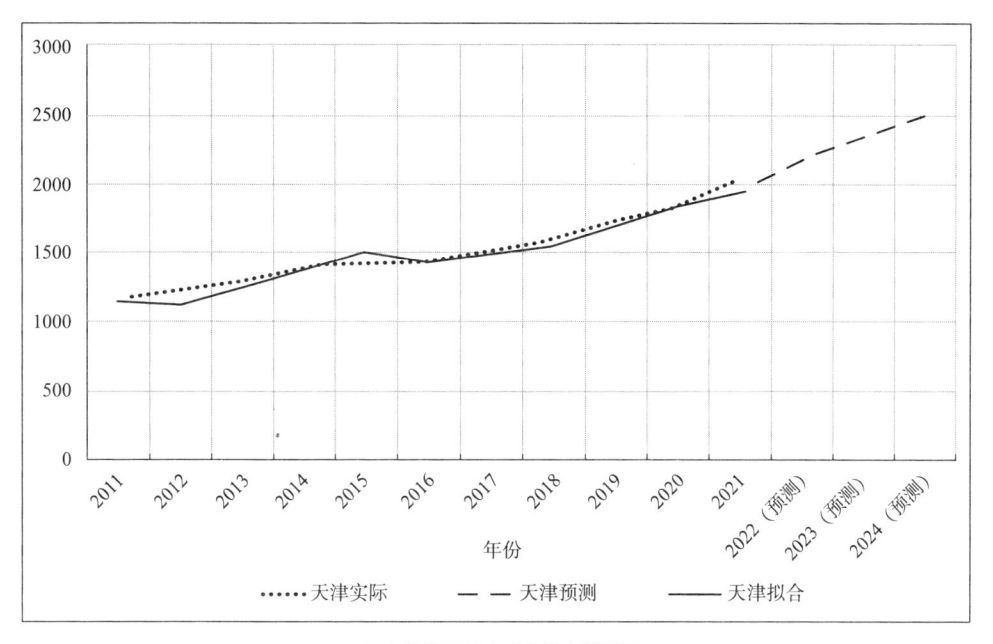

第 6 章 区域港口群物流量预测实证——以环渤海港口群为例

(c) 指数平滑法天津拟合预测图

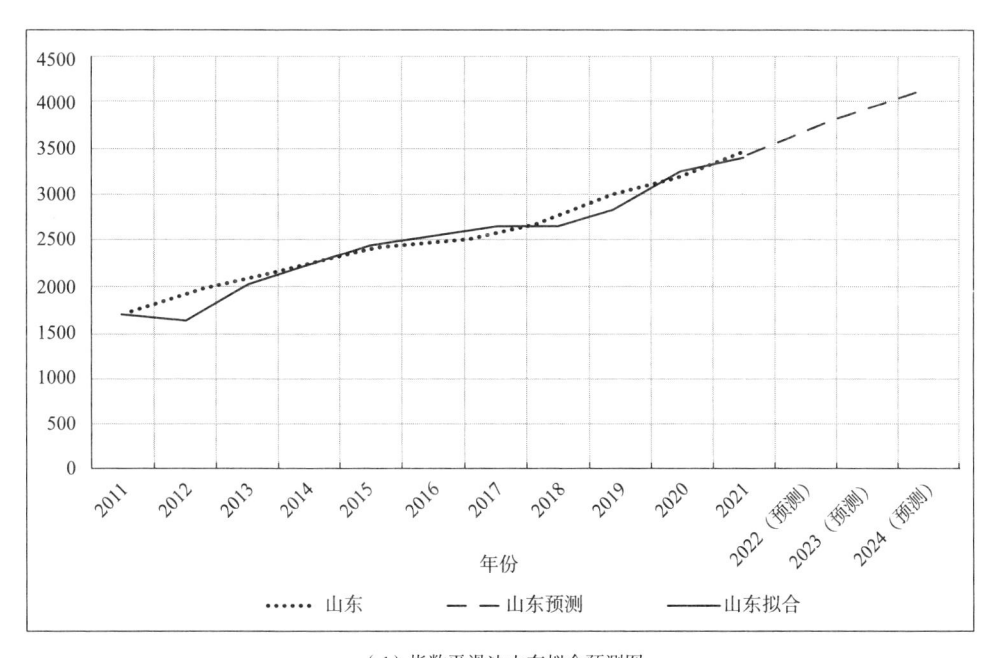

(d) 指数平滑法山东拟合预测图

图 6-9

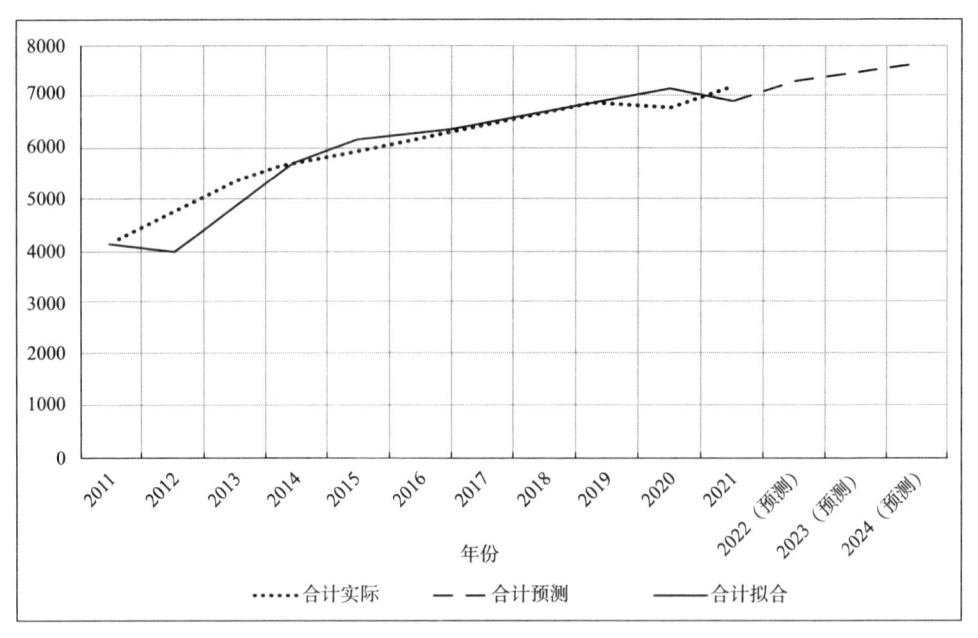

（e）指数平滑法合计拟合预测图

图 6-9　指数平滑法拟合预测折线图

图 6-9（a）～图 6-9（e）为指数平滑（ES）拟合预测折线图，图 6-9（a）为辽宁拟合图，图 6-9（b）为河北拟合图，图 6-9（c）为天津拟合图，图 6-9（d）为山东拟合图，图 6-9（e）为合计拟合图。前 11 个数据为已知数据，向后的 3 期数据为预测数据。通过指数平滑法，我们得到未来 3 年的预测值。

接下来我们进入 BP 神经网络训练部分。若直接向 BPNN 输入原始数值，则由于净输入绝对值过大而导致发生神经元输出饱和现象；Sigmoid 型函数输出值均处于 [0, 1] 或 [-1, 1] 范围内，若未对原始数据进行归一化处理则可能导致训练结果绝对误差失真；BPNN 在训练过程中仅对输出总误差进行权值调整，从而导致所占比例较低的各输出分量相对误差增大。所以需要将原始数据归一化处理到 [0, 1] 范围之内（图 6-10）。在处理完数据后，得出的训练结果再经过反归一化处理得到最后的结果。

在前文 5.5 中提到，对于 BPNN 的特点而言，还存在另一个问题：神经网络模型更适用于大数据建模，对小数据样本训练建模效果十分有限，造成的误差也较大。因此，我们将指数平滑的小数据样本得到的数据，通过 bootstrap 方法随机重复抽样的方式，把 11 个小样本数据转化为 300 个大样本数据，以供 BPNN

训练使用。下面我们给出通过 MATLAB 实现的 BPNN 训练的结果组合图，如图 6-11 所示。

```
%第三步 训练样本数据归一化
[inputn, inputps]=mapminmax(input_train);
[outputn,outputps]=mapminmax (output_train);
```

图 6-10　利用 MATLAB 构建的 BPNN 的数据归一化处理

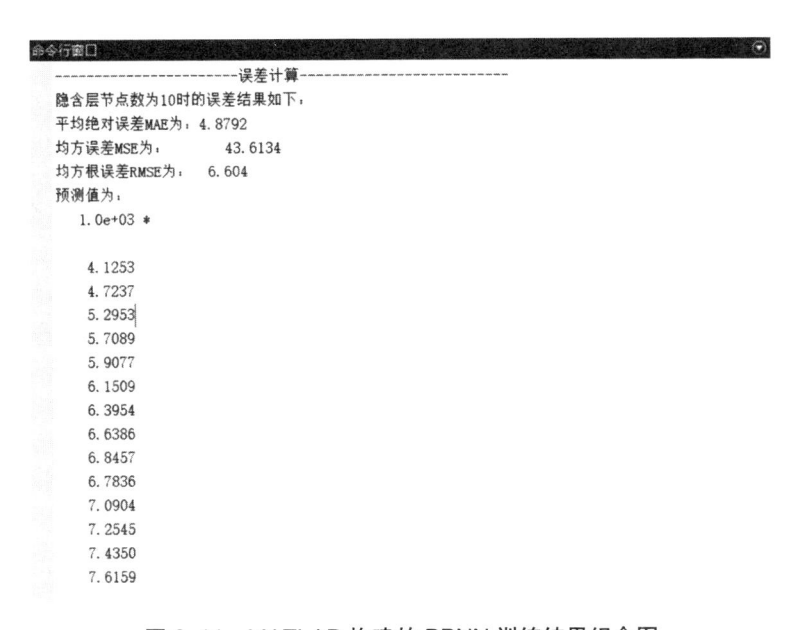

```
命令行窗口
------------------误差计算------------------
隐含层节点数为10时的误差结果如下：
平均绝对误差MAE为： 4.8792
均方误差MSE为： 43.6134
均方根误差RMSE为： 6.604
预测值为：
  1.0e+03 *

    4.1253
    4.7237
    5.2953
    5.7089
    5.9077
    6.1509
    6.3954
    6.6386
    6.8457
    6.7836
    7.0904
    7.2545
    7.4350
    7.6159
```

图 6-11　MATLAB 构建的 BPNN 训练结果组合图

由图 6-11 可见，我们设置的最大训练波数为 1000，但训练开始后，仅第 11 波，MSE 急剧减小直到达到目标误差 $MSE=10^{-5}$（Goal error）。而且，预测值与实际值的相对误差最大的也在 1% 以下，完全满足预测要求。此外，$MAE=4.8792$，$MSE=43.6134$，$RMSE=6.604$。

6.4.3 熵值法对组合预测结果加权处理

在前文 5.6 中我们已经介绍了熵值法。本节我们利用熵值法对组合模型预测结果加权处理。两组组合模型预测结果见表 6-20。

表6-20 两组组合模型预测结果

年份	ES-BPNN 合计预测	相对误差	FGM-NRA 合计预测	相对误差	原始值
2011	4125.3	0.04%	4097.138	0.72%	4127
2012	4723.7	0.20%	4825.606	1.96%	4733
2013	5295.3	0.28%	5197.974	2.11%	5310
2014	5708.9	0.05%	5630.248	1.33%	5706
2015	5907.7	0.06%	5933.247	0.50%	5904
2016	6150.9	0.08%	6190.868	0.73%	6146
2017	6395.4	0.07%	6410.015	0.30%	6391
2018	6638.6	0.08%	6596.854	0.54%	6633
2019	6845.7	0.05%	6758.609	1.22%	6842
2020	6783.6	0.01%	6904.777	1.78%	6784
2021	7090.4	0.01%	7048.215	0.59%	7090
2022	7254.5		7206.322		
2023	7435		7402.367		
2024	7615.9		7667.01		

由表 6-20 明显可以看出，FGM-NRA 的数据波动性较大，ES-BPNN 的数据波动性较小。根据熵值法的原理，某单项预测模型的预测误差序列变异程度越大，组合预测时相应的权系数越低。我们使用 SPSSAU 的熵值法软件进行分析，其结果见表 6-21 和图 6-12。

表6-21 熵值法计算权重结果汇总

项	信息熵值 e	信息效用值 d	权重系数 w
ES-BPNN 合计预测值	0.8477	0.1523	69.17%
FGM-NRA 合计预测值	0.9321	0.0679	30.83%

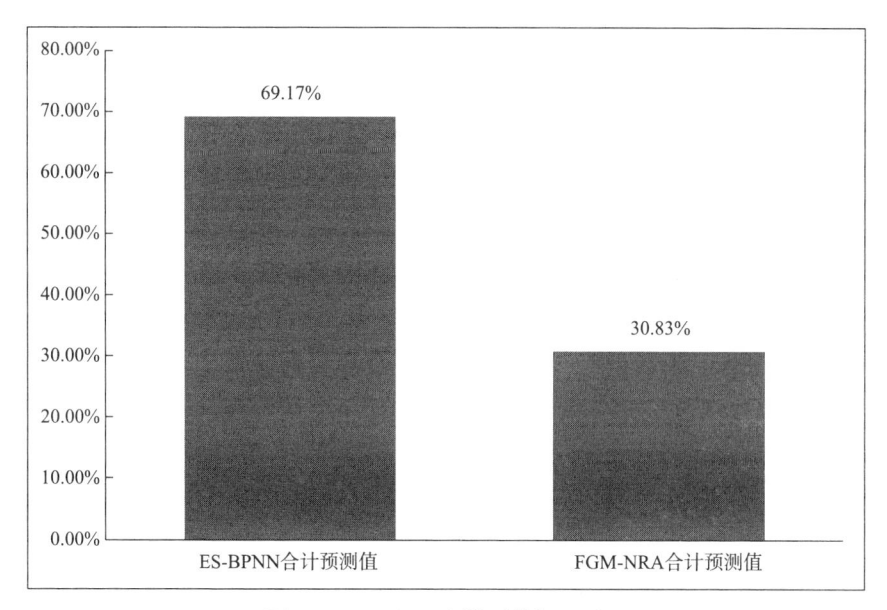

图 6-12　两组组合模型的权重对比

从表 6-20 可以看出：ES-BPNN 合计预测值，FGM-NRA 合计预测值总共 2 项，它们的权重值分别是 0.692，0.308。综上所述，加权组合模型的预测结果见表 6-22。

表6-22　加权组合模型的预测结果

年份	集装箱吞吐量 / 万 TEU
2022	7239.66
2023	7424.95
2024	7631.64

6.5　预测结果分析

根据前文 6.3 的预测结果，利用 FGM 与 ES 两种时间序列模型，对辽宁、河北、天津、山东 4 个省（直辖市）进行分析，可以看出辽宁与河北集装箱吞吐量体量比较小，数据稳定性差、预测误差大，特别是辽宁呈现逐年递减态势，反映在环渤海港口群中，竞争力较天津、山东弱。

天津与山东两地区比较中，从 RMSE 和 MAPE 值来看，山东港口群集装箱吞吐量在增长量、增长率、体量和数据稳定性方面均好于天津港，呈现出整个环渤海港口群"龙头老大"之势。客观地说，一方面，天津港口群存在地域面积及区域港口数量短缺等天然短板，但是腹地辽阔（特别包括首都北京）、政策支持力度较大和港口自身环境相对优越，对今后环渤海港口群的发展保持举足轻重的作用，在短期内不可动摇。另一方面，在津冀港口群中天津港一家独大，对于津冀港口群的整体带动作用表现性不明显，河北港口群集装箱业务在区域中明显处于短板。

单独拿河北港口群与辽宁港口群作比较，辽宁目前稍占优势，但据 FMG 模型与 ES 模型预测分析，河北港口群有可能在今后 3~5 年内完成对辽宁港口群的反超，并且成为环渤海港口群中继天津之后的又一重要组成部分。辽宁则有可能在今后 3~5 年内占"副班长"地位，发展前景并不理想。

从环渤海港口群整体来看，预测结果为 2022 年到 2024 年增长量分别约为 149.7 万 TEU、185.3 万 TEU 和 206.7 万 TEU。环渤海港口群未来集装箱吞吐量发展平稳，长期内的发展趋势保持增长，总体增长量趋势如图 6-13 所示。

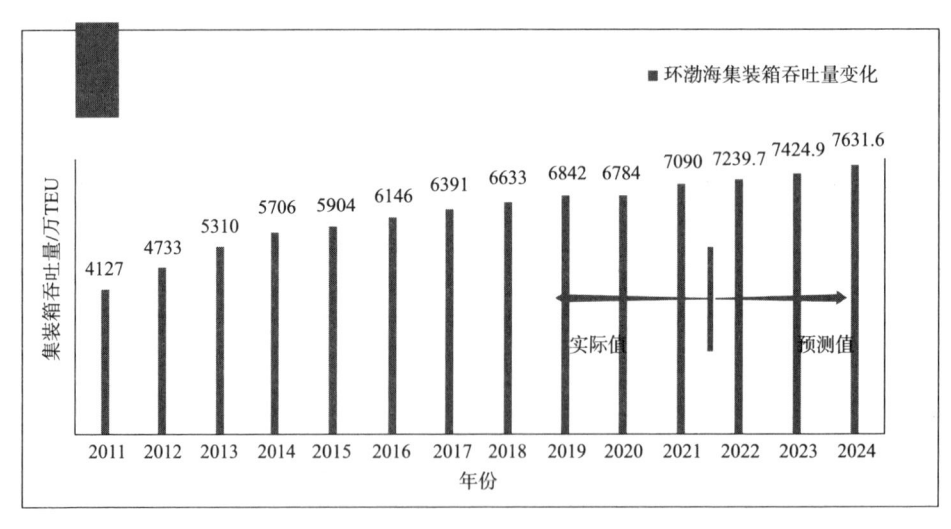

图 6-13 环渤海港口群集装箱吞吐量变化

根据加权组合模型的预测结果，未来 3 年内，环渤海港口群集装箱吞吐量增长率为 2.11%、2.56% 和 2.78%，呈稳步上升趋势。环渤海港口群拥有良好的战略位置，是北方的经济中心区，是"一带一路"的重要战略支撑，也是世界多式联运的重要中转区。

如图 6-14 所示，2011 年到 2014 年间，环渤海港口群的集装箱吞吐量增速快速下降，2015 年后趋于平稳，到 2019 年突然出现了负增长情况。2020 年由于新冠疫情爆发，航运业因祸得福而一扫颓势，区域集装箱吞吐量实现增速快速反弹。整体来看，13 年间区域整体集装箱吞吐量增速虽然稳步增长，但其增速并不稳定，2021 年的增幅相较于过去十年平均水平还低。根据本章的实证研究预测结果来看，未来环渤海港口群集装箱吞吐量增速愈发平缓，增速在 2%~3% 之间，这也从侧面体现了未来中国经济高质量发展的一个大方向。

图 6-14　环渤海港口群集装箱吞吐量增长率变化

6.6　本章小结

本章主要针对环渤海集装箱吞吐量预测问题进行了数据处理、单一模型的对比预测实证研究、组合模型的构建和实证研究，并通过熵值法的加权处理得出 2022~2024 年的环渤海港口群集装箱吞吐量预测结果，根据预测结果进行了环渤海港口群集装箱吞吐量的增降幅趋势分析和增长率分析，为后续研究提供了数据支持。

第 7 章　效率导向的港口资源整合策略研究——以环渤海港口群为例

当前，我国正处于"十四五"建设时期，对港口发展的要求也有所提高。我国正处于由港口大国到港口强国的重要发展阶段，港口资源整合是新时期港口发展的大势所趋。

环渤海区域聚集着大量港口，是我国五大港口群之一，对区域经济发展起着重要作用。然而，在各地政府推进港口建设的同时，出现了不少影响港口发展的问题。环渤海区域岸线资源丰富，但在建设过程中存在着适合建设深水泊位的优良岸线未被充分利用的现象。同时，环渤海区域涉及多个行政主体，在港口属地化管理阶段，各地港口建设各自为政，没有整体规划，造成了港口间没有明确分工、低水平重复建设、恶性竞争激烈等影响区域转型升级的现象。港口资源的整合有利于整体规划各港口功能，促进港口分工合作，避免内耗，对港口转型升级、促进区域经济发展有重要意义。在国家倡导下，环渤海区域内形成了以省级行政区为单位整合的"一省一港"的格局，河北、辽宁、山东都成立了各自的港口集团。但是，当前的整合是以行政为主导完成的，没有充分考虑运营效率和被整合港口间的内部竞争，造成整合后港口资源配置不够合理，内部竞争与效率降低的局面。针对这一问题，本书提出以效率为导向的环渤海港口整合策略，并采用 DEA 方法对港口整合前后的效率进行评价。

第7章 效率导向的港口资源整合策略研究——以环渤海港口群为例

7.1 研究现状

7.1.1 港口整合研究现状

港口整合，主要是指港口间通过资源整合与布局调整的方式，构建优势互补、分工明确、共同发展的港口竞争合作格局，从而提高区域内港口的竞争力，促进区域内港口共同发展的进程。

Weiwei Huo 等分析了中国港口协作战略的实施情况，介绍了中国港口整合的发展历程和模式，指出国内港口合作的趋势是向省级港口集团发展。2013 年以后，中国的国际港口合作案例主要发生在"一带一路"沿线。Shanhua Wu 和 Zhongzhen Yang 介绍了我国港口治理现行的"一港一城"模式，这种模式提高了港口城市发展本地港口的积极性的同时，也导致了港口项目重复建设等严重问题。以辽宁港口群为研究对象，阐述了港口整合动因、途径和效果，并从系统优化的角度分析了省政府提出的合作专业化方式的合理性和存在的问题，提出了一种可实现航运模式系统优化的整合方案。刘佳和董伟分析了环渤海地区港口资源的整体情况，指出环渤海区域港口整合的必要性并提出了整合的模式及要求。未来环渤海区域港口将形成分别以天津港、青岛港、大连港为核心的津冀沿海港口群、辽宁沿海港口群和山东沿海港口群三大中心。鲁渤和路宏漫提出了大连港推动辽宁港口整合的对策，大连港作为辽宁港口群的龙头，应加快转型升级步伐发挥带头作用，推动辽港集团的发展壮大。李兴湖总结国内外港口整合的经验和做法，基于当前福建港口发展的现状，提出推进福建港口一体化改革，以及推进闽台港口融合发展、打造海峡港口群的设想。徐峰等介绍了省域港口一体化的山东经验，陈清琪梳理了厦门港港口整合经验，总结其优点和不足，为国内港口良性发展提供有效的借鉴。Chengjin Wang 等从时间路径、空间格局和整合动力方面对我国港口整合进行了分析，研究结果表明，立法手段和空间规划、岸线资源和港口功能优化以及同腹地港口竞争等因素有效推动中国港口整合。

本部分研究的主要学术贡献在于使用 DEA 模型从效率的角度进行港口整合

的研究。以往对港口整合的研究大多集中在对整合的模式与经验的研究,本章研究扩充了相关文献,为港口整合研究提供了新的角度。

本部分考虑整合难易程度,为更好地实现运力协同,对地理位置相距较近的港口进行整合。同时为使环渤海港口的资源配置更有效,充分考虑各港口的定位、避免同质化,以港口的业务类型为依据进行整合,使整合后的港口综合性更强,基于以上考虑提出以效率为导向的环渤海港口群整合策略。

7.1.2　港口效率评价研究现状

港口效率测度是评价港口整合效果的一种常用定量评价方法,对整合策略的提出与优化提供了有力支持。目前学者们常用的方法是基于非参数的 DEA 方法。孙胜元和张鹏梳理了各种 DEA 模型在港口效率评价中的应用和进展,其中多数对港口效率的研究将"吞吐量"作为产出指标,将港口设施和设备作为投入指标。崔宇昕等把 13 家上市港口企业划分为华北、华中、华南三大区域港口群并通过 DEA 模型进行了物流效率综合评价。根据分析结果给出了港口资源分配及提高运营效率的建议。Faluk Shair Mustafa 等用 DEA-CCR 和 DEA-BCC 模型对中南、中东和东亚地区各 15 个集装箱港口 2018 年的截面数据进行分析。结果表明,在 BCC 模型上有效的港口数量更多,且效率值较 CCR 模型更高。Zhang Xiaoning 以 2012～2019 年我国十大沿海港口物流面板数据为研究对象进行实证研究。通过构建合理的评价指标体系,运用 DEA 方法对港口物流效率进行静态分析,运用 Malmquist 指数法对港口物流效率进行动态分析。赵楠等采用 Malmquist 指数方法量化评价港口整合效果,反映了港口整合中实际存在的问题。刘涛等将 DEA 方法与 Malmquist 指数相结合,对环渤海地区的 9 大港口进行测度,分析了环渤海地区主要港口群的整体效率和各港口的效率。曹光求和高偲鹏等用三阶段 DEA 模型对我国"一带一路"主要沿海港口进行效率研究,研究表明我国港口总体效率较低且不同地域港口效率差异较大,需要建立相应合作机制。DEA 方法适用于多投入多产出的效率评价问题,在港口效率评价中应用广泛、发展成熟。本章利用投入为导向的 BCC 模型对提出的环渤海港口群整合策略进行整合后效率评价。

7.2 研究方法及样本数据

7.2.1 研究方法

数据包络分析（DEA）法利用线性规划技术来衡量多个决策变量的效率得分。DEA 方法可用于评价多种投入与多种产出的效率，不会被投入产出量纲所影响，且权重也不受人为主观因素的影响，也可以根据其结果对非效率的决策单元（DMU）提出改善方向。因此，DEA 方法相比于传统的回归分析等方法，更适用于对多投入多产出港口的分析。

DEA 方法中的 BCC 模型适用于规模报酬可变的情形，是在 CCR 模型基础上演变而来，它将技术效率分成纯技术效率和规模效率的乘积，可使分析更加精准、具有针对性。考虑港口运营的实际情况本书选取投入导向的 BCC—DEA 模型来进行分析和评价。

对任一决策单元，投入导向下对偶形式的 BCC 模型可表示为：

$$\min \theta - e\left(e^r s^- + e^r s^+\right)$$
$$\text{s.t.} \begin{cases} \sum_{i=1}^{n} X_j \lambda_j + S^- = \theta X_0 \\ \sum_{i=1}^{n} Y_j \lambda_j - S^+ = Y_0 \\ \lambda_j \geq 0, S^-、S^+ \geq 0 \end{cases} \quad (7-1)$$

其中，$j=1,2,\cdots,n$ 表示决策单元，X、Y 分别表示投入、产出向量。若 $\theta=1$，$S^+=S^-=0$，则决策单元 DEA 有效；若 $\theta=1$，$S^+ \neq 0$ 或 $S^- \neq 0$，则决策单元弱 DEA 有效；若 $\theta<1$，则决策单元非 DEA 有效。该模型计算的效率值为综合技术效率（TE），可以分解为规模效率（SE）和纯技术效率（PTE）。

7.2.2 样本及数据

本章选取环渤海地区的大连、营口、锦州、丹东、盘锦、葫芦岛、青岛、烟台、日照、威海、潍坊、滨州、东营、天津、唐山、秦皇岛、黄骅共17个港口为研究样本，考虑不同地区和年份统计口径不同，同时基于数据可获取性选用投入指标为码头长度、泊位数、万吨泊位数，产出指标为集装箱吞吐量和货物吞吐量。所用投入及产出指标数据来源于2016~2020年中国港口年鉴，以及各地的统计年鉴，不足的数据由新闻报道补充完整。

投入及产出指标如表7-1所示。

表7-1 投入及产出指标

指标类型	指标名称	单位	符号
投入指标	码头长度	米	X_1
	泊位数	个	X_2
产出指标	万吨泊位数	个	X_3
	集装箱吞吐量	万TEU	Y_1
	货物吞吐量	万吨	Y_2

2019年环渤海区域港口投入、产出数据如表7-2所示。

表7-2 2019年环渤海区域港口投入、产出数据

港口	X_1	X_2	X_3	Y_1	Y_2
秦皇岛	61.73	21879.57	13329.00	72.00	44.00
唐山	294.00	65674.00	33703.00	125.00	122.00
黄骅	56.59	28761.43	9945.00	39.00	35.00
天津	1730.00	49220.00	40620.00	189.00	123.00
青岛	2101.00	57736.00	30489.00	123.00	87.00
烟台	310.00	38632.00	36588.00	213.00	97.00
日照	450.00	46377.00	21968.00	75.00	71.00
威海	102.00	3730.00	17011.00	120.00	45.00
东营	0.00	5677.00	8294.00	57.00	16.00
滨州	0.00	3505.00	3826.00	37.00	9.00

续表

港口	X_1	X_2	X_3	Y_1	Y_2
潍坊	45.00	5408.00	7796.00	45.00	20.00
大连	875.80	36641.00	41101.00	223.00	104.00
丹东	39.90	5669.00	7626.00	48.00	25.00
营口	547.80	23818.00	19709.00	86.00	61.00
葫芦岛	6.13	3899.00	6300.00	33.00	8.00
锦州	187.90	11300.00	14018.00	23.00	21.00
盘锦	31.83	4756.00	7123.00	41.00	25.00

7.3 效率导向的环渤海区域港口群整合策略研究

7.3.1 环渤海区域港口整合现状

2017年6月13日，辽宁省政府与招商局集团签署了《港口合作框架协议》，以大连港、营口港有限公司为基础，设立辽宁港口集团。2019年1月4日，大连、营口、盘锦、葫芦岛绥中港区整合工作完成，辽宁港口集团挂牌成立。2020年8月，丹东港口集团有限公司挂牌成立，成为辽港集团新成员。辽宁省"六港合一"战略还在推进，锦州港和葫芦岛港尚未由辽宁港口集团整合。

山东省以潍坊、滨州、东营三个港口组建渤海湾港，以青岛港整合威海港，最后成立山东省港口集团，统筹青岛、烟台、日照、渤海湾四港口发展。2019年8月6日，山东省港口集团正式成立。

河北省港口整合开始较早，2009年7月8日，河北港口集团成立，协调省内各港口的分工合作，整合省内港口资源，但目前省内"三港四区"仍处于各自发展的情况，整合效果较差。

2014年，天津港集团和河北港口集团共同出资，组建渤海津冀港口投资发展有限公司，以资本为纽带，促进津冀港口协同发展；2016年，天津港集团与唐山港集团合资组建津唐国际集装箱码头公司。

目前，环渤海区域内港口是以省为单元，政府主导的"一省一港"整合策略。

7.3.2 效率导向的港口整合策略

从吞吐量来看，环渤海区域内存在三大国际航运中心：天津港、大连港、青岛港，要实现合作共赢，三大中心应合理分工，错位竞争。港口资源整合的目的在于优化资源配置效率。效率导向的港口整合策略要避免整合后港口间的内部竞争，为此将港口运输业务类型作为整合依据，使整合后的港口资源配置更合理，尽可能降低港口间恶性竞争。同时考虑到三大中心港口在区域内的地位，将其他港口向三大中心港口整合。为提高整合的可操作性，首先考虑其他港口与三大中心间的距离，与三大中心距离较近的港口（300km以内）如表7-3所示。

表7-3　环渤海区域港口距中心港口距离

中心港口	距中心港口较近港口
天津	秦皇岛、唐山、黄骅、滨州、东营
大连	葫芦岛、锦州、盘锦、营口、丹东、烟台、威海、秦皇岛
青岛	日照、烟台、威海、潍坊、滨州、东营

然后根据中国港口年鉴统计环渤海区域港口所运输的主要货物，见表7-4。

表7-4　环渤海区域港口主要运输货物类型

港口	集装箱	煤炭制品	石油天然气制品	金属矿石	钢铁	粮食	汽车	非金属矿石
秦皇岛	√	√	√	√				
唐山	√	√	√	√	√			
黄骅	√	√	√	√				
天津	√	√	√	√				√
青岛	√	√	√	√	√			√
烟台	√		√	√			√	√
日照	√	√	√	√				
威海	√	√	√				√	√
东营			√					
滨州				√				

续表

港口	集装箱	煤炭制品	石油天然气制品	金属矿石	钢铁	粮食	汽车	非金属矿石
潍坊	√	√	√	√				
大连	√	√	√	√	√	√	√	√
丹东	√	√	√	√	√			
营口	√	√	√	√	√		√	√
葫芦岛	√		√					
锦州								
盘锦	√	√	√	√	√			

从距离上看，秦皇岛港距天津港与大连港均较近，从主营业务看秦皇岛港以煤炭运输为主与省内的黄骅港存在高度重合，所以将秦皇岛港以大连港为中心整合。滨州港、东营港的吞吐量小且运输货物类型单一，为方便整合，考虑将其整合至省内的青岛港。烟台港与威海港距大连港和青岛港距离相当，烟台港与威海港业务类型丰富但运输钢铁与粮食业务较少，而以大连港为中心的辽宁省港口在煤炭和粮食运输上有很大优势，烟台港与威海港整合至大连港可以更好地优势互补。其他未提及港口在近距离内只有一个中心港口，整合至其他中心港口难度较大，所以整合至距本身最近的中心港口。环渤海区域港口整合结果如表 7-5 所示。

表7-5 环渤海区域港口整合结果

中心港口	被整合港口
大连	营口、盘锦、锦州、葫芦岛、丹东、威海、烟台、秦皇岛
青岛	潍坊、滨州、东营、日照
天津	唐山、黄骅

7.3.3 实证结果及分析

本章选择河北、山东、辽宁、津冀港口集群 2015～2019 年度数据进行效率测度，港口集群各指标数据为各个港口数据之和，并计算以大连、青岛、天津为中心的整合港口效率进行对比分析。利用 DEAP 2.1 软件将数据代入建立的投入导向 BCC—DEA 模型，得到环渤海区域港口物流效率值，如表 7-6 所示。

表7-6 环渤海区域港口效率值

港口	2015			2016			2017		
	TE	PTE	SE	TE	PTE	SE	TE	PTE	SE
河北	1	1	1	1	1	1	1	1	1
山东	0.914	1	0.914	0.992	1	0.992	0.842	1	0.842
辽宁	0.765	0.879	0.870	0.846	0.913	0.926	0.848	0.891	0.951
津冀	0.973	1	0.973	0.959	1	0.959	0.982	1	0.982
均值	0.913	0.970	0.939	0.949	0.978	0.969	0.918	0.973	0.944
天津整合	1	1	1	1	1	1	1	1	1
大连整合	0.753	1	0.753	0.824	1	0.824	0.758	1	0.758
青岛整合	1	1	1	1	1	1	1	1	1
均值	0.918	1	0.918	0.941	1	0.941	0.919	1	0.919
港口	2018			2019			2015～2019 均值		
	TE	PTE	SE	TE	PTE	SE	TE	PTE	SE
河北	1	1	1	1	1	1	1	1	1
山东	0.846	1	0.846	0.833	1	0.833	0.902	1	0.885
辽宁	0.753	0.779	0.967	0.631	0.632	0.998	0.801	0.819	0.942
津冀	0.969	1	0.969	1	1	1	0.994	1	0.977
均值	0.892	0.945	0.946	0.866	0.908	0.958	0.924	0.955	0.951
天津整合	1	1	1	1	1	1	1	1	1
大连整合	0.671	1	0.671	0.618	0.691	0.895	0.775	0.938	0.780
青岛整合	1	1	1	1	1	1	1	1	1
均值	0.890	1	0.890	0.873	0.897	0.965	0.925	0.979	0.927

（1）总体效率分析

总体来看，2015～2018 年各省港口的综合效率值一直稳定增长，在 2019 年普遍出现下降，但总体上仍处于相对有效范围。中心整合港口除大连整合港口在 2019 年下降外，其余整合港口 5 年来规模值一直处于上升状态，其中天津整合港口在五年间一直处于 DEA 有效，说明环渤海区域港口集群总体上资源利用率较高，无论何种整合策略下都处于相对有效状态。纯技术效率值的波动整体较小，基本处于 DEA 有效，各整合港口的纯技术效率值除天津整合港口外均低于省港口集团，说明这种策略下的港口整合尚有提升空间。从规模效率值来看，5 年来环渤海区域港口群的规模效益处于递增状态，本章提出的整合策略的规模收益要好于"一省一港"。综合分析可得，环渤海区域港口的资源利用虽处于较高水平，但仍有提升空间并未达到最优状态，港口资源整合的不同方式对于环渤海区域整体的港口运营效率具有一定影响，需根据各港口实际进行合理资源整合。环渤海地区港口的技术效率相对较低，说明当前港口效率受港口企业的技术管理影响较大。

（2）不同整合策略对比分析

从 2015~2019 年的各效率均值来看，除规模效率外，本书提出的港口整合策略都要比省港口集团略高。具体来看，大连整合港口的规模效率要比辽宁港口集团低，说明在为大连港整合了大批港口后其港口规模与实际的产出不匹配，需要结合实际对港口规模优化。从综合效率来看，效率导向的整合策略下，天津和青岛整合港口的综合效率均为 1，处于发展最佳状态。从技术效率来看，效率导向的整合策略下资源的投入使用更有效。这是因为效率导向的策略以各港口间的错位竞争实行整合，在一定程度上可以避免港口内部恶性竞争，在投入一定的情况下可以创造更大的产出。综合来看，效率导向的整合策略比"一省一港"整合策略更优，若能合理地对港口规模优化，将能更好地促进区域港口高质量发展。

从区域整体来看，效率导向下的整合策略综合效率和纯技术效率略高于"一省一港"的整合策略，而规模效率略低。其原因可能有以下几点：①效率导向的整合策略考虑了整合后的运营效率，使区域内的资源配置更合理，所以整合后的港口综合效率和纯技术效率更高；②"一省一港"策略下津冀港口和山东港口集团规模要比效率导向下的天津、青岛整合港口大，效率导向的策略使大部分港口整合到了大连，而辽宁港口集团和效率导向的大连整合港口各项效率都偏低，使整个区域的规模效率在以效率为导向的整合后降低。

根据本章研究，提出以下环渤海区域港口整合建议：①打破行政壁垒，整合以效率为导向；②增强港口间的合作交流，建立资源共享机制；③各港口在整合的同时也要提高自身发展水平。

7.4　本章小结

环渤海区域港口资源的整合是大势所趋。本章以效率为导向，提出了以区域内三大中心整合其他港口的整合策略，并通过 DEA 方法测评这种整合策略和省港口集团的运营效率。结果表明，无论是哪种整合策略，环渤海区域港口的整体发展较好，综合效率在 2019 年前都在不断提高。在效率导向下对环渤海港口群进行整合后，综合效率高于目前"一省一港"的整合策略。通过数据分析，发现辽宁省港口集团的整体效率值略低于其他港口集团，采用效率导向的整合策略后，以大连为中心的整合港口综合效率比辽宁港口集团有所提高。津冀港口在两种整合策略下都处于 DEA 有效状态。山东省港口集团的纯技术效率达到了 1，综合效率和规模效率也处于较高水平，在效率导向的策略下进行整合后，以青岛为中心的整合港口处于 DEA 有效状态。

第8章 港口物流资源整合的"陆港"选址研究——以河北省港口群为例

港口是推动河北省经济高质量发展的关键要素之一，是河北省促进双循环均衡发展的抓手。2019 年，交通运输部联合发改委等九部门颁布《关于建设世界一流港口的指导意见》，强调"加强资源整合，有序推进区域港口一体化改革，促进港口资源利用集约化、运营一体化、竞争有序化、服务现代化"。2023年，习近平总书记在考察黄骅港时指出："要持续推进港口转型升级和资源整合，优化港口功能布局，主动对接京津冀协同发展、高标准高质量建设雄安新区、共建'一带一路'等国家重大战略需求，在推动区域经济协调发展、建设现代化产业体系中发挥更大作用。"面向国家的战略需求，河北省委、省政府深化港口行业改革，组建了河北省港口集团。虽然河北省港口集团拥有秦皇岛港、唐山港及黄骅港等三座国际大港，但是在空间上被山东省港口集团、辽宁港口集团、天津港集团分割，在港口资源深度整合上面临困难，使得在港口货运服务中，"最后一公里"问题非常突出。

随着港口竞争逐渐由"港—港"竞争转变为"港口体系与港口体系"的竞争。利用多式联运构建完善的集疏运体系成为各个港口群确立竞争优势的关键。港口多式联运是指通过设立"陆港"等运输枢纽，建立"公铁或公水"运输链路，从而构建从货源地到港口的货物集疏运体系。基于多式联运的港口集疏运体系可以在"陆港"和港口之间使用具有显著规模经济效应的运输方式，从而降低货源地至港口的总运输成本。"陆港"就是在内陆设立的具有货物集散功能的现代物流平台，它能够提供除海运之外的几乎所有的国际港口服务，包括货物装卸、存储、检验检疫、报关等。货源地到"陆港"的运输，由于货物量较少，通常采用公路运输，而从"陆港"到港口的运输，由于经过"陆港"的集货功能，货运量增大，可以采用内陆水运或铁路运输，这两种方式都具有非常明显的规模经济效应，因此，合理选择"陆港"建设的位置，能够实现港口集疏运的降本增效，提高港口群竞争力，有效解决港口货运的"最后一公里"问题。尤其是河北省港口群的港口位置比较分散，更需要通过科学地选择"陆港"位置来提高整个港口集团在环渤海区域的竞争力，更好地为河北省经济发展服务。

8.1 河北省港口群"陆港"选址评价指标选择

8.1.1 评价指标选择

为了实现对河北省港口群"陆港"选址的科学评价，必须构建一套完整的评价指标体系。一般来讲，一个科学的评价指标具有层次性，并且满足一些基本的原则，包括客观性原则、完整性原则、数据可获得性原则等。某一地点是否适合作为"陆港"可以从两个方面来衡量：

（1）距离因素

"陆港"作为港口群集疏运体系的关键节点，执行多式联运的功能，归根到底是物流功能，所以该地点距离港口和货源地的距离是选址首要的决定因素。这又可以分成两个指标：

第一，备选地点到港口的距离。"陆港"的作用是将集散后的货物运至海港，因此备选地点到海港的距离越远，成本越高，效率越低，这是一个反向指标。

第二，货源地到备选地点的距离。"陆港"的另外一个作用是将货源地的货物集中起来，因此货源地离备选地点越远，物流成本越高，运作效率越低，这也是一个反向指标。

（2）经济和交通设施

"陆港"所在地的经济发展水平也会影响港口集疏运体系的运作成本和效率，同时"陆港"所在地的交通基础设施也会影响港口集疏运体系的运作成本和效率。这主要表现在两个方面：

第一，经济总量。一个地区的经济总量越高，其对周边经济的吸引力越强，越容易形成物流集聚区，物流运输成本越低，运作效率越高，这是一个正向指标。

第二，铁路或水路通达性。"陆港"与海港的链接，有赖于铁路或者水路这种运输成本低的货运方式，因此，铁路或水路的通达性越强，物流运输成本越低，运作效率越高，越适合作为"陆港"的选址地点，这是一个正向指标。

总之，本书依据层次分析法（AHP），按照上述各指标的隶属关系，构建评价指标体系的目标层、准则层及指标层，如表8-1所示。

表8-1 河北省港口群"陆港"选址评价指标体系

目标层	准则层	指标层	指标属性
河北省港口群"陆港"选址	距离因素	备选地点到港口的距离	反向
		货源地到备选地点的距离	反向
	经济和交通因素	经济总量	正向
		铁路或水路通达性	正向

8.1.2 评价指标的计算方法

为了保证各指标的科学性和可获得性，本书所选取的"陆港"选址评价指标都是客观的、可计算的，计算过程如下：

（1）备选地点到港口的距离（R_1）

由于河北省港口群有三个大港，即秦皇岛港、唐山港及黄骅港。所以第 i 个备选地点到港口的距离，可以用该地点到三个港口的平均距离来表示，即：

$$T_{1i} = \frac{1}{3}\sum_{j=1}^{3} L_{ij} \quad (8\text{-}1)$$

其中，L_{ij} 表示第 i 个"陆港"备选地点到第 j 个港口的距离。

（2）货源地到备选地点的距离（R_2）

一旦"陆港"备选地址确定后，其将覆盖若干个货源地（假设为 M 个），货源地到"陆港"的平均距离可以计算如下：

$$T_{2i} = \frac{1}{M}\sum_{m=1}^{M} L_{im} \quad (8\text{-}2)$$

其中，L_{im} 表示第 i 个"陆港"备选地点到第 m 个货源地的距离。

（3）经济总量（R_3）

即第 i 个"陆港"备选地点的经济总量。$T_{3i} = GDP_i$。

(4)铁路或水路通达性（R_4）

即第 i 个"陆港"备选地点的铁路和水路的总条数 T_{4i}。

8.2 基于 AHP-TOPSIS 法的河北省港口群"陆港"选址评价模型构建

TOPSIS 综合评价方法的优点是通过对比评价对象与理想点（最优解）和反理想解（最劣解）之间的距离来评价方案的优劣，评价结果比较客观。但是各个指标之间的权重需要事先确定，通常是主观赋值。为了克服这一点，可以采用 AHP 法科学地确定各个指标的权重，这就是本书所采用的 AHP-TOPSIS 综合评价法。下面针对河北省港口群"陆港"选址问题阐述这种方法的建模过程。

8.2.1 备选集

"陆港"选址必须具有一定的经济规模，具有良好的交通基础设施，最少要有铁路经过。所以把河北省的地级市作为"陆港"备选地是合理的。河北省共有 11 个地级市，分别是：石家庄市、唐山市、秦皇岛市、邯郸市、邢台市、保定市、张家口市、承德市、沧州市、廊坊市以及衡水市。

8.2.2 基于 AHP 法的指标权重计算

第一步，构造指标间的两两判断矩阵。针对上一层指标，对同一层指标之间的重要性进行比较。重要性程度根据 1～9 标度法进行判断，见表 8-2。

第二步，根据两两判断矩阵来计算权重。计算过程可以表述如下：

①将通过第一步得到的两两判断矩阵按照列进行标准化处理，即每一个判断值 b_{ij} 除以其所处列的求和，然后将按列归一化后的矩阵，按照行求和，得到特征向量 $\widetilde{w_i}$。

②将特征向量 $\widetilde{w_i}$ 标准化即得到权重 w_i。

③做如下约定，目标层的权重记为 $W=[w_1 \quad w_2]$，指标层相对于准则层的权重表示为 $W_i=[w_{i1} \quad w_{i2}]$。

第三步，进行一致性检验。

①针对每一个判断矩阵，计算该矩阵的 $CI = (\lambda_{\max} - n)/(n-1)$。
②根据随机一致性指标取值表获得该矩阵的 RI，如表8-3所示。

表8-2 指标重要性的1~9标度表

标度	定义	说明
1	同等重要	前者指标和后者指标有相同的重要性
3	稍微重要	前者比后者重要
5	比较重要	前者比后者明显重要
7	明显重要	前者比后者强烈重要
9	绝对重要	前者比后者极端重要
2，4，6，8		表示相对重要性程度介于2个相邻等级之间
倒数		若指标相对于指标的重要程度为 b_{ij}，则指标相对于指标的重要程度为 $b_{ji} = \dfrac{1}{b_{ij}}$

表8-3 随机一致性指标取值表

阶数	1	2	3	4	5	6	7	8	9
RI	0	0	0.58	0.90	1.12	1.24	1.32	1.41	1.45

③当 $CR=CI/RI$ 小于 0.1 时，认为判断矩阵通过一致性检验。由于本研究的各个判断矩阵只有2个阶数，因此不存在一致性判断问题。

8.2.3 基于 AHP-TOPSIS 法的"陆港"选址评价模型

在 8.2.1 中得到各指标权重的基础上，根据备选地址在各个指标上的得分来得到评价结果，其步骤如下：

第一步，获得各"陆港"备选地址在各个指标上的得分。由于各个指标的单位不一致，导致各个指标值不能互相比较，因此，需要将各个指标的得分进行标准化处理。假设标准化后的得分矩阵为 $\boldsymbol{R}_{S \times T} = [r_{ij}]$，其中，$i \in S$，$j \in T$。$r_{ij}$ 表示第 i 个备选地址在第 j 个指标上的标准得分。

第二步，将各个备选地址在各指标上的得分乘以该指标的综合权重，得到加权后的标准得分矩阵。

第三步，确定理想解和反理想解，并计算各备选地址在理想解和反理想解上的距离。计算公式如下：

$$V^+=\left\{\left(\max_i r_{ij} \mid j \in J_1\right), \left(\min_i r_{ij} \mid j \in J_2\right) \mid i=1,2,\cdots,S\right\} \quad (8\text{-}3)$$

$$V^-=\left\{\left(\min_i r_{ij} \mid j \in J_1\right), \left(\max_i r_{ij} \mid j \in J_2\right) \mid i=1,2,\cdots,S\right\} \quad (8\text{-}4)$$

其中，J_1 为正向指标集，J_2 为反向指标集，V^+ 为理想解，V^- 为反理想解。各备选地址与理想解和反理想解的距离由下式给出：

$$d_i^+ = \sqrt{\sum_{j=1}^T \left(r_{ij} - v_j^+\right)^2} \ (i=1,2,\cdots,S) \quad (8\text{-}5)$$

$$d_i^- = \sqrt{\sum_{j=1}^T \left(r_{ij} - v_j^-\right)^2} \ (i=1,2,\cdots,S) \quad (8\text{-}6)$$

其中，d_i^+ 为第 i 个备选地址到理想解的距离，d_i^- 为第 i 个备选地址到反理想解的距离。

第四步，确定各备选地址的排序。计算公式如下：

$$C_i = d_i^- \left(d_i^+ + d_i^-\right)(i=1,2,\cdots,S) \quad (8\text{-}7)$$

C_i 表示第 i 个备选地址与理想解的接近度，C_i 越大，表示备选地址越接近理想解，将 C_i 的值从大到小排序，C_i 值最大的即为最佳"陆港"选址，若取前 t 个 C_i，可以得到前 t 个"陆港"的选址。

8.3 实例研究

8.3.1 计算各指标的得分并标准化

（1）备选地点到港口的距离（R_1）

由于"陆港"选址要求具有良好的交通条件和经济条件，所以备选地点为河北省的 11 个地级市。本研究获取了这 11 个地级市的地理坐标和三个港口的地理坐标，计算出各个城市到三个港口的地理距离，见表8-4。

（2）货源地到备选地点的距离（R_2）

如果选择某地作为"陆港"，则货源地离"陆港"的距离将决定运输成本，河北省11个备选地到其余10个地点的平均距离及标准得分见表8-5。

表8-4 备选地点到港口的距离指标得分

城市	唐山港	秦皇岛港	黄骅港	平均距离	标准得分
石家庄市	415.49	492.54	304.69	404.24	0.85
唐山市	80.07	114.14	160.52	118.24	0.25
秦皇岛市	97.31	42.82	225.60	121.91	0.26
邯郸市	491.93	582.67	356.52	477.04	1.00
邢台市	429.49	517.33	298.90	415.24	0.87
保定市	332.56	397.64	251.17	327.12	0.69
张家口市	385.13	404.84	376.03	388.66	0.81
承德市	266.62	237.01	338.30	280.64	0.59
沧州市	222.86	310.57	101.50	211.64	0.44
廊坊市	205.49	269.31	153.17	209.32	0.44
衡水市	321.61	409.47	193.29	308.12	0.65

表8-5 各备选地到其余10个城市的平均距离及标准得分

城市	1	2	3	4	5	6	7	8	9	10	11	平均值	标准分
石家庄	0.0	364.4	488.2	159.1	108.5	125.1	308.9	439.5	208.4	253.1	108.0	256.3	0.70
唐山市	364.4	0.0	125.7	465.7	428.7	247.6	309.1	150.3	186.2	126.1	303.5	270.7	0.74
秦皇岛市	488.2	125.7	0.0	579.0	545.5	373.1	410.8	180.9	297.5	250.5	419.4	367.1	1.00
邯郸市	159.1	465.7	579.0	0.0	50.6	265.1	467.4	569.5	281.7	378.0	162.5	337.9	0.92
邢台市	108.5	428.7	545.5	50.6	0.0	217.3	416.9	525.7	248.8	334.4	126.4	300.3	0.82
保定市	125.1	247.6	373.1	265.1	217.3	0.0	221.9	314.5	134.8	129.3	126.7	215.5	0.59
张家口市	308.9	309.1	410.8	467.4	416.9	221.9	0.0	258.1	325.4	211.1	348.2	327.8	0.89
承德市	439.5	150.3	180.9	569.5	525.7	314.5	258.1	0.0	310.2	191.5	409.7	335.0	0.91
沧州市	208.4	186.2	297.5	281.7	248.8	134.8	325.4	310.2	0.0	135.8	122.5	225.1	0.61
廊坊市	253.1	126.1	250.5	378.0	334.4	129.3	211.1	191.5	135.8	0.0	219.1	222.9	0.61
衡水市	108.0	303.5	419.4	162.5	126.4	126.7	348.2	409.7	122.5	219.1	0.0	234.6	0.64

（3）经济总量（R_3）

河北省港口群"陆港"11个备选地点的经济总量以2022年地区生产总值来表示，其标准化得分见表8-6。

（4）铁路或水路通达性（R_4）

河北省港口群"陆港"11个备选地点的铁路或水路通达性以各地点铁路条数来表示，其标准化得分见表8-7。

表8-6 各备选地经济总量及其标准化得分

城市	GDP/亿元	标准化得分
石家庄市	7100.60	0.80
唐山市	8900.70	1.00
秦皇岛市	1909.50	0.21
邯郸市	4346.30	0.49
邢台市	2546.90	0.29
保定市	3880.30	0.44
张家口市	1775.20	0.20
承德市	1775.30	0.20
沧州市	4388.20	0.49
廊坊市	3565.30	0.40
衡水市	1800.50	0.20

表8-7 各备选地铁路或水路通达性及其标准化得分

城市	铁路干线条数	标准化得分
石家庄市	9	1.00
唐山市	4	0.44
秦皇岛市	5	0.56
邯郸市	5	0.56
邢台市	2	0.22
保定市	2	0.22
张家口市	6	0.67
承德市	9	1.00
沧州市	5	0.56
廊坊市	8	0.89
衡水市	2	0.22

8.3.2 计算各指标的权重和综合权重

本研究采用德尔菲法，通过向"陆港"研究方面的专家咨询，获得准则层判断矩阵和指标层判断矩阵，如表8-8、表8-9和表8-10所示，进而计算出综合权重见表8-11。

表8-8 准测层判断矩阵和权重

准测层（P）	判断矩阵		权重	一致性检验
P_1	1	1/2	0.33	无须检验
P_2	2	1	0.66	

表8-9 指标层（P_1）判断矩阵和权重

指标层（R）	判断矩阵		权重	一致性检验
R_1	1	2	0.75	无须检验
R_2	1/2	1	0.25	

表8-10 指标层（P_2）判断矩阵和权重

指标层（R）	判断矩阵		权重	一致性检验
R_1	1	2	0.8	无须检验
R_2	1/2	1	0.2	

表8-11 综合权重

指标层（R）	R_1	R_2	R_3	R_4
综合权重	0.2475	0.0825	0.5280	0.1320

8.3.3 TOPSIS法评价结果

将各个指标的标准化得分和各指标的综合权重相乘，得到备选地址在每个指标上的得分，见表8-12。

利用8.2.3节的第三步，可计算出每个备选地点的理想点、反理想点以及综合得分，见表8-13。

从评价结果可以看出，适合建立河北省港口群"陆港"的城市为：第一梯队唐山市、石家庄市、沧州市。这三个城市无论是到港口的距离，还是经济总量，都非常适合发展陆港经济。第二梯队是廊坊市、邯郸市和秦皇岛市。这三个城市中廊坊市地处北京和天津之间，可以吸收两个城市的资源，适合发展"陆港"经济，邯郸市地处河北南部，具有很好的区位及交通优势，在发展"陆港"经济上也具有一定的优势。秦皇岛市虽然离港口较近，但其经济总量较小，发展"陆港"经济的优势不突出。剩余7个城市不适合发展"陆港"经济。

表8-12 各指标加权后得分

城市	R_1	R_2	R_3	R_4
石家庄市	0.21	0.06	0.42	0.13
唐山市	0.06	0.06	0.53	0.06
秦皇岛市	0.06	0.08	0.11	0.07
邯郸市	0.25	0.08	0.26	0.07
邢台市	0.22	0.07	0.15	0.03
保定市	0.17	0.05	0.23	0.03
张家口市	0.20	0.07	0.11	0.09
承德市	0.15	0.08	0.11	0.13
沧州市	0.11	0.05	0.26	0.07
廊坊市	0.11	0.05	0.21	0.12
衡水市	0.16	0.05	0.11	0.03

表8-13 各备选城市的正反理想点及综合评价指数

城市	理想点	反理想点	综合得分	排序
石家庄市	0.1863	0.3288	0.6383	2
唐山市	0.0707	0.4624	0.8674	1
秦皇岛市	0.4253	0.1942	0.3134	6
邯郸市	0.3369	0.1552	0.3154	5
邢台市	0.4247	0.0510	0.1072	11

续表

城市	理想点	反理想点	综合得分	排序
保定市	0.3348	0.1473	0.3055	7
张家口市	0.4450	0.0787	0.1503	10
承德市	0.4306	0.1414	0.2472	8
沧州市	0.2811	0.2112	0.4290	3
廊坊市	0.3240	0.1965	0.3775	4
衡水市	0.4432	0.0949	0.1763	9

8.4 本章小结

本章主要对基于"陆港"的港口资源整合问题进行研究。首先，提出了港口资源整合离不开集疏运体系的建设，而"陆港"是集疏运体系的关键一环。其次，构建了基于 AHP-TOPSIS 法的"陆港"选址模型。最后，对河北省港口群资源整合的"陆港"选址进行了实例研究。

第9章 港口群腹地多维经济发展水平评价方法与实证——以京津冀港口群为例

9.1 京津冀港口物流发展现状及水平测度

9.1.1 京津冀港口概述

对于京津冀地区港口物流的发展现状，本章主要分析天津港、唐山港、秦皇岛港和黄骅港。天津港在京津冀地区中是规模最大、发展现状最好的港口，已经达到世界领先水平。河北省的港口也在快速发展，已经成为河北省对外贸易发展的重要门户。然而，由于设施和技术因素的限制，河北省港口的发展水平距离天津港的发展水平仍存在着较大的差距。因此，在京津冀港口中，天津港一直处于领先水平。港口的存在为京津冀地区带来了很多战略优势：首先，港口作为对外发展的渠道，不仅促进了进出口货物的流通，还开拓了京津冀地区的国际市场，进一步推动了京津冀国际贸易的发展。其次，京津冀港口拥有优越的地理位置和高效的集疏运体系，降低了货物的运输成本，为京津冀地区在货物的贸易方面提供了竞争力。最后，京津冀港口的发展还有助于促进京津冀地区的互联互通，为京津冀区域的一体化协同发展提供了基础保障。因此，京津冀港口在地区经济的繁荣发展方面扮演着重要角色。

9.1.2 京津冀港口物流发展现状

9.1.2.1 天津港

天津港已经逐步发展成为集物流、贸易和金融等为一体的综合性港口。截至 2021 年年底，天津港集装箱航线总数增加到 130 多条，集装箱吞吐量完成 2027 万标箱，货物吞吐已达到 5.29 亿吨。在港口发展方面，天津港致力于实现港口的智能化和绿色化建设，目前在基础设施、生产运作和集装箱码头等方面已经实现了智能化和零碳排放。同时还在不断建设基础设施和完善港口的交通网络，包括道路、铁路、水路等，以提升港口物流的运营效率。如图 9-1 所示，在 2010～2021 年期间天津港的物流规模和基础设施建设指标整体上升。2010～2016 年天津港属于快速发展阶段，指标增长趋势明显，2017～2021 年增长速度放缓，处于缓慢增长趋势。

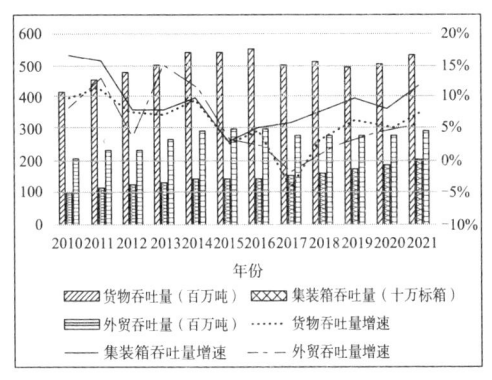

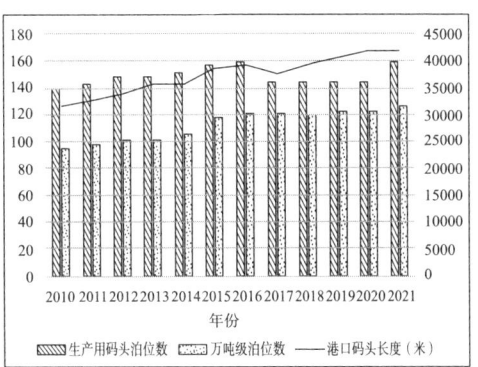

图 9-1　2010～2021 年天津港的物流规模和基础设施建设

9.1.2.2 唐山港

唐山港位于河北省唐山市，毗邻渤海，主要以运输集装箱、散货、煤炭等货物为主。自"一带一路"倡议提出和建设以来，唐山港的运营规模不断扩大，货物吞吐量逐年增长，截至 2021 年年底，唐山港货物吞吐量达到 7.22 亿吨，集装箱吞吐量完成 329 万标箱。唐山港还具备完善的集疏运体系，为货物的运输提供了保障。同时，唐山港以"一带一路"建设为契机，开通了多条国际航线。唐山港在推进港口的智能化、绿色化发展方面，目前已经实现了自动化码头、智能堆场、节能技术等的应用。如图 9-2 所示，唐山港 2010～2021 年期间的基础设施建设指标一直处于明显的上升趋势，而物流规模指标则是前期增长较快，后期增长速度较为缓慢。

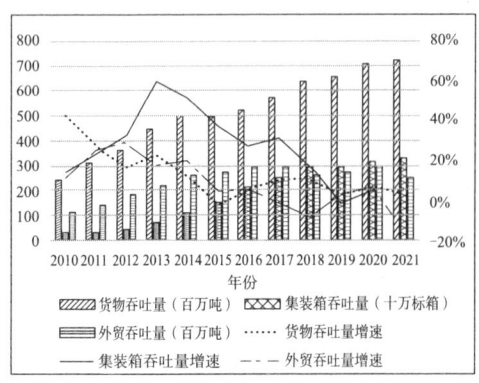

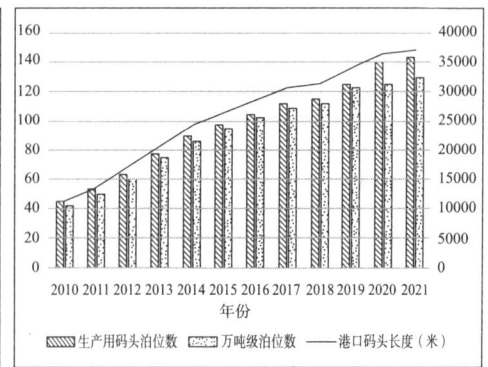

图 9-2　2010～2021 年唐山港的物流规模和基础设施建设

9.1.2.3　秦皇岛港

秦皇岛港主要以煤炭作为主营业务，也发展成为了支撑我国北煤南运和煤炭贸易的重要港口。改革开放以来，秦皇岛港不断加强港口的基础设施建设，包括增设泊位数、扩大堆场面积和延长码头长度等，以此来提高港口的通过能力。截至 2021 年年底，港口的货物吞吐量达到 2.01 亿吨，集装箱吞吐量完成 64 万标准箱。近两年，秦皇岛港建设智能码头、智慧物流平台等信息化工程，提高了港口的服务水平和运营效率。此外，秦皇岛港还自主研发了堆场冬季喷洒水系统、应用了智能环保管控平台等来保障港口的生态环境。如图 9-3 所示，秦皇岛港 2021 年货物吞吐量和外贸吞吐量较 2010 年有所下降，而集装箱吞吐量则是稳步上升。秦皇岛港 2010～2014 年基础设施建设有明显的增长趋势变化，而在 2015～2021 年变化趋势则较为平稳。

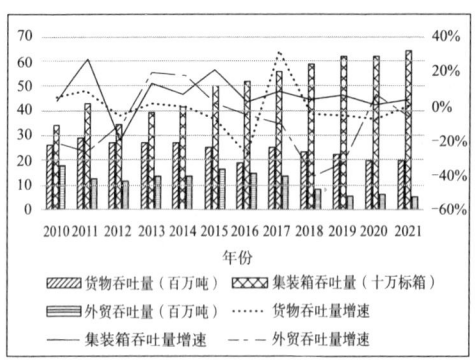

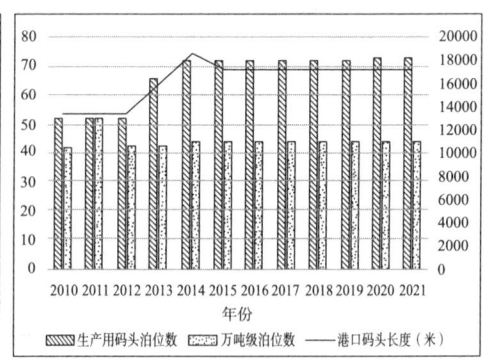

图 9-3　2010～2021 年秦皇岛港的物流规模和基础设施建设

9.1.2.4 黄骅港

黄骅港自建设以来发展迅速，已经成为一个综合性港口，其运营货物范围涵盖杂货、集装箱、煤炭等。此外，黄骅港拥有生产性泊位 40 个，其中万吨级泊位 35 个。截至 2021 年年底，港口的货物吞吐量完成 3.11 亿吨。黄骅港在绿色和智慧港口建设方面采取了多项措施，包括自主研发的长效抑尘系统以及堆场和装船的自动化运行，其有助于实现提高港口运营效率、降低能源消耗以及减少污染物排放量的目标。如图 9-4 所示，2010～2021 年黄骅港的集装箱吞吐量、货物吞吐量和外贸吞吐量除 2019 年有所下降外，其余保持平稳上升，尤其是集装箱吞吐量增长迅猛，而基础设施建设属于前期平稳上升态势，而后期没有显著的增长或下降趋势，在一个较为固定的范围内波动。

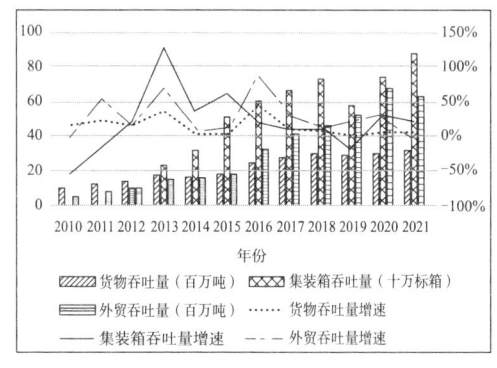

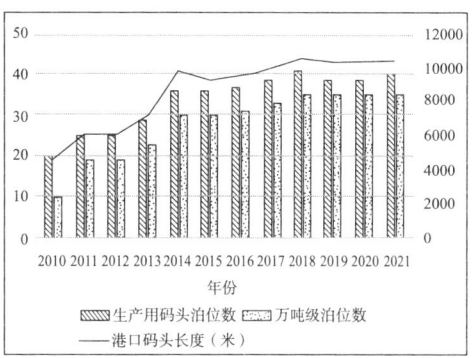

图 9-4　2010～2021 年黄骅港的物流规模和基础设施建设

9.1.3 京津冀港口物流发展水平测度

9.1.3.1 样本选取及数据来源

因数据不易获取，本书便以 2010～2020 年的京津冀港口为研究对象。样本数据来自 2011～2021 年的《中国港口年鉴》《天津统计年鉴》《河北统计年鉴》，以及 2010～2020 年国家交通运输部的统计公报。

9.1.3.2 港口物流评价指标体系构建

（1）评价指标体系构建的原则

①科学性原则。科学性原则是指在评价京津冀港口物流发展水平时，能够做出客观真实的反映。因此在构建京津冀港口物流指标体系时，应该充分考虑港口及城市的实际发展情况，选择科学、合理的指标，建立起完整、可行的指标体系。

②系统性原则。系统性原则是指选取的指标应具有清晰的层次结构和一定的独立性，从而构建的京津冀港口物流指标体系能够把港口物流的各个方面全部展现。

③实用性原则。实用性原则是确保指标能够反映港口物流发展的真实情况，并在评价港口物流发展水平后可以对港口物流的发展提供有用的信息。在此基础上，需要选择易获取数据的指标，以确保指标能够真实地评价港口物流的发展水平。

④可比性原则。可比性原则是指所选取的指标应具有统一的计量单位和测量方法，便于京津冀港口之间进行比较。

（2）评价指标体系的构建

本章参考王睿等（2022）从基础设施、生产能力、经济水平和发展潜力等方面对黄骅港物流竞争力的评价，以及蔡静雯等（2022）从港口物流运营规模、港口物流基础设施、港口腹地经济水平等方面对粤港澳大湾区港口物流竞争力的评价，分别从港口的物流基础设施、物流规模、腹地能力、绿色发展及发展潜力等方面构建了京津冀港口物流评价指标体系，如表9-1所示。

表9-1 京津冀港口物流发展水平评价指标体系

评价对象	一级指标	二级指标	单位
港口物流发展水平	物流基础设施	生产用码头泊位数	个
		万吨级泊位数	个
		港口码头长度	米
	物流规模	货物吞吐量	万吨
		集装箱吞吐量	万TEU
		外贸吞吐量	万吨
	腹地能力	城市GDP	亿元
		第三产业占GDP比重	%
		进出口总额	亿元
		规模以上工业总产值	亿元
	绿色发展	港口生产单位吞吐量综合能耗	吨标准煤/万吨吞吐量
	发展潜力	港口货物吞吐量增长率	%
		集装箱吞吐量增长率	%
		外贸吞吐量增长率	%

①港口物流基础设施。港口的基础设施是港口物流正常运作的基础,是决定港口物流规模大小的关键因素。常见的港口基础设施有码头、泊位、航道、仓储堆场等,考虑到指标数据的可得性,本书选取生产用码头泊位数、万吨级泊位数、港口码头长度等指标(侯媛媛等,2023)代表京津冀港口物流基础设施水平。

②港口物流规模。通常来说,判断港口物流规模大小的依据是港口的吞吐量。吞吐量可以反映出港口物流的生产能力。港口物流规模的代表性指标有:货物吞吐量、集装箱吞吐量、外贸吞吐量、水路货物周转量、港口铁海联运量、集装箱航线数量等,由于指标数据全面获取的难度较大,因此本章仅选择货物吞吐量、集装箱吞吐量、外贸吞吐量等指标(蔡静雯等,2022)作为反映京津冀港口物流规模的指标。吞吐量指标不仅可以衡量港口物流规模的大小,还可以反映腹地城市经济的发展水平。

③港口腹地能力。港口腹地城市的经济能力水平会影响港口的货运、建设等,从而影响港口物流的发展水平。港口物流与腹地城市的经济发展是相互促进的关系。港口作为畅通海内外贸易市场的重要枢纽,能够吸引外资,引进人力资源、技术等促进腹地经济的发展;反之,腹地的经济发展水平越高对港口基础建设水平要求越高,腹地可以为港口物流基础建设提供经济支持。本章选取 GDP、第三产业占 GDP 比重、进出口总额、规模以上工业总产值等指标(唐希,2022)来反映腹地的经济水平、经济结构以及对外贸易水平。

④港口绿色发展。港口物流的发展趋势是致力于实现港口物流的可持续发展,因此,国内持续推进绿色港口的建设,推广清洁能源、节能技术、岸电设施等的应用。衡量绿色发展的指标包括清洁能源使用率、船舶燃油单耗、港口生产单位货物吞吐量综合能耗等。由于指标数据难以获取,本章选择以港口生产单位货物吞吐量综合能耗作为衡量京津冀港口绿色发展水平的指标,但因为数据缺失,在此将能源消耗总量代替港口生产综合能源消耗量进行评估。

⑤港口发展潜力。港口发展潜力主要关注港口物流未来的发展前景。增长率是指某一时期同比历史时期的增长速度,其是最能体现发展潜力的指标。本书选取港口货物吞吐量增长率、集装箱吞吐量增长率、外贸吞吐量增长率等指标(高浩楠,2021)反映京津冀港口物流的发展潜力。货物吞吐量、集装箱吞吐量和外贸吞吐量增长率可以反映其增长趋势变化、未来港口物流发展趋势,也可以从侧面反映出港口未来的物流规模大小、基础设施建设水平以及腹地对外贸易程度。

9.1.3.3 京津冀港口物流发展水平评价

本章应用熵值法评价京津冀港口物流的发展水平。熵值法常用于多指标决策，基于信息熵理论，通过计算每个指标的熵值和权重，从而确定各指标在综合评价中的贡献度。熵值法能够较为客观地评价各项指标的重要性，并且不易受到异常值的影响，还可以处理不同指标之间量纲和单位不同的问题。

指标熵权结果及综合评价结果分别见表 9-2 和表 9-3，具体计算步骤如下。

（1）数据处理

京津冀港口物流指标体系中的港口生产单位吞吐量综合能耗指标与其他指标数据表现形式不同，港口生产单位吞吐量综合能耗指标数据越小越好。因而需要统一处理，使指标具有相同的度量尺度，同时也处理了数据量纲不同的问题。

正向化处理：

$$Z_{ij} = \frac{x_{ij} - \min(x_{ij})}{\max(x_{ij}) - \min(x_{ij})} \tag{9-1}$$

逆向化处理：

$$Z_{ij} = \frac{\max(x_{ij}) - x_{ij}}{\max(x_{ij}) - \min(x_{ij})} \tag{9-2}$$

式中，i 表示第 i 个被评价对象，j 表示第 j 个评价指标，x_{ij} 表示第 i 个被评价对象的第 j 个指标，$\min(x_{ij})$ 表示指标数据的最小值，$\max(x_{ij})$ 表示指标数据的最大值，Z_{ij} 是指标正向化或逆向化后的结果。

（2）计算指标的权重

$$P_{ij} = \frac{Z_{ij}}{\sum_{i=1}^{m} Z_{ij}} \tag{9-3}$$

其中，m 为评价对象，P_{ij} 表示第 i 个被评价对象的第 j 个指标的权重。

（3）计算指标熵值

$$e_j = -\frac{1}{\ln m} \sum_{i=1}^{m} P_{ij} \times \ln P_{ij} \tag{9-4}$$

其中，e_j 表示第 j 个指标的熵值。

(4)计算熵权

$$W_j = \frac{1-e_j}{\sum_{i=1}^{n}(1-e_j)} \quad (9\text{-}5)$$

其中，n 为港口物流发展水平评价指标数，W_j 表示第 j 个指标的熵权。

(5)计算综合得分

$$F_i = \sum_{j=1}^{n} W_j Z_{ij} \quad (9\text{-}6)$$

其中，F_i 表示第 i 个被评价对象的综合得分。

表9-2 京津冀港口物流指标的权重

一级指标	权重	二级指标	权重
物流基础设施	0.2215	生产用码头泊位数	0.0768
		万吨级泊位数	0.0719
		港口码头长度	0.0728
物流规模	0.2925	货物吞吐量	0.0538
		集装箱吞吐量	0.1039
		外贸吞吐量	0.1348
腹地能力	0.3369	城市 GDP	0.0742
		第三产业占 GDP 比重	0.0610
		进出口总额	0.1239
		规模以上工业总产值	0.0778
绿色发展	0.0811	港口生产单位吞吐量综合能耗	0.0811
发展潜力	0.0680	港口货物吞吐量增长率	0.0251
		集装箱吞吐量增长率	0.0174
		外贸吞吐量增长率	0.0255

指标的权重代表着指标在一个指标体系中所占的重要程度。从表9-2中可以看出，指标所占重要程度从高到低依次是腹地能力、物流规模、物流基础设

施、发展潜力、绿色发展。以此可以说明腹地能力对京津冀港口物流的发展水平起着重要决定作用。

表9-3 京津冀港口物流发展水平评价结果

年份	天津港	唐山港	秦皇岛港	黄骅港
2010	0.6036	0.2136	0.1203	0.0504
2011	0.6799	0.2589	0.1353	0.0855
2012	0.7143	0.2972	0.1199	0.0843
2013	0.7755	0.3553	0.1482	0.1323
2014	0.8214	0.4059	0.1602	0.1205
2015	0.8329	0.4136	0.1572	0.1292
2016	0.8451	0.4502	0.1433	0.1798
2017	0.8115	0.4728	0.1742	0.1688
2018	0.8512	0.4803	0.1560	0.1800
2019	0.8585	0.5120	0.1608	0.1836
2020	0.8835	0.5482	0.1654	0.2027

由表9-3可知，2010年至2020年期间京津冀港口物流发展水平呈现逐年上升的趋势。另外，在此期间京津冀港口群中港口物流发展水平最高的是天津港，其次是唐山港、黄骅港、秦皇岛港。

2010～2020年天津港物流发展水平处于稳步上升趋势，港口物流综合得分从2010年的0.6036上升到2020年的0.8835。天津港物流发展水平最高的原因可能是地理位置优越，位于经济发达的京津地区和环渤海地区的交叉点上，辐射范围广，还具备完善的集疏运网络。此外天津港积极推进绿色智慧港口的建设，已经拥有全球领先的智能码头技术和自主研发的物流信息系统。

唐山港在京津冀港口群中发展较快，综合得分从2010年的0.2136上升至2020年的0.5482。唐山港也是河北省港口中物流发展水平最高的，可能由于唐山港位于环渤海核心区域，还是国家"一带一路"的重要节点，且距离北京、天津经济发达的城市较近，交通运输十分便利，市场需求随之增大。

关于黄骅港和秦皇岛港，在2010～2015年黄骅港物流发展水平整体落后于秦皇岛港，而2016～2020年黄骅港物流发展水平则反超秦皇岛港，说明

2010～2015年，黄骅港可能受制于原有的港口基础设施和单一货物输出的原因。相比之下，秦皇岛港在基础设施现代化和先进技术的支持下，得到了较高的物流效率和服务水平。2016～2020年，黄骅港一直在推进实现基础设施的自动化，还参照其他先进港口建立大数据中心和智能调度平台，提高了货物处理效率和服务质量。而秦皇岛港则可能受到环境保护和产业结构转型等因素的影响，物流水平略有下降。

9.1.4 小结

本节以2010～2020年的京津冀港口为研究对象，首先简要介绍了京津冀港口在物流规模、基础设施建设、智能化建设等方面的发展现状；其次，为了评估京津冀港口的物流发展水平，分别从港口的物流基础设施、物流规模、腹地能力、绿色发展以及发展潜力等五方面构建了港口物流指标体系，并利用熵值法进行了测算。最后，评价结果显示港口之间的物流发展水平有较大的差距，其中黄骅港和秦皇岛港的发展水平相对较低。

9.2 智慧物流和经济发展水平测度

京津冀区域是我国重要的经济中心之一，也是我国北方地区的重要城市群。其整体定位是"以首都为核心的世界级城市群、区域整体协同发展改革引领区、全国创新驱动经济增长新引擎、生态修复环境改善示范区"，北京、天津、河北明确分工、各司其职，充分发挥各自的优势和特色，实现资源优化配置，促进产业升级和创新发展。通过加强区域内的合作与交流，提升共同应对全球化和区域一体化带来的机遇和挑战的能力。经过多年深耕，京津冀借助环渤海的地理优势，"轨道上的京津冀"展露雏形，区域内路网密度进一步提升。通达的交通体系有效推动了人流、物流、信息流等要素加速流通和周转，优化了三地的物流产业版图。根据国家统计局公布的《中华人民共和国2022年国民经济和社会发展统计公报》显示，2022年，全年京津冀地区生产总值100293亿元，比上年增长2.0%，并且首次突破10万亿元，是京津冀协同发展前（2013）的1.8倍。总之，京津冀区域在我国经济发展中具有重要的地位和作用，它的战略要义在于通过协同发展和创新驱动来提升整个区域的核心竞争力，从而为我国经济的可持续发展作出更大的贡献。基于京津冀区域的重要地位和战略意义，本节将构建多层面的指标体系，以评估京津冀区域智慧物流发展水平和社会经济发展状况。该指标体系将从多个方面准确反映京津冀区域智慧物流发展水平和经济发展现状。

9.2.1 数据指标选取

9.2.1.1 京津冀区域智慧物流发展水平数据选取

影响智慧物流发展的因素是纷繁复杂的，为了更全面、有效地反映不同地区的智慧物流发展水平，很多学者在研究智慧物流综合评价指标的选择时采用了多指标综合分析方法，本研究对京津冀区域各市的智慧物流发展水平进行评估时同样采用多指标综合分析方法。通过参考现有关于智慧物流评价指标体系的相关文献，确定智慧物流经济环境、物流活动、智慧物流发展需求以及智慧物流技术等作为构建京津冀区域智慧物流发展水平评价指标体系的一级指标。

智慧物流经济环境：智慧物流的发展需要以物流活动的经济环境作为基础。物流活动的经济管理水平既可以反映物流业管理水平的高低，也可以作为表征地区物流经济效益的重要指标。所以，要将智慧物流经济环境纳入京津冀区域智慧物流发展水平的评价体系中。能够体现物流经济环境的指标主要有：社会物流总额、邮政业务总收入、电子商务交易额以及物流业固定投资。

物流活动：物流货运量、车辆、道路以及相关从业人员的多少是一切物流活动的基础。物流活动是智慧物流发展的关键环节，而对于智慧物流来说，人、机、管理的有机协调需要通过优化资源配置来提高物流运作效率，所以有必要将物流活动纳入评价指标体系中。能够体现物流活动的指标主要有：货运总量，境内公路总里程数，民用汽车保有量，交通运输、仓储和邮政业增加值，交通运输、仓储和邮政业相关从业人员。

智慧物流发展需求：作为国民经济的重要组成，物流的发展需求能够显著反应智慧物流的经济投入，智慧物流与区域经济是正向的双赢关系，应当重视区域物流业发展需求。所以将物流公司数量、限额以上批发零售贸易企业个数、规上工业企业个数、社会消费品零售总额等作为反映智慧物流需求的二级指标。

智慧物流技术：智慧物流和传统物流在绩效评价方面的主要差异在于对智能化技术的运用。在物流评估过程中，充分考虑智慧物流企业数量、AGV、工业机器人、智能快递柜、自动分拣系统、智能仓储等这些"智慧"元素有助于推动智慧物流的快速发展，同时也能够推动国家创新战略的顺利实施。5G 技术由于数据的可获得性受限，所以将移动互联网用户数作为其替代指标。

根据上述选定的智慧物流评价指标的 4 个一级指标，21 个二级指标见表 9-4。

表9-4　京津冀区域智慧物流发展指标体系

目标指标	一级指标	二级指标	单位	代码
智慧物流指标	智慧物流经济环境（A）	社会物流总额	万亿元	A_1
		邮政业务总收入	亿元	A_2
		电子商务交易额	亿元	A_3
		物流业固定投资	亿元	A_4
	物流活动（B）	货运总量	万吨	B_1
		境内公路总里数	公里	B_2
		民用汽车保有量	万辆	B_3
		交通运输、仓储和邮政业增加值	亿元	B_4
		交通运输、仓储和邮政业相关从业人员	万人	B_5
	智慧物流发展需求（C）	物流公司数量	个	C_1
		限额以上批发零售贸易企业个数	个	C_2
		规上工业企业个数	个	C_3
		社会消费品零售总额	亿元	C_4
	智慧物流技术（D）	5G 技术（移动互联网用户数）	万人	D_1
		智慧物流企业数量	个	D_2
		AGV 市场规模	亿元	D_3
		工业机器人市场规模	亿元	D_4
		智能快递柜市场规模	亿元	D_5
		自动分拣系统市场规模	亿元	D_6
		智能仓储市场规模	亿元	D_7

智慧物流指标构建过程中综合考虑到影响智慧物流发展的各种因素，在数据选取时参考了一些学者的文章，同时又增加了一些指标。一级指标智慧物流技术下的 D_3 到 D_7 的数据由于受到数据可获得性的限制，所以获取这部分数据

时根据行业大数据报告，然后结合中商产业研究院的有关数据，按照一定的比重测算出各城市的市场规模。

9.2.1.2 京津冀区域经济发展水平数据选取

长期以来，人们常常将"地区经济发展"简单地等同于"地区生产总值的增长"，但地区经济发展水平仅用地区生产总值来衡量的话就显得过于片面，因为衡量一个地区经济发展水平的指标，除了地区生产总值以外还可以使用产业结构水平和经济发展效率。因此，本研究参考中国统计学会对社会综合发展指数（CDI）经济发展板块的数据指标选取原则，以及王蔷、李玲娥、马茹、刘芳、孟德友、程钰等在构建经济发展水平时对经济要素指标的选取，从经济增长、经济结构优化和经济发展效率3个方面，选取10个二级指标进行京津冀区域社会经济发展水平评价指标的构建（表9-5）。

表9-5 京津冀区域社会经济发展指标体系

目标指标	一级指标	二级指标	单位	代码
社会经济发展水平	经济增长规模（a）	地区生产总值	万元	a_1
		GDP 指数	%	a_2
		财政收入占 GDP 比重	%	a_3
	经济结构优化（b）	服务业增加值占 GDP 比重	%	b_1
		消费水平	%	b_2
		第三产业从业人员占比	%	b_3
		高新技术产值占工业总产值的比重	%	b_4
	经济发展效率（c）	城镇化率	%	c_1
		人均生产总值	万元	c_2
		人均可支配收入	元	c_3

经济增长规模：地区生产总值是直接反应经济增长水平的第一要素。选用 GDP 增长指数来衡量经济发展绩效是因为考虑到区域经济发展是一个动态变化的过程。

经济结构优化：经济服务业涵盖领域广，加快发展服务业有利于优化产业结构升级，对于转变发展方式以及提升国家整体竞争力具有重大意义，因此，服务业水平可以作为衡量产业结构优化升级的重要指标。居民消费水平能够体现优化经济增长的需求结构，通过提高居民消费水平，可以优化经济增长的需求结构，促进经济的可持续发展。第三产业从业人员占比从就业角度反映了产业结构。高新技术产值占工业总产值的比重可以用来表示产业结构优化水平，高新技术产值占比越高，说明该地区的产业结构越偏向于高新技术产业，产业结构的技术水平也越高。

经济发展效率：城镇化率能够精准地反映一个地区的城镇化水平，同时也可以有效地评估城乡二元结构的改善状况。此外，它还是体现可持续发展观和城乡统筹发展的重要指标，对于研究和规划城镇化进程具有极其重要的意义。使用人均 GDP 作为反映经济发展水平的指标，既体现了经济发展的第一要义，又体现了"以人为本"的概念。人均可支配收入体现了经济发展对人民生活水平的影响，一般来说人均可支配收入越高，生活水平就越高。

9.2.2 估计方法

9.2.2.1 CRITIC-熵权法组合权重设定

为使对京津冀区域智慧物流发展指数的估计更加全面和准确，本研究采用 CRITIC-熵权法组合权重加 TOPSIS 法进行综合评价。

CRITIC 权重法在计算权重时应该考虑消除量纲和相关系数的负值影响，以确保计算结果的准确性和可靠性。参考傅为忠等的做法对 CRITIC 权重法进行改进：①为消除量纲的影响，用标准系数差代替原来的标准差；②为消除正负号影响，对相关系数取了绝对值。

另外，为解决 CRITIC 权重法不能衡量指标之间的离散程度的缺陷，在设定权重时增加了熵权法，综合使用这两种赋权方法可以更加真实、客观地反映指标的权重。因此，本研究将综合运用 CRITIC-熵权法计算京津冀区域智慧物流发展指标的权重。

假设有 m 个评价对象，n 个评价指标，原始数据为 x_{ij}，$i=1, \cdots, m$；$j=1, \cdots, n$，先进行无量纲化处理：

$$x_{ij} = \frac{X_{ij} - X_{\min}}{X_{\max} - X_{\min}} \quad (x_{ij} \text{ 为效益型指标}) \tag{9-7}$$

$$x_{ij} = \frac{X_{\max} - X_{ij}}{X_{\max} - X_{\min}} \quad (x_{ij} \text{ 为成本型指标}) \tag{9-8}$$

其中，$X_{\max}$ 和 $X_{\min}$ 分别为第 j 项指标的最大值和最小值，x_{ij} 为处理后的数据。根据 CRITIC 权重法计算权重，计算第 j 项指标的信息量：

$$c_j = \frac{\varepsilon_j}{\bar{x}_j} \sum_{i=1}^{m} \left(1 - |r_{ij}|\right) \quad (9-9)$$

其中，ε、$\bar{x}_j$ 分别表示第 j 项指标的标准差和平均值，r_{ij} 为第 i 项指标与第 j 项指标之间的相关系数。

计算第 j 项指标的权重：

$$w_1 = \frac{\varepsilon_j}{\sum_{j=1}^{m} \varepsilon_j} \quad (9-10)$$

根据熵权法计算权重，计算第 i 个评价对象的第 j 项指标出现的概率：

$$p_{ij} = \frac{x_{ij}}{\sum_{i=1}^{m} x_{ij}} \quad (9-11)$$

计算第 j 项的信息熵：

$$e_j = -\frac{1}{\ln m} \sum_{i=1}^{m} p_{ij} \ln p_{ij} \quad (9-12)$$

计算第 j 项的权重：

$$w_2 = \frac{1 - e_j}{\sum_{j=1}^{n} \left(1 - e_j\right)} \quad (9-13)$$

计算第 j 项指标的组合权重：

$$w_j = \rho w_1 + (1 - \rho) w_2 \quad (9-14)$$

本书假设两种赋权方法具有相同的重要性，所以 $\rho = 0.5$。

9.2.2.2 基于组合权重的 TOPSIS 综合评价法

TOPSIS 综合评价法是根据有限评价对象与理想化目标的接近程度排序，通过衡量评价对象与最优解、最劣解的距离排序。通过将组合权重与 TOPSIS 相结合，能够有效弥补传统 TOPSIS 法在准确反映变量之间相关性和重要程度方面的不足，同时通过无量纲化处理也可以避免逆序的问题。

加权矩阵的计算：

$$V = \begin{pmatrix} v_{11} & \cdots & v_{1n} \\ \vdots & \ddots & \vdots \\ v_{m1} & \cdots & v_{mn} \end{pmatrix} \quad (9-15)$$

其中，$v_{ij}=x_{ij}*w_j$，w_j 为第 j 项指标的权重。

确定正负理想解：

$$V^+ = \left(v_1^+, v_2^+, \cdots, v_n^+\right) = \left\{\max v_{ij} \mid j \in J_1 \ \min v_{ij} \mid j \in J_2\right\}$$

$$V^- = \left(v_1^-, v_2^-, \cdots, v_n^-\right) = \left\{\max v_{ij} \mid j \in J_1 \ \min v_{ij} \mid j \in J_2\right\}$$

其中，J_1 为效益型指标集合，J_2 为成本型指标集合。

计算正负理想解的距离：

$$S_i^+ = \sqrt{\sum_{j=1}^n \left(v_{ij} - v_j^+\right)^2} \qquad (9\text{-}16)$$

$$S_i^- = \sqrt{\sum_{j=1}^n \left(v_{ij} - v_j^-\right)^2} \qquad (9\text{-}17)$$

计算第 i 个评价对象与理想解的相对贴近度：

$$\theta_i = \frac{S_i^-}{S_i^+ + S_i^-} \qquad (9\text{-}18)$$

其中，$\theta \in [0,1]$，根据 θ_i 的大小进行最终排序，数值越大表明越接近最优水平。

9.2.3 京津冀区域智慧物流发展水平测度及结果分析

根据上述的计算公式，利用 SPASSPRO 软件对原始数据进行标准化处理并计算指标权重，见表9-6。

表9-6 京津冀区域智慧物流发展指标权重

一级指标	二级指标	CRITIC 方法赋权 W_1	熵权法赋权 W_2	CRITIC-熵权法组合权重 W	总计
智慧物流经济环境（A）	社会物流总额（A_1）	0.0344	0.0522	0.0433	0.2185
	邮政业务总收入（A_2）	0.0740	0.0933	0.0836	
	电子商务交易额（A_3）	0.0490	0.0646	0.0568	
	物流业固定投（A_4）	0.0314	0.0383	0.0348	
物流活动（B）	货运总量（B_1）	0.0462	0.0303	0.0383	0.1734
	境内公路总里数（B_2）	0.0226	0.0121	0.0173	
	民用汽车保有量（B_3）	0.0266	0.0391	0.0329	
	交通运输、仓储和邮政业增加值（B_4）	0.0347	0.0368	0.0357	
	交通运输、仓储和邮政业相关从业人员（B_5）	0.0915	0.0069	0.0492	

续表

一级指标	二级指标	CRITIC 方法赋权 W_1	熵权法赋权 W_2	CRITIC-熵权法组合权重 W	总计
智慧物流发展需求（C）	物流公司数量（C_1）	0.0488	0.0629	0.0559	0.2155
	限额以上批发零售贸易企业个数（C_2）	0.0638	0.1100	0.0869	
	规上工业企业个数（C_3）	0.0366	0.0348	0.0357	
	社会消费品零售总额（C_4）	0.0576	0.0165	0.0371	
智慧物流技术（D）	5G 技术（移动互联网用户数）（D_1）	0.0327	0.0461	0.0394	0.3926
	智慧物流企业数量（D_2）	0.1118	0.0941	0.1029	
	AGV 市场规模（D_3）	0.0418	0.0622	0.0520	
	工业机器人市场规模（D_4）	0.0972	0.0827	0.0900	
	智能快递柜市场规模（D_5）	0.0696	0.0741	0.0718	
	智能仓储市场规模（D_6）	0.0298	0.0432	0.0365	

由表 9-6 可知，在一级指标中，智慧物流经济环境、智慧物流发展需求、智慧物流技术 3 项指标权重分别达到 0.2185、0.2155、0.3926，说明技术是驱动智慧物流发展的首要因素，智慧物流经济环境和智慧物流发展需求对京津冀区域智慧物流发展水平也有较大影响；物流活动的指标权重为 0.1734，说明在产业结构调整和数字经济的大环境中传统的物流活动对物流产业转型升级的影响不如物流技术创新带给智慧物流发展的影响大。二级指标权重排名前 5 中，属于智慧物流技术的就占了 3 项，这也说明决定智慧物流发展水平的关键因素在于智慧物流技术的进步。另外，通过对比发现采用两种赋权方法分别计算的权重基本一致，说明运用组合权重法计算的结果更加合理。

从表 9-7 可以看出京津冀区域智慧物流发展水平极不平衡。北京虽然受到非首都功能疏解的影响，智慧物流发展水平呈现出逐年递减的趋势，但其智慧物流发展水平的综合得分还是高于 0.8。天津的智慧物流发展水平综合得分从 2013 年的 0.5955 到 2022 年的 0.6377 整体上呈现一个逐渐递增的趋势，这是因为受到京津冀协同发展战略的影响，天津正在发挥其作为京津冀区域北部中心城市的作用，以优越的区位条件在推动港口物流智慧化，带动腹地经济向前发展的效用正在逐步成长为区域内的第二个经济增长极，进而带动京津冀区域智慧物流的整体向前发展。河北省各城市的智慧物流发展水平远远低于北京和天津的智慧化水平，并且两极分化现象严重。最后一名衡水与第一、第二名的石家庄、唐山的差距还是比较明显的，这也从侧面反映经济实力强的地方，智慧物流发展水平也比较高。但好在受到京津冀一体化发展和数字经济的影响，河北省内各城市的智慧物流发展水平从整体上都是呈现出一个稳步上升的态势。

表9-7 京津冀区域智慧物流发展评价结果

城市	2013年	2014年	2015年	2016年	2017年	2018年	2019年	2020年	2021年	2022年
北京	0.9478	0.9592	0.9416	0.9112	0.9123	0.9165	0.9119	0.8693	0.8237	0.8218
天津	0.5955	0.5874	0.6089	0.6572	0.6848	0.6527	0.6491	0.6507	0.7138	0.7377
石家庄	0.2241	0.2168	0.2371	0.3296	0.3340	0.3487	0.3500	0.3179	0.3081	0.3586
唐山	0.2139	0.2139	0.1914	0.2520	0.2635	0.2700	0.2709	0.2796	0.2887	0.3209
秦皇岛	0.0208	0.0241	0.0376	0.0245	0.0579	0.0658	0.0763	0.0865	0.0955	0.1005
邯郸	0.1402	0.1488	0.1464	0.1373	0.1442	0.1505	0.1509	0.1871	0.1943	0.2546
邢台	0.0588	0.0580	0.0724	0.1007	0.1174	0.1213	0.1163	0.1302	0.1281	0.1809
保定	0.1270	0.1164	0.1005	0.1154	0.1274	0.1363	0.1365	0.1689	0.1853	0.2465
张家口	0.0395	0.0354	0.0419	0.0525	0.0593	0.0636	0.0544	0.0747	0.0810	0.1675
承德	0.0377	0.0432	0.0468	0.0421	0.0452	0.0383	0.0336	0.0626	0.0975	0.1788
沧州	0.1204	0.1278	0.1043	0.1289	0.1488	0.1544	00.1663	0.1835	0.1950	0.2043
廊坊	0.0573	0.0516	0.0497	0.0619	0.0721	0.0835	0.0711	0.0990	0.0946	0.1632
衡水	0.0256	0.0235	0.0306	0.0299	0.0334	0.0337	0.0366	0.0679	0.0827	0.1612

9.2.4 京津冀区域经济发展水平测度及结果分析

从表9-8可以看出，衡量经济发展水平的指标中经济增长的合计权重为0.5080，占比接近51%。因此，可以判断出经济增长是影响经济发展水平的首要因素。通过其他指标的权重也可以看出它们对经济发展水平的贡献有所不同，人均GDP和财政收入占比均超过10%，所以，通过构建京津冀区域社会经济发展水平的综合评价指标，可以更加全面、准确地反映出一个地区的经济水平。另外，通过对比两种不同方法测算的权重，可以发现大体上趋于一致，所以对京津冀区域社会经济发展水平的测算同样使用组合权重比较合理。

表9-8 京津冀区域经济发展水平权重

一级指标	二级指标	CRITIC方法赋权 W_3	熵权法赋权 W_4	CRITIC-熵权法组合权重 W	总计
经济增长规模（a）	GDP（a_1）	0.3304	0.278	0.3042	0.5080
	GDP指数（a_2）	0.032	0.1626	0.0973	
	财政收入占GDP比重（a_3）	0.125	0.088	0.1065	
经济结构优化（b）	服务业增加占GDP比重（b_1）	0.081	0.0501	0.0655	0.2183
	消费水平（b_2）	0.0107	0.003	0.0069	
	第三产业从业人员比重（b_3）	0.0474	0.0519	0.0496	
	高新技术产值占工业总产值的比重（b_4）	0.0945	0.0981	0.0963	
经济发展质量（c）	城镇化率（c_1）	0.0403	0.0559	0.0481	0.2737
	人均GDP（c_2）	0.1369	0.1309	0.1339	
	人均可支配收入（c_3）	0.1018	0.0815	0.0917	

从表9-9可以看出京津冀区域的社会经济发展水平极不平衡，并且与智慧物流发展水平趋于一致。北京、天津作为区域内的中心城市，其经济水平也是处于领先的地位，并且要比区域内的其他城市的经济发展水平高出一个标准。从表9-9可以清晰地看出河北省内各城市的经济发展水平远远落后于北京、天津，造成这种现象的原因可能是在很长一段时期内京津冀三地都是相对独立地发展各自经济，北京对天津和河北的集聚效应大于辐射效应，这使京津冀三地的人才、资源等都向北京集中。所以，北京的经济发展水平的综合评分要远远高于区域内的其他城市。但是天津也在奋力追赶，经过这几年的发展，其对周边城市的集聚效应也在不断加强，这使区域的经济发展落差进一步扩大。此外，河北与京津地区的巨大发展落差进一步导致资源和人才向京津地区流动，这使得京津冀地区发展后劲不足，形成恶性循环。因此，经济发展的不平衡是否会加剧物流发展的不平衡，各经济要素对智慧物流发展的影响从空间上是如何表现的，这将成为本书后续研究的重点。

表9-9 京津冀区域经济发展水平评价结果

城市	2013年	2014年	2015年	2016年	2017年	2018年	2019年	2020年	2021年	2022年
北京	0.6149	0.5904	0.6192	0.6504	0.7045	0.7420	0.7881	0.8107	0.8500	0.8456
天津	0.4535	0.4744	0.4867	0.5087	0.5593	0.5820	0.5868	0.5578	0.5348	0.5886
石家庄	0.2564	0.2628	0.2760	0.2760	0.3313	0.3269	0.3407	0.3369	0.3874	0.3946
唐山	0.2016	0.2051	0.2237	0.2663	0.3188	0.3307	0.3129	0.2913	0.3652	0.3575
秦皇岛	0.1756	0.2076	0.2253	0.2699	0.2956	0.2679	0.2809	0.2648	0.3251	0.2990
邯郸	0.1838	0.1771	0.1895	0.1860	0.2244	0.2372	0.2536	0.2327	0.3078	0.2864
邢台	0.1441	0.1696	0.2005	0.2023	0.2806	0.2421	0.2486	0.2135	0.2577	0.2427
保定	0.1780	0.1825	0.1922	0.2058	0.1737	0.2567	0.2838	0.2625	0.3212	0.2885
张家口	0.1823	0.1891	0.2247	0.2508	0.2815	0.2925	0.2952	0.2786	0.3310	0.2771
承德	0.2058	0.2167	0.1864	0.2188	0.2648	0.2459	0.2548	0.2378	0.2863	0.2642
沧州	0.2113	0.2313	0.2338	0.2442	0.3239	0.2632	0.2794	0.2500	0.3181	0.3027
廊坊	0.2490	0.2664	0.2984	0.2948	0.3084	0.3101	0.3275	0.3234	0.3430	0.3101
衡水	0.1643	0.2514	0.2070	0.2171	0.2558	0.2424	0.2576	0.2370	0.3067	0.2955

9.3 经济高质量发展水平测度

9.3.1 京津冀区域经济高质量发展现状

9.3.1.1 创新方面

本研究选择从研发经费投入、科学技术财政支出水平和万人发明专利拥有量等指标说明京津冀区域目前的创新发展情况。研发经费投入和科学技术财政支出水平等指标可以说明区域在创新方面的投资力度和重视程度，而万人发明专利拥有量说明的是科技创新水平。如表9-10所示，京津冀区域整体的研发经费投入和科技财政投入在2010～2021年期间属于平稳上升趋势，万人发明专利拥有量从2010年的41项增加至2021年的318项，增长了6.8倍，说明京津冀在创新方面较为重视，其中北京、天津在创新投入方面表现最为突出，创新成果较多，而河北省可能由于经济发展水平的相对落后，导致创新的投入产出与京津地区存在较大的差距。

表9-10 京津冀城市创新发展情况

创新指标	研发经费投入		科技财政投入		创新产出成果	
	2010年	2021年	2010年	2021年	2010年	2021年
北京	5.49%	6.53%	6.58%	6.24%	17.08	76.38
天津	3.36%	3.66%	3.14%	3.30%	8.46	71.31
石家庄	0.50%	0.74%	1.47%	1.33%	2.26	23.86
承德	0.20%	1.22%	0.69%	0.63%	0.62	9.06
张家口	0.32%	0.33%	0.66%	0.64%	0.47	8.99
秦皇岛	0.84%	1.27%	0.57%	0.90%	3.11	16.28
唐山	0.85%	2.16%	1.43%	1.46%	1.82	18.02
廊坊	0.24%	0.89%	1.31%	1.47%	2.25	25.07
保定	1.34%	1.78%	0.81%	1.17%	1.30	15.53
沧州	0.17%	1.10%	0.57%	0.90%	1.15	15.18
衡水	0.19%	0.98%	0.56%	1.49%	1.49	15.56
邢台	0.67%	0.86%	0.49%	0.60%	0.57	13.71
邯郸	0.54%	2.36%	0.81%	0.97%	0.79	9.05

9.3.1.2 协调方面

在城市协调发展方面，本研究选取第三产业增加值占比、人均GDP水平和地区消费水平等指标说明京津冀区域协调发展现状。第三产业增加值占比可以说明区域经济结构的发展阶段，人均GDP水平和地区消费水平可以说明居民的经济状况和生活水平，如表9-11所示。

表9-11 京津冀城市协调发展情况

协调指标	第三产业增加值占比		人均GDP水平		地区消费水平	
	2010年	2021年	2010年	2021年	2010年	2021年
北京	0.78	0.82	2.54	2.27	2.79	2.95
天津	0.50	0.61	1.75	1.40	1.89	1.53
石家庄	0.41	0.60	1.08	0.71	0.69	0.72
承德	0.33	0.44	0.83	0.63	0.54	0.67
张家口	0.41	0.56	0.72	0.52	0.58	0.72
秦皇岛	0.47	0.51	1.01	0.73	1.05	0.77
唐山	0.32	0.37	1.91	1.32	1.28	0.88

续表

协调指标	第三产业增加值占比		人均GDP水平		地区消费水平	
	2010年	2021年	2010年	2021年	2010年	2021年
廊坊	0.35	0.60	1.01	0.80	0.76	0.88
保定	0.34	0.52	0.59	0.47	0.58	0.72
沧州	0.38	0.51	1.00	0.70	0.65	0.73
衡水	0.29	0.52	0.58	0.50	0.58	0.63
邢台	0.29	0.47	0.55	0.42	0.63	0.61
邯郸	0.33	0.44	0.83	0.54	0.63	0.74

2010～2021年京津冀区域的第三产业增加值占比均处于稳步增长态势，表明该地区经济发展较快，且经济结构逐渐向服务主导型经济转变。京津冀的人均GDP水平呈现出下降趋势，说明全国经济发展水平处于不均衡的状态，且京津冀经济发展水平与全国经济发展水平的差距在扩大。而大多数地区消费水平处于上升趋势，说明居民的物质生活水平在提高。

9.3.1.3 绿色发展方面

绿色发展是实现经济可持续发展的重要组成部分。本书选取空气质量优良率、绿化覆盖率和单位GDP能耗等指标说明京津冀绿色发展情况。绿化覆盖率和空气质量优良率可以说明生态环境的质量，单位GDP能耗可以说明经济发展与能源消费的关系。如表9-12所示，2013年的空气质量优良率较2010年急速下降，但此后至2021年期间处于缓慢上升趋势。2010～2021年北京、天津的绿化覆盖率均呈现增长趋势，河北省只有极少数城市有所下降。除沧州外，京津冀单位GDP能耗均逐年下降。这些指标均说明京津冀区域环境质量逐渐向好发展。

表9-12 京津冀城市绿色发展情况

绿色指标	空气质量优良率			绿化覆盖率		单位GDP能耗	
	2010年	2013年	2021年	2010年	2021年	2010年	2021年
北京	78.40%	48.22%	78.90%	45.00%	49.30%	0.43	0.18
天津	84.38%	39.73%	72.30%	32.10%	38.30%	0.89	0.53
石家庄	87.40%	11.78%	64.10%	40.92%	40.45%	1.49	0.72

续表

绿色指标	空气质量优良率			绿化覆盖率		单位 GDP 能耗	
	2010 年	2013 年	2021 年	2010 年	2021 年	2010 年	2021 年
承德	95.07%	68.22%	90.10%	38.37%	42.64%	1.63	0.34
张家口	91.30%	78.10%	88.20%	38.52%	40.98%	2.05	0.54
秦皇岛	97.30%	57.30%	79.50%	50.24%	41.20%	1.18	0.62
唐山	90.41%	29.04%	70.10%	46.00%	43.53%	2.37	1.65
廊坊	94.20%	34.10%	72.30%	47.15%	47.59%	0.86	0.47
保定	90.68%	20.00%	68.20%	44.69%	43.67%	0.97	0.43
沧州	94.24%	36.44%	73.20%	42.20%	43.42%	0.93	1.33
衡水	92.60%	19.18%	70.40%	40.89%	43.53%	0.94	0.60
邢台	93.15%	10.41%	67.10%	40.60%	42.12%	1.74	0.75
邯郸	89.32%	20.27%	67.10%	47.01%	45.62%	2.00	1.21

9.3.1.4 开放方面

本书选择以外资开放和外贸开放指标衡量京津冀区域对外开放现状。如表 9-13 所示，在 2010～2021 年期间京津冀城市整体的外资开放水平维持在 0.3 上下波动，外资开放水平相对稳定。在此期间，河北省的外贸开放水平变化较小，始终在 0.1～0.2 之间，而北京和天津外贸开放水平呈现下降态势，意味着对外贸易依赖程度有所降低，可能与"双循环"新发展格局有关，与之前相比更加注重经济的内循环以及外贸的质量。

表9-13 京津冀城市对外开放发展情况

开放指标	外资开放		外贸开放	
	2010 年	2021 年	2010 年	2021 年
北京	0.03	0.03	1.37	0.76
天津	0.11	0.02	1.60	0.61
石家庄	0.01	0.02	0.21	0.17
承德	0.01	0.01	0.02	0.01
张家口	0.01	0.02	0.02	0.03
秦皇岛	0.04	0.06	0.24	0.22
唐山	0.01	0.02	0.11	0.17

续表

开放指标	外资开放		外贸开放	
	2010年	2021年	2010年	2021年
廊坊	0.02	0.02	0.22	0.14
保定	0.02	0.02	0.18	0.09
沧州	0.01	0.01	0.05	0.09
衡水	0.01	0.01	0.17	0.14
邢台	0.01	0.02	0.10	0.09
邯郸	0.01	0.03	0.09	0.07

9.3.1.5 共享方面

共享的目的是实现社会资源的合理分配和利用，提高社会福利水平，推动人民共同繁荣发展。本研究选取公路交通覆盖率、人均公共图书馆藏量和城镇就业失业率等指标说明京津冀区域的共享发展现状，如表9-14所示。

表9-14 京津冀城市共享发展情况

共享指标	公路网密度		人均公共图书馆藏量		城镇就业失业率		
	2010年	2021年	2010年	2021年	2010年	2019年	2021年
北京	128.70	136.00	2.35	3.45	1.37%	1.30%	3.23%
天津	123.95	132.25	0.97	1.66	3.60%	3.50%	3.70%
石家庄	97.23	124.00	0.29	0.38	3.82%	3.20%	3.39%
承德	47.62	63.29	0.22	0.37	4.34%	3.32%	3.30%
张家口	52.29	63.84	0.27	0.43	4.31%	3.09%	3.14%
秦皇岛	11.02	11.53	0.31	0.65	3.76%	2.83%	2.98%
唐山	97.98	142.00	0.24	1.25	4.06%	2.61%	3.21%
廊坊	140.07	177.85	0.32	0.72	2.00%	1.61%	1.60%
保定	92.29	111.23	0.15	0.27	4.08%	3.73%	3.74%
沧州	92.49	123.82	0.11	0.44	4.24%	2.86%	3.50%
衡水	112.40	157.73	0.11	0.34	3.50%	3.20%	3.13%
邢台	110.47	171.67	0.13	0.39	3.80%	3.14%	3.20%
邯郸	114.82	163.43	0.15	0.29	4.00%	3.54%	3.30%

如表 9-14 所示，在 2010～2021 年期间的公路网密度和人均公共图书馆藏量均呈现上升趋势，京津冀城镇就业失业率在 2010～2019 年期间逐年下降，但可能由于经济环境的不景气，以及新型冠状病毒感染情况的出现，导致 2021 年城镇就业失业率较 2019 年有所上升。

9.3.2 京津冀城市区域高质量发展水平测度

9.3.2.1 样本选取及数据来源

因数据不易获取，本研究便以 2010～2020 年京津冀地区的地级市为研究对象。样本数据来源于 2011～2021 年的《中国城市统计年鉴》《北京统计年鉴》《天津统计年鉴》《河北统计年鉴》，以及河北省各城市的《统计年鉴》。

9.3.2.2 经济高质量发展指标体系构建

（1）评价指标体系构建的原则

京津冀城市经济高质量发展指标体系的构建依然需要具有合理性、层次性、实用性和对照性。

（2）评价指标体系的设计

根据城市经济高质量发展的研究现状，发现城市经济的高质量发展不仅表现为 GDP 增长率，还包括就业、收入水平、产业结构、环境保护等方面。因此，建立涵盖多方面的综合性指标体系，可以更全面、客观地反映城市经济的高质量发展水平。此外，对其发展水平的评价将有助于京津冀更好地制定政策，推动城市经济高质量发展。本书以经济高质量发展的内涵为基础进而构建指标体系。指标详细解释如表 9-15 所示。

①创新是区域经济高质量发展的推动力。本书选取 R&D 经费投入 /GDP、R&D 人员数、科学技术财政支出额 / 财政支出、地区发明专利拥有量 / 地区万人人口数等指标（杨国珍等，2023）衡量区域创新发展水平。R&D 经费投入 /GDP 和科学技术财政支出额 / 财政支出指标可以说明区域在科学研究和技术创新方面的投资水平，其指标值越高，意味着区域越注重科技发展，并具有较好的技术创新能力；R&D 人员数指标可以说明区域拥有的科研人员和技术专家，其指标值越高，意味着具备越好的研发能力；地区发明专利拥有量 / 地区万人人口数指标可以衡量区域的创新成果，其指标值越高，意味着区域具有较多的研究成果和较强的创新能力。

②协调是指协调区域的经济、社会和环境发展。本研究选取第三产业增加值 /GDP、第三产业产值 / 第二产业产值、地区人均 GDP/ 全国人均 GDP、地区居民

消费水平/全国居民消费水平等指标（熊晓娅，2022）说明区域的协调发展水平。第三产业增加值/GDP 和第三产业产值/第二产业产值指标可以反映出区域的现代化水平，其指标值越高，意味着经济越发达；地区人均 GDP/全国人均 GDP 和地区居民消费水平/全国居民消费水平指标可以衡量区域居民的生活水平。

表9-15　京津冀城市经济高质量发展指标体系

一级指标	二级指标	三级指标	衡量方式	单位	正负效应
经济高质量发展	创新	研发经费投入	R&D 经费投入/GDP	%	+
		研发人员投入	R&D 人员数	人年	+
		万人发明专利拥有量	地区发明专利拥有量/地区万人人口数	项	+
		科学技术财政支出水平	科学技术财政支出额/财政支出	%	+
	协调	产业结构	第三产业产值/第二产业产值	—	+
			第三产业增加值/GDP	%	+
		人均 GDP 水平	地区人均 GDP/全国人均 GDP	—	+
		地区居民消费水平	地区居民消费水平/全国居民消费水平	—	+
	绿色	环境质量	绿化覆盖率	%	+
			空气质量优良率	%	+
			二氧化硫排放量	吨	-
		资源消耗	单位 GDP 能耗	吨标准煤/万元	-
	开放	外资开放	实际利用外商直接投资额/GDP	万美元	+
		外贸开放	进出口总额/GDP	亿元	+
		人员开放	国际旅游收入/GDP	万美元	+
	共享	人均公共图书馆藏量	公共图书馆图书藏量/地区人口数	册	+
		每万人拥有卫生技术人员	卫生技术人员/地区万人人口数	人	+
		就业稳定	城镇登记失业率	%	-
		公路交通覆盖率	每万人拥有公共交通车辆	辆	+
		公路网密度	公路里程/区域土地面积	—	+

③绿色是推动可持续发展的基础。本研究选取绿化覆盖率和空气质量优良率（张震等，2019），二氧化硫排放量和单位 GDP 能耗（谢旭升等，2021）作

为衡量京津冀绿色发展水平的指标。绿化覆盖率、空气质量优良率和二氧化硫排放量等指标均能说明区域环境的整体水平；单位GDP能耗指标反映了单位产出所需的能源消耗量，其指标值越低，意味着该区域的经济发展更节能、环保。

④开放能够带来更多的资源、技术和人才，还能够提高城市的国际竞争力，并推动城市与全球经济的融合。本书选取实际利用外商直接投资额/GDP、进出口总额/GDP比重、国际旅游收入/GDP等指标（刘颜等，2023）衡量京津冀对外开放程度，其指标值越高，意味着区域对外开放水平越高。

⑤共享强调社会资源的共享利用和公平分配。本书以公共图书馆图书藏量/地区人口数、卫生技术人员/地区万人人口数、城镇登记失业率、每万人拥有公共交通车辆、公路里程/区域土地面积等指标（张震等，2019）反映京津冀区域的共享程度。公共图书馆图书藏量/地区人口数和卫生技术人员/地区万人人口数指标可以衡量区域的文化和卫生健康水平；城镇登记失业率可以反映出区域的社会稳定性；每万人拥有公共交通车辆和公路里程/区域土地面积指标可以衡量区域的基础设施建设水平和交通运输便捷程度，其指标值越高，说明该城市的交通运输越发达。

9.3.2.3 京津冀区域经济高质量发展水平评价

由于京津冀区域经济高质量指标体系中同样存在正负指标，因此本研究依旧遵循熵值法的计算步骤对京津冀经济高质量发展的指标体系进行测算。指标权重及综合评价结果如表9-16和表9-17所示。

表9-16 京津冀城市经济高质量发展指标权重

一级指标	权重	二级指标	权重
创新	0.3419	研发经费投入	0.0562
		研发人员投入	0.1395
		万人发明专利授权量	0.0782
		科学技术财政支出强度	0.0680
协调	0.1989	产业结构	0.0979
		人均GDP水平	0.0429
		地区居民消费水平	0.0581
绿色	0.0354	环境质量	0.0295
		资源消耗	0.0059

续表

一级指标	权重	二级指标	权重
开放	0.2221	外资开放	0.0398
		外贸开放	0.0849
		人员开放	0.0974
共享	0.2017	人均公共图书馆藏量	0.0869
		每万人拥有卫生技术人员	0.0139
		就业稳定	0.0276
		公路交通覆盖率	0.0573
		公路网密度	0.0160

根据表9-16指标权重结果，可以得出五大发展理念中权重排名最高的是创新，其余依次为开放、共享、协调、绿色。由此可以说明创新对京津冀区域经济高质量发展的评价更具有影响力。

表9-17 京津冀城市经济高质量发展水平评价结果

得分	2010年	2011年	2012年	2013年	2014年	2015年	2016年	2017年	2018年	2019年	2020年
北京	0.731	0.731	0.732	0.724	0.726	0.719	0.717	0.751	0.766	0.797	0.768
天津	0.472	0.485	0.514	0.522	0.539	0.551	0.512	0.494	0.439	0.431	0.436
石家庄	0.136	0.145	0.144	0.139	0.146	0.155	0.159	0.163	0.173	0.182	0.181
承德	0.094	0.118	0.110	0.101	0.103	0.108	0.127	0.132	0.144	0.148	0.159
张家口	0.084	0.079	0.091	0.088	0.097	0.108	0.095	0.123	0.124	0.131	0.138
秦皇岛	0.183	0.191	0.188	0.184	0.184	0.188	0.209	0.208	0.221	0.220	0.179
唐山	0.141	0.136	0.149	0.135	0.141	0.137	0.137	0.197	0.161	0.171	0.185
廊坊	0.143	0.148	0.146	0.140	0.148	0.161	0.178	0.176	0.197	0.206	0.207
保定	0.102	0.094	0.097	0.093	0.010	0.102	0.113	0.116	0.123	0.129	0.127
沧州	0.089	0.081	0.085	0.084	0.092	0.097	0.111	0.110	0.130	0.137	0.138
衡水	0.085	0.084	0.087	0.087	0.085	0.087	0.091	0.111	0.126	0.141	0.156
邢台	0.082	0.075	0.081	0.071	0.085	0.091	0.099	0.103	0.114	0.120	0.130
邯郸	0.090	0.086	0.090	0.096	0.103	0.098	0.109	0.107	0.120	0.126	0.134

根据表 9-17 评价结果，可以看出京津冀地区 2020 年经济高质量发展水平相较于 2010 年均有所变化，其中北京、石家庄、承德、张家口等 11 个城市 2020 年的经济高质量发展水平相比于 2010 年有所提升；而天津和秦皇岛两个城市 2020 年的经济高质量发展水平相比于 2010 年却有所下降。截止到 2020 年年底，京津冀地区经济高质量发展水平最高的是北京，高达 0.768，其次为天津、廊坊、唐山。以此说明北京的经济水平和质量在京津冀地区处于领先地位。天津经济高质量发展水平在 2010～2015 年期间呈现出逐年上升的趋势，而在 2016 年后开始逐年下降，根据对天津经济高质量发展现状的研究，其原因可能是对技术创新、科研人员投资力度的下降，从而使创新能力降低，以至于不能较好推动经济高质量发展。城市经济高质量发展水平除受经济水平影响外，还与其他因素有重要的关联，在河北省城市中尽管石家庄的经济水平较高，但经济高质量发展水平落后于经济水平稍低的廊坊，结合数据发现石家庄经济高质量发展的提高需要更加重视技术创新、对外开放以及环境质量等方面。

9.3.3　京津冀地区经济高质量发展水平空间趋势分析

为了更加直观地了解 2010～2020 年期间京津冀地区经济高质量发展水平的变化，本研究将京津冀城市经济高质量发展水平进行空间趋势分析。结果显示，京津冀地区中经济高质量发展水平较高的只占少数，并且随着时间的推移京津冀城市之间经济高质量发展水平差距逐渐拉大，到 2020 年经济高质量发展水平较低的城市反而增多，由原来的张家口、衡水、邢台增加至张家口、保定、沧州、邢台、邯郸。同时京津冀城市呈现出明显的空间集聚特征，表现为经济高质量发展水平较高的集聚在一起和经济高质量发展水平较低的集聚在一起。

9.3.4　小结

本节基于新发展理念探讨经济高质量发展。首先，从创新、协调、绿色、开放和共享等五方面对京津冀地区的发展现状展开分析；其次，由创新、协调、绿色、开放和共享等五个方面的 20 个指标构建了京津冀地区经济高质量发展指标体系，利用熵值法对其进行测算；最后，为了直观了解 2010～2020 年期间京津冀地区经济高质量发展水平的变化，运用 ArcGIS 软件进行了空间趋势分析。

9.4 数字经济发展水平测度

通过文献研究和变量间影响机制的理论分析，可发现物流发展水平与数字经济发展之间存在着密切联系。本节将通过构建变量的指标体系，并采用熵值法测算京津冀数字经济发展水平，为后文的空间计量模型变量设定和实证检验奠定基础。

9.4.1 指标选取与数据来源

9.4.1.1 指标体系构建

为了获得对数字经济发展的客观、全面评价，构建一个科学且合适的数字经济发展的综合评价指标体系尤为关键。在构建数字经济发展的综合评价指标体系时，本研究也遵循了科学性、全面性、层次性和可获取性的原则。

当前，数字经济的发展水平评价主要集中在省级层面，本书参考李杨（2023）、涂明程等（2023）学者的文献，结合当前京津冀地区数字经济发展的现状，选择了一系列能够准确反映区域数字经济实力和外部环境的关键指标。同时借鉴赵涛等（2020）将数字普惠金融指数融入数字经济指标体系，参照Tapscott Don（1996）的观点将电子商务作为数字经济发展的关键，采用电子商务交易额作为指标丰富地区层面的数字经济指标体系。本研究选取了数字经济基础设施、数字经济产业规模和数字普惠金融3个一级指标，包含6个二级指标。具体指标选取与解释如表9-18所示。

表9-18 京津冀城市数字经济发展水平评价指标体系

一级指标	二级指标	单位	编号	指标性质
数字经济基础设施	信息传输计算机服务和软件业用户数	人	A1	+
	互联网宽带接入用户数	万人	A2	+
	移动电话用户数	人	A3	+

续表

一级指标	二级指标	单位	编号	指标性质
数字经济产业规模	电信业务收入	万元	B1	+
	电子商务交易额	亿元	B2	+
数字普惠金融	北京大学数字普惠金融指数	—	C1	+

注　指标性质中，"+"代表正向指标，"—"代表负向指标。正向指标越大越好，负向指标反之。

（1）数字经济基础设施

任何行业的发展都离不开相关从业人员的努力，数字经济的进步与信息传输的计算机服务和软件行业紧密相关，因此 A1 指标能够有效地展示数字经济的成长状况。数字经济发展所依赖的基础设施构成了数字经济成长过程中的核心条件，数字经济发展与互联网宽带和移动电话密不可分，所以选择 A2 互联网宽带接入用户数和 A3 移动电话用户数两个指标代表数字经济的基础设施。

（2）数字经济产业规模

一个地区的数字经济发展水平可以通过其数字经济产业的规模来直观地反映。B1 指标电信业务收入直接反映该地区电子信息产业的发展规模。电子商务是数字经济与实体经济深度结合的显著成果，其交易额可以反映区域数字经济的产业规模，因此选择 B2 指标电子商务交易额。

（3）数字普惠金融

数字普惠金融基于数字技术，旨在为广大人群特别是那些传统金融服务难以覆盖的群体提供更方便、高效和低成本的金融服务。数字普惠金融是各阶层享受数字经济发展带来便利的直接体现。C1 指标北京大学数字普惠金融指数，包括数字金融覆盖广度、数字金融使用深度和普惠金融数字化程度三个分指标。

9.4.1.2　数据来源

与 9.3 一节相同，本节同样选取京津冀地区 13 个城市，2013～2020 年共八年的数据进行研究。

本研究中电子商务交易额数据来源于《中国电子商务报告》与中国统计局公布数据。北大普惠金融指数采用北京大学数字金融研究中心公布数据。其余数据均来自《中国城市统计年鉴》。个别缺失数据采用线性插值法填补。

9.4.2 京津冀地区数字经济发展水平测度结果

9.4.2.1 指标权重

根据熵权-TOPSIS法计算步骤编写MATLAB程序，先利用熵权法计算得出京津冀地区数字经济发展评价指标的权重，各指标的权重结果见表9-19和图9-5。

表9-19 京津冀区域城市数字发展水平评价指标权重

年份	数字经济基础设施			数字经济产业规模		数字普惠金融
	信息传输计算机服务和软件业人数	互联网宽带接入用户数	移动电话用户数	电信业务收入	电子商务交易额	北京大学数字普惠金融指数
2013	0.357	0.108	0.118	0.191	0.134	0.093
	0.582			0.325		0.093
2014	0.332	0.145	0.127	0.195	0.159	0.041
	0.604			0.355		0.041
2015	0.314	0.141	0.111	0.205	0.159	0.069
	0.567			0.364		0.069
2016	0.343	0.073	0.110	0.230	0.164	0.079
	0.526			0.395		0.079
2017	0.355	0.069	0.123	0.231	0.133	0.088
	0.547			0.365		0.088
2018	0.348	0.085	0.116	0.198	0.146	0.107
	0.549			0.343		0.107
2019	0.367	0.068	0.121	0.143	0.141	0.160
	0.555			0.284		0.160
2020	0.354	0.088	0.117	0.207	0.135	0.100
	0.559			0.341		0.100
均值	0.346	0.097	0.118	0.561	0.146	0.092
	0.561			0.346		0.092

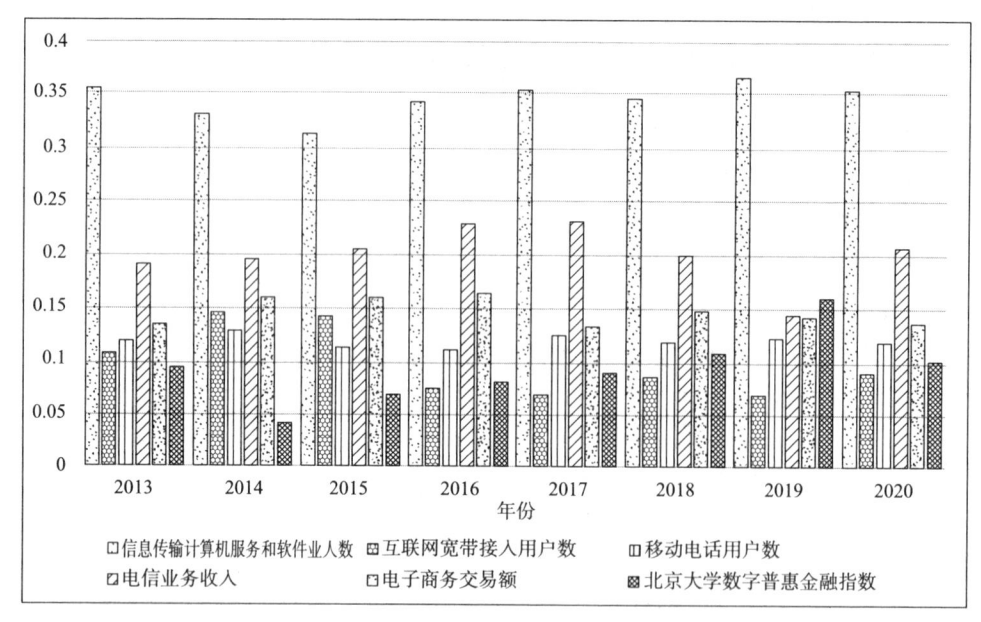

图 9-5 京津冀区域城市数字经济发展水平评价指标权重结果图

从表 9-19 可以看出，京津冀地区数字经济发展水平评价体系中数字经济基础设施所占比重最大，数字经济产业规模、数字普惠金融所占比重最小。由于权重大小与指标选取数量成正比，所以本书只讨论一级指标所包含的二级指标的权重，不讨论一级指标权重。

①数字经济基础设施中，八年来从业人数所占比重最大，反映出从业人数对数字经济的作用最大。网络设备上，移动电话用户数所占权重大于互联网宽带接入人数。由此可以看出，数字经济对移动设备要求要高于互联网宽带。

②数字经济产业规模中，电信业务收入所占比重最高，该指标反映以互联网计算机、金融、电子商务等的总交易量，对数字经济产业有重大影响。电子商务占比较小，说明其只是数字经济的一部分，对数字经济发展影响有限。

③整体来看，数字普惠金融在各项指标中所占权重最小，说明其对数字经济贡献程度较低。这可能是因为当前数字普惠金融虽已取得一定成绩，但仍有不足，京津冀区域内存在不少享受不到数字金融服务的对象。

9.4.2.2 基于 TOPSIS 法计算京津冀地区数字经济发展水平

根据上一节熵权法得到的各指标权重，本节将利用 TOPSIS 法分别计算京津冀各地区的数字经济发展水平，具体计算结果见图 9-6。

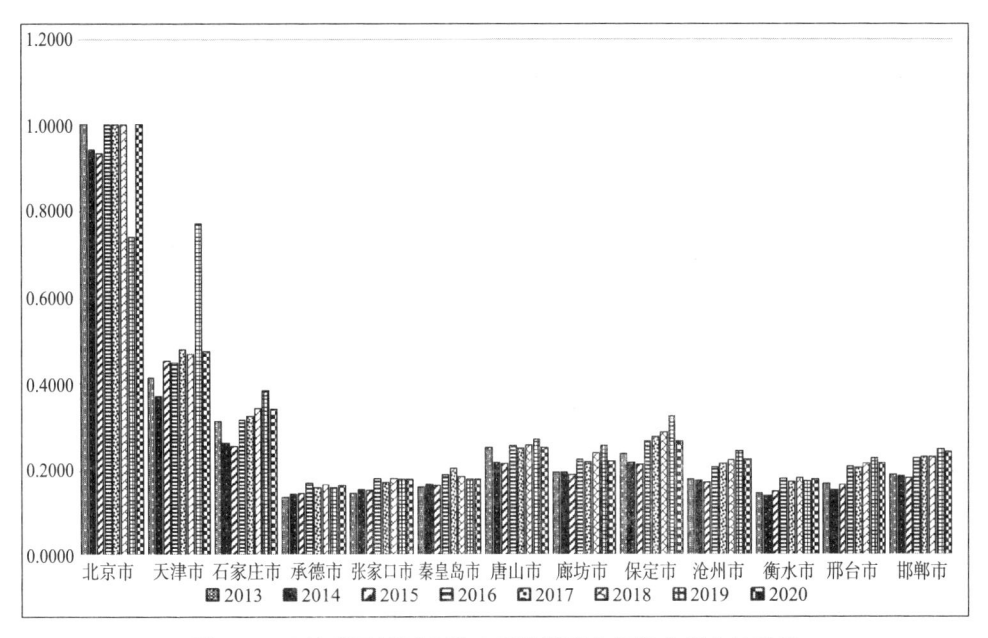

图 9-6　京津冀区域城市数字经济发展水平综合得分结果图

由图 9-6 可以看出，京津冀区域内部数字经济发展存在不平衡。2013～2020 年京津冀区域内北京和天津两地数字经济发展水平高于河北地区。其中北京市数字发展水平明显高于其他地区。河北省内石家庄市、秦皇岛市、唐山市、廊坊市、保定市数字经济发展水平相对较高；承德市、张家口市、沧州市、衡水市、邢台市、邯郸市数字经济发展水平较低。

北京拥有我国最多顶尖权威的数字经济研究队伍和平台，相关从业人员也处于区域最高，同时北京还拥有最好的基础设施，所以其数字经济发展水平处于京津冀最高水平。天津市数字经济发展尽管与北京还有较大差距，但仍显著高于河北省各地市。

河北省内除省会石家庄市的数字经济发展水平较高外，其他城市都处于较低水平。从评价指标来分析，河北省内各市从业人员数量较少，这可能是由于信息传输计算机服务和软件业从业人员一般具备较高学历，对工作条件要求较高，而相对于北京、天津两个直辖市，河北省内给出的条件难以满足从业人员要求，导致人才流失。同时京津冀区域内河北经济较为落后，数字产业基础设施相对不够完善，产业规模也难以与北京、天津相媲美，所以整体数字经济发展水平较低。石家庄作为省会城市无论是经济发展水平还是对人才的吸引力都比省内其他城市高，所以其数字经济发展水平处于省内前列。承德市、张家口市、衡水市、邢台市在省内经济发展落后，基础设施难以满足数字经济高速发展需求，同时这些城市均为人口流出城市，对人才吸引力不足，使其数字经济发展水平较低。

从图 9-7 来看，北京市数字经济发展水平尽管存在波动，但 2013～2020 年总体水平保持不变，在其水平最低时仍远高于其他地区。天津市数字经济发展水平八年间大致呈上升趋势。河北省内各市也基本处于上升趋势，其中石家庄市 2020 年数字经济水平较 2013 年比略有下降。

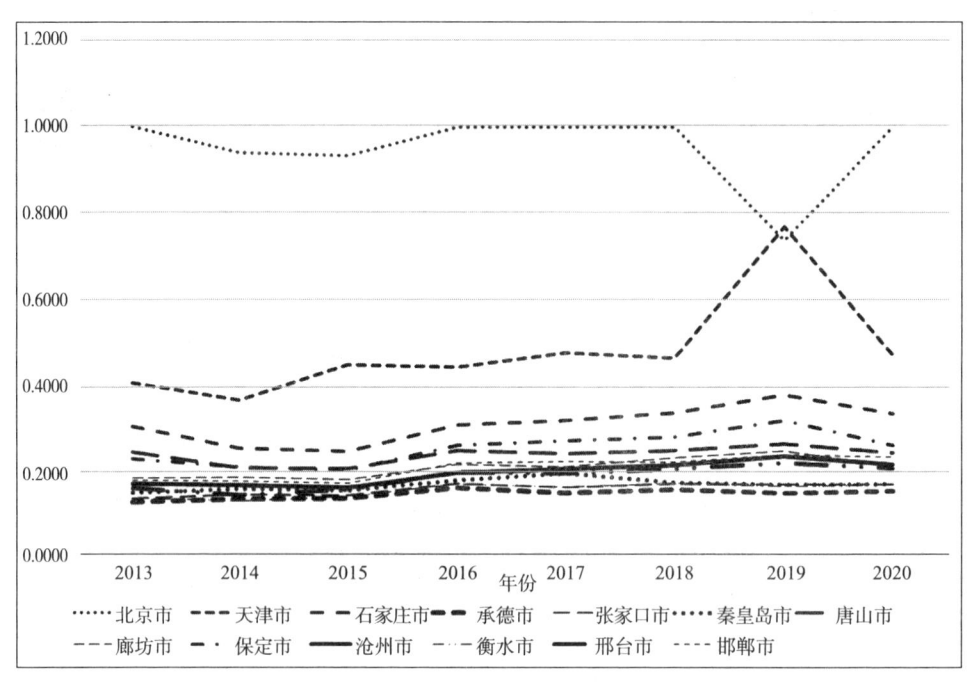

图 9-7　京津冀区域数字经济发展水平综合得分变化趋势

9.4.3　小结

本节对京津冀地区数字经济发展水平进行评价。首先，考虑京津冀数字经济现状，依据指标选取原则进行了评价指标选取，并说明了指标选取依据及数据来源。其次，利用熵权-TOPSIS 法对京津冀地区数字经济发展水平进行综合评价，并就评价结果进行分析，为后文分析港口群腹地物流对电子商务发展的空间影响研究奠定基础。

9.5 区域物流发展水平测度

本书第 2 章对京津冀地区物流发展现状作了分析，为了更好地了解京津冀地区物流业的发展状况，需要对京津冀各市的物流发展水平进行客观的评价。本节采用熵权-TOPSIS 法对京津冀各市物流发展水平进行综合评价。

9.5.1 指标选取与数据来源

9.5.1.1 指标体系构建原则

在选择适用于京津冀地区物流发展水平评价指标时，须遵循以下几点原则。

（1）科学性原则

物流发展水平要能衡量区域物流综合能力，在选择评价指标时，首先要确保研究指标与研究目标相切合；其次，要考虑京津冀地区物流业客观现状，使指标能客观地反映京津冀区域物流发展水平，排除主观干扰。

（2）全面性原则

评价指标的选择存在多种方法，不同的指标选择可能导致不同的评价结果。由于物流业是一个综合多个领域的复杂行业，因此在评估京津冀物流业发展水平时，需要谨慎选择指标，以尽可能全面地反映其真实情况。此外，需要考虑指标之间的相互关系，避免盲目选取指标。

（3）层次性原则

在构建京津冀物流发展评价指标体系时，指标的选择应具备分层次性，即将指标划分为不同级别，并根据实际情况确定各级指标的结构。通过构建这种层次性的评价指标体系，可以有效避免在指标选择过程中出现重复或冗余的情况。

（4）可获取性原则

京津冀地区包括多个城市，这些城市跨越多个行政辖区。在评估该地区的物流发展水平时，需要慎重选择评价指标，以确保综合考虑各地区的状况，避免选择那些无法获得数据支持的指标，从而保持评估的实际意义。因此，在选择评价指标时，必须确保可以通过可靠的数据来源获取相关数据，例如城市年鉴、统计公告以及各级统计局等官方渠道。这样可以保证评价过程的可行性，同时也增强了数据的可信度，使评价更具研究价值。

9.5.1.2 指标体系构建

很多学者对区域物流业发展水平评价指标体系已经进行了一些研究。从现有文献来看，本书参照杨宏伟、马光霞等的研究从物流经济基础、物流发展实力、物流发展规模三个方面来构建物流业综合发展水平评价指标体系。其中物流经济基础包括铁路营业里程、公路营业里程、全社会固定资产投资占 GDP 比重、人均 GDP；物流发展实力包括每万人快递数、邮电业务总量、货运周转量、人均载货汽车拥有量等。从物流发展规模、物流基础设施两方面构建物流产业发展水平测度指标，包括货运量、客运量、物流业增加值、民用汽车拥有量、物流业从业人员数等。

通过对物流产业评价指标体系相关文献梳理，结合京津冀地区物流业实际发展情况，构建京津冀地区物流业评价指标体系。目的是了解和掌握目前京津冀物流产业发展现状，为后文的空间效应分析打下基础。本书从物流基础设施、物流产业规模、区域经济基础 3 个方面选取指标。物流基础设施是支撑物流活动的基础，包括交通运输、仓储设施等。选择物流基础设施是因为充足、高效的基础设施对物流运作至关重要，直接影响物流效率和成本。物流产业规模是一个地区物流活动的整体规模和经济贡献的体现。物流产业规模反映了物流业在一个地区经济体系中的规模和贡献。较大规模的物流产业通常意味着更多的从业人员、更多的企业投资和更高的产值，从而为地区经济作出显著的贡献。评价一个地区物流水平时，考虑物流产业的规模有助于直观地了解其对经济的影响。区域经济基础是评价物流需求的重要因素，物流活动往往与区域经济密切相关。选择区域经济基础是为了更全面地理解物流活动与地区经济之间的关系。具体指标选取如表 9-20 所示。

表9-20　京津冀城市物流发展水平评价指标体系

一级指标	二级指标	单位	编号	指标性质
物流基础设施	公路通车里程	公里	A1	+
	民用汽车拥有量	辆	A2	+
	固定资产投资	亿元	A3	+
	物流从业人数	人	A4	

续表

一级指标	二级指标	单位	编号	指标性质
物流产业规模	货运周转量	万吨公里	B1	+
	货运总量	万吨	B2	+
	物流业生产总值	亿元	B3	+
	邮政业务总量	万件	B4	+
区域经济基础	地区生产总值	亿元	C1	+
	人均地区生产总值	元	C2	+

注　指标性质中，"+"代表正向指标，"－"代表负向指标。正向指标越大越好，负向指标反之。

（1）物流基础设施

A1指标为公路通车里程，公路是物流运输的主要方式，公路通车里程越大，该地区的货运能力相应也越强。A2指标为民用汽车拥有量，货物运输离不开载货汽车，汽车数量的多少决定了区域物流运输能力和效率等。A3指标为物流业固定资产投资，投资的多少反映了各地对物流产业的重视程度。投资越多对物流业的发展正向影响越大。A4指标为物流业从业人数。物流行业从业人员是指直接或间接参与各种物流工作环节的个体，包括运输、配送、采购、销售等不同职能领域的从业者。通过研究物流行业从业人数这一指标，能够了解到在特定地区第三产业所创造的就业机会数量，进一步深入研究该地区物流产业的发展活力。

（2）物流产业规模

B1指标为货运周转量，它是指在特定时间段内，货物的实际数量与其运输距离的乘积之和。在城际运输中，货运周转量反映了物流环节的复杂性，是衡量地区货运能力的基础性指标。B2指标为货运总量，它突显了物流运输作为主要方式的重要性。货运总量反映了区域物流行业的发展速度，可作为评估物流能力的重要参考指标。B3指标为物流业生产总值，它代表了一定时间内区域内物流业所生产的全部最终产品的市场价值。该指标的大小可以作为评价地区物流能力的有效指标。B4指标是邮政业务总量，用于量化邮政企业在特定时间段内为社会提供的各种类型的邮政通信或其他服务的整体规模。这一指标展示了邮政物流业务在特定时间段内的整体发展状况。

(3) 区域经济基础

C1 指标为地区生产总值，它提供了一个直观的方式来量化地区经济的发展规模，并准确地展现了该区域的经济现状。作为第三产业的一部分，物流业构成了社会经济体系的一个关键环节。C2 指标为人均生产总值，它纳入了人口因素，相对于生产总值，它更准确地展现了一个地区的经济增长状况。

本研究选取京津冀地区 13 个市（北京市、天津市、石家庄市、承德市、张家口市、秦皇岛市、唐山市、廊坊市、保定市、沧州市、衡水市、邢台市、邯郸市），2013~2020 年共八年的数据进行研究。

9.5.1.3　数据来源

鉴于数据的可得性和准确性，本研究选取数据主要来源于三个方面。一是各省市的统计年鉴以及各地级市国民经济和社会发展统计公报、《中国交通运输统计年鉴》《中国物流年鉴》《中国城市统计年鉴》。二是 EPS 数据库和前瞻数据库。三是参考其他文献资料中的相关数据。对于个别地区的年度缺失数据，采用线性插值法填补。

9.5.2　京津冀地区物流发展水平测度结果

9.5.2.1　指标权重

根据熵权-TOPSIS 法计算步骤编写 MATLAB 程序，先利用熵权法计算得出京津冀地区物流发展评价指标的权重，各指标的权重结果见表 9-21 及图 9-8。

从表 9-21 可以看出，京津冀地区物流发展水平评价体系中物流产业规模所占比重最大，物流基础设施其次，区域经济基础所占比重最小。由于权重大小与指标选取数量成正比，所以本书只讨论一级指标所包含的二级指标的权重，不讨论一级指标权重。

①物流基础设施中，八年来从业人数所占比重最大，反映出从业人数对物流基础设施的作用最大，公路通车里程的权重最小，表示其对物流基础设施贡献最小，汽车保有量介于二者之间。物流业作为劳动密集型行业，人力资源直接反映了物流基础的强弱。汽车作为重要的货运工具，其数量也能很好地体现物流基础设施的水平。由于物流运输途径多样，且汽车载货未必行驶在公路上，故公路通车里程所占比重相对较小。

②物流产业规模中，邮政业务总量所占比重最高，该指标反映以邮政、快递物流、金融、电子商务等的总交易量，对区域物流产业有重大影响。货运总量所占比重最小，说明其不是影响物流产业规模的主要因素。其余三项指标权

重反映了固定资产投资、物流业生产总值、货运周转情况，它们对物流产业规模有较大影响。

表9-21 京津冀区域物流发展水平评价指标权重

年份	物流基础设施			物流产业规模					区域经济基础	
	公路通车里程	民用汽车拥有量	从业人数	固定资产投资	物流业生产总值	货运周转量	货运总量	邮政业务总量	地区生产总值	人均地区生产总值
2013	0.029	0.109	0.193	0.074	0.093	0.117	0.064	0.123	0.130	0.069
	0.311			0.470					0.199	
2014	0.027	0.089	0.192	0.075	0.078	0.086	0.063	0.140	0.209	0.041
	0.308			0.442					0.250	
2015	0.029	0.082	0.207	0.097	0.093	0.078	0.061	0.141	0.141	0.071
	0.317			0.471					0.212	
2016	0.028	0.080	0.211	0.098	0.090	0.074	0.066	0.135	0.146	0.073
	0.319			0.462					0.219	
2017	0.050	0.069	0.212	0.097	0.091	0.067	0.062	0.119	0.150	0.083
	0.330			0.436					0.234	
2018	0.071	0.058	0.198	0.082	0.097	0.058	0.057	0.152	0.147	0.080
	0.326			0.446					0.227	
2019	0.028	0.066	0.211	0.078	0.087	0.066	0.068	0.145	0.161	0.090
	0.305			0.444					0.251	
2020	0.029	0.075	0.230	0.059	0.078	0.069	0.068	0.131	0.167	0.092
	0.334			0.407					0.259	
均值	0.036	0.078	0.207	0.083	0.088	0.077	0.064	0.136	0.156	0.075
	0.321			0.447					0.231	

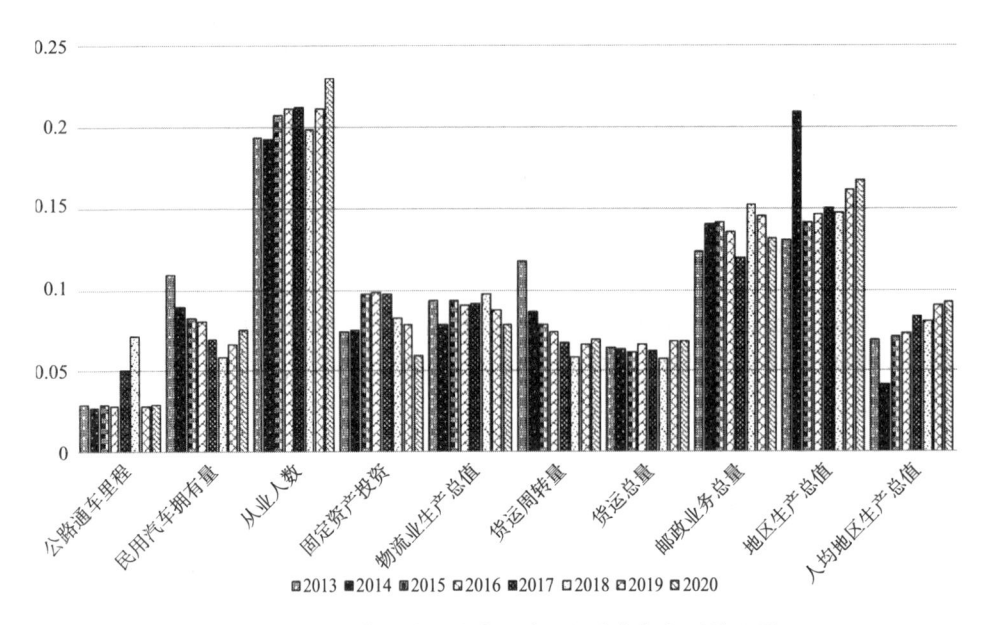

图 9-8　京津冀区域物流发展水平评价指标权重结果图

③区域经济基础中，包含 GDP 和人均 GDP 两项指标，其中 GDP 权重较大，说明 GDP 更能反映区域的经济水平，人均 GDP 更多的是从个人角度反应经济水平而非区域整体。

9.5.2.2　基于 TOPSIS 法计算京津冀区域物流发展水平

根据上一节熵权法得到的各指标权重，本节将利用 TOPSIS 法计算京津冀各地区的物流发展水平，具体计算结果见图 9-9 所示。

由图 9-9 可以看出，2013～2020 年京津冀区域内北京和天津物流发展水平较高，河北省整体物流发展水平较低。河北省内除石家庄市与唐山市外，其余各市物流发展水平均较低，其中衡水市最低。

北京不仅是全国的首都，也是北方城市经济发展的龙头，其物流发展也位居区域之首。但遗憾的是，北京似乎没有起到一线城市辐射周围城市的作用，除直辖市天津外，与北京接壤的河北省城市物流发展水平均处于较低状态。究其原因，可能是北京作为大城市对周边地区的虹吸效应，使人力与经济资源向北京聚集，影响了河北城市的发展。天津作为北方第二大直辖市，也是京津冀区域最大的出海口，得益于其优越的地理位置，物流发展水平也较高。

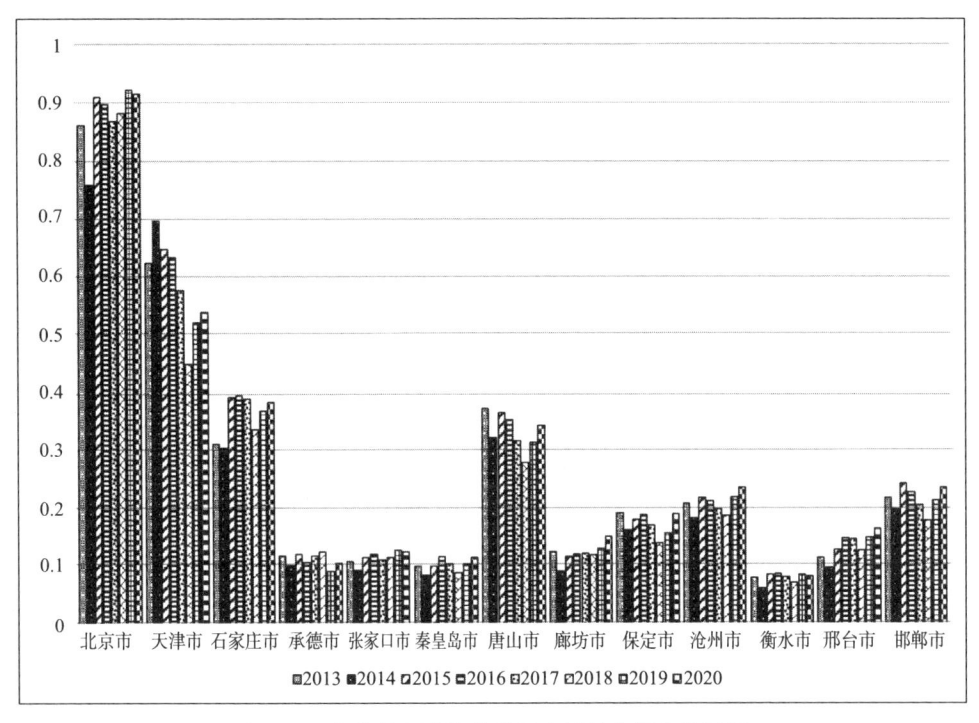

图 9-9　京津冀区域物流发展水平综合得分结果图

河北省内物流发展水平最高的 3 个城市分别是石家庄市、唐山市和邯郸市。石家庄作为河北省会，一是作为政治中心、决策中心，可以获得更多的政策和资源倾斜。二是交通便利，四通八达，是省内重要的铁路、航空、公路交通枢纽。同时也利用其竞争上的优势，吸引邻近城市的众多人力和物资资源发展自身。石家庄的物流发展水平省内最高。唐山市是河北省经济龙头，同时拥有省内最大的港口，其物流发展也较高。邯郸市位于晋冀鲁豫四省的交界处，正好处于中原经济区的中心位置，是该地区唯一的大型城市。与石家庄、太原、济南和郑州这四个省会城市的距离都大约是 200 公里，因此邯郸市是冀南地区的一个关键交通节点，因此它的物流发展状况也相当出色。

衡水市经济发展欠佳，物流产业规模较小，且物流基础设施较差，同时西部与石家庄市接壤，容易受到石家庄的虹吸效应影响。上述各种原因导致衡水市物流发展水平成为京津冀区域最低。

由图 9-10 可以看出，2013~2020 年北京的物流发展水平整体呈现上升趋势，天津在 2013~2018 年出现下降，2018 年开始回升。河北省内大部分城市物流发展水平为上升趋势，唐山市在2018年前为下降趋势，2018年后开始上升。

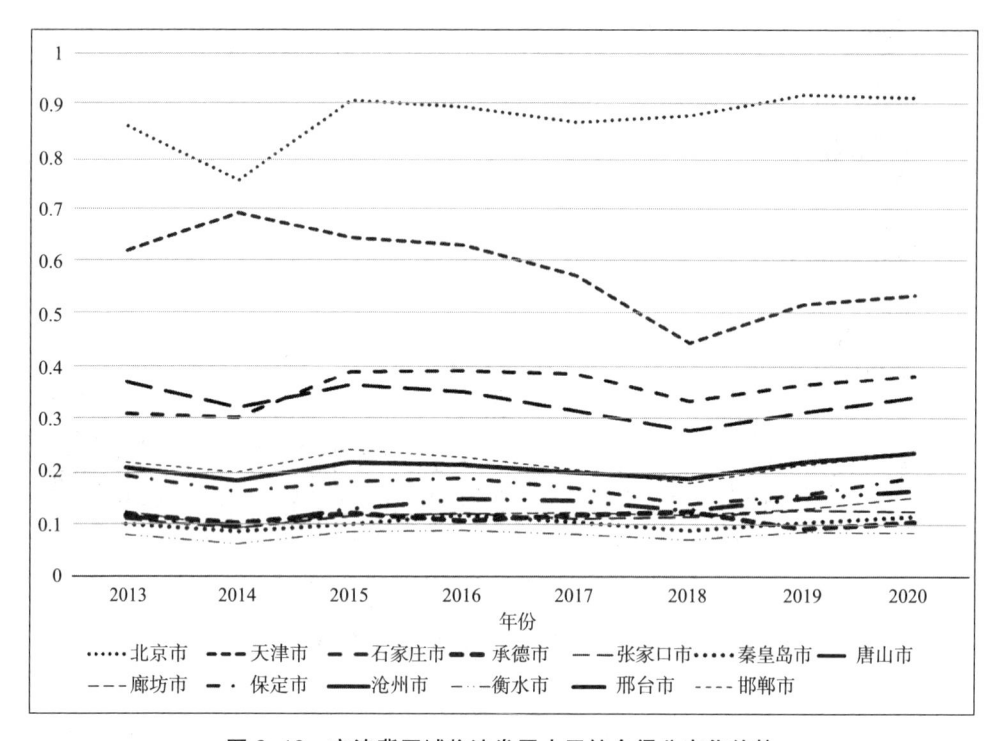

图 9-10 京津冀区域物流发展水平综合得分变化趋势

9.5.3 小结

本节对京津冀地区物流发展水平进行评价。首先考虑京津冀城市物流现状，依据指标选取原则进行了评价指标选取，并说明了指标选取依据及数据来源。其次利用熵权-TOPSIS法对京津冀地区物流发展水平进行综合评价，为后文分析港口群腹地物流对电子商务发展的空间影响研究奠定基础。

第10章 港口物流对腹地经济高质量发展的影响——以京津冀为例

10.1 变量选取与数据来源

10.1.1 变量选取

（1）被解释变量

京津冀地区经济高质量发展水平。经济高质量发展是综合性变量，为了更全面系统地了解京津冀经济高质量发展状况，本书在第9章构建并测算了京津冀地区经济高质量发展水平综合指数，因此便以第9章京津冀地区经济高质量发展水平综合指数作为被解释变量。

（2）解释变量

京津冀港口物流发展水平。本书在第9章构建并测算了京津冀港口物流发展水平综合指数，因此便以第9章京津冀港口物流发展水平综合指数作为解释变量。

（3）控制变量

京津冀地区经济高质量发展除了受到港口物流因素的影响外，还会有其他因素的影响，因此根据现有文献的研究，本书将财政支出水平、教育水平和资本投入水平选作控制变量。

①财政支出水平。政府财政在基础设施建设、技术创新、生态环境等方面的投入，可以推动区域的创新、就业和经济等方面的变化。李光龙等（2019）以长江经济带的城市证实了财政支出可以显著促进经济高质量发展。李涛等（2021）以国家贫困县为例，证明财政支出能够对经济高质量发展产生积极

影响。本书以政府财政支出占地区生产总值比重表示财政支出水平（王倩倩，2023）。

②教育水平。教育可以为区域提供优秀的人力资源，进而推动更多科技的进步和创新，最终能够推动区域产业的升级和转型。朱新或等（2021）以我国31个省份为研究对象，证实经济高质量发展水平会随着教育水平的提高而提高。张鸿帅等（2022）研究证明人力教育资本能够显著正向影响经济高质量发展。本书将以平均每万人高校在校学生人数表示教育水平（邹国良，2022）。

③资本投入水平。固定资产投资总额是衡量区域资本投入水平的重要指标，高水平的资本投入可以促进区域产业的升级和创新能力的提升。苏斌等（2023）证实固定资产投资对地区的经济高质量发展具有一定的促进作用。汪少贤（2023）得出固定资产投资水平的提高能够改善经济高质量发展。本书将以固定资产投资总额占地区生产总值比重表示资本投入水平（苏斌等，2023）。

10.1.2 数据来源

以上控制变量数据来源于2011～2021年的《中国城市统计年鉴》《北京统计年鉴》《天津统计年鉴》《河北统计年鉴》。

变量及描述性统计分析见表10-1。

表10-1 变量及描述性统计分析

变量名称	符号	样本量	均值	标准差	最大值	最小值
经济高质量发展水平	HQD	143	0.204	0.187	0.797	0.071
天津港发展水平	JPL	143	0.789	0.084	0.884	0.604
唐山港发展水平	TPL	143	0.401	0.103	0.548	0.214
秦皇岛港发展水平	QPL	143	0.149	0.017	0.174	0.120
黄骅港发展水平	HPL	143	0.138	0.047	0.203	0.05
财政支出水平	FIN	143	0.186	0.062	0.402	0.074
教育水平	EDU	143	219.014	166.378	580.543	33.714
资本投入水平	INV	143	0.835	0.241	1.299	0.222

10.2 空间计量模型选择

首先，需要建立空间权重矩阵进行全局和局部空间相关性检验，以确定是否能够构建空间计量模型。其次，在确定变量具有空间相关性后，通过 LM、RLM 检验和判别准则初步选定模型。再次，依据 Wald 检验与 LR 检验判断模型的适用性。最后，结合 Hausman 检验选择最终的空间计量模型。

10.2.1 空间权重矩阵

构建空间权重矩阵是空间相关性检验的必要条件。而空间权重矩阵包含了相邻权重矩阵和距离权重矩阵两种类型。在距离权重矩阵中，距离可以是观测单元之间的地理距离，也可以是两者之间经济上的距离，还可以将地理上和经济上的距离结合考虑。

本书选择构建经济地理距离权重矩阵，其构建原理是将经济距离权重矩阵和地理距离权重矩阵两者相乘。构建经济地理距离权重矩阵可以更准确地刻画地理空间上的经济联系，因为经济活动往往与地理位置密切相关。相比于只考虑地理距离或经济距离，经济地理距离能够更全面地反映不同地区之间的相互作用和联系，从而提高实证分析的精确度和可靠性。

地理距离权重矩阵公式如下：

$$W = \begin{cases} 0, & i = j \\ \dfrac{1}{d_{ij}^2}, & i \neq j \end{cases} \quad (10\text{-}1)$$

其中，i 和 j 代表地区，d_{ij} 是由两个观测地区的经纬度计算出的地理距离。

经济距离权重矩阵公式如下：

$$W = \begin{cases} 0, & i = j \\ \dfrac{1}{\left|\overline{Y_i}\right| - \left|\overline{Y_j}\right|}, & i \neq j \end{cases} \quad (10\text{-}2)$$

其中，$\overline{Y_i} = \sum_1^T \frac{Y_n}{T}$ 表示 2010~2020 年 i 地区的平均经济发展水平，本书采用人均 GDP 指标代表地区平均经济发展水平。

经济地理复合权重矩阵公式如下：

$$W = \begin{cases} 0, & i = j \\ \dfrac{1}{d_{ij}^2 \times \left| \overline{Y_i} - \overline{Y_j} \right|}, & i \neq j \end{cases} \quad （10\text{-}3）$$

10.2.2 空间相关性检验

建立空间计量模型的前提条件是观测对象具有空间相关性。空间相关性表现为空间依赖性与空间异质性，判断观测对象的具体表现形式，需要进行空间相关性检验。其检验既需要对空间滞后也需要对空间误差展开相关检验，而 Moran's I 检验、Geary 检验是目前提出包含空间滞后和空间误差最普遍的检验方法。

本书选择 Moran's I 检验被解释变量地区经济高质量发展水平的空间相关性。Moran's I 分为整体性的全局莫兰指数和针对不同地区或位置的局部莫兰指数。全局莫兰指数体现的是京津冀整体经济高质量发展的空间相关性以及聚集趋势。局部莫兰指数则是体现京津冀地区内本城市和周边城市经济高质量发展的空间集聚状况，以此反映出京津冀区域之间经济高质量发展的集聚模式。

全局 Moran's I 指数计算公式如下：

$$I = \frac{\sum_{i=1}^{n} \sum_{j=1}^{n} W_{ij}(HQD_i - \overline{HQD})(HQD_j - \overline{HQD})}{S^2 \sum_{i=1}^{n} \sum_{j=1}^{n} W_{ij}} \quad （10\text{-}4）$$

局部 Moran's I 指数计算公式如下：

$$I = \frac{(HQD_i - \overline{HQD})}{S^2} \sum_{i=1}^{n} W_{ij} \frac{(HQD_j - \overline{HQD})}{S} \quad （10\text{-}5）$$

其中，$S^2 = \frac{1}{n}(\sum_{i=1}^{n} HQD_i - \overline{HQD})^2$，$\overline{HQD} = \frac{1}{n}\sum_{i=1}^{n} HQD_i$，$HQD_i$、$HQD_j$ 分别是京津冀港口群腹地第 i、j 个地区的经济高质量发展指数，n 为观测地区数量，W 为空间权重矩阵，S^2 为方差，$\overline{HQD}$ 为均值。

全局 Moran's I 指数呈现正负相关性。数值大于 0 且接近 1，说明数值表现为相似值，呈现正相关；相反，数值小于 0 且接近 -1，则说明数值差异较大，呈现负相关；而数值等于 0 表示在空间上没有明显的相关性。局部 Moran's I 指数大于 0，表示观测对象与邻近观测对象具有相似的特征，处于高—高或低—低集聚模式；相反，则处于高—低或低—高集聚模式。

（1）全局空间相关性检验

根据经济地理权重矩阵测算出的京津冀地区经济高质量发展的莫兰指数结果如表 10-2 所示。

表10-2 2010～2020年京津冀区域经济高质量发展的Moran's I指数

年份	经济高质量发展	
2010	0.128*	(0.089)
2011	0.123**	(0.047)
2012	0.135**	(0.023)
2013	0.121**	(0.033)
2014	0.113	(0.101)
2015	0.079	(0.102)
2016	0.061	(0.127)
2017	0.130*	(0.068)
2018	0.124***	(0.009)
2019	0.115***	(0.010)
2020	0.107**	(0.026)

注 ( ) 内为统计量 P 值，***、**、* 分别表示 1%、5%、10% 的显著性水平。

根据表 10-2 可知，京津冀地区经济高质量发展的莫兰指数均落在 [-1, 1] 范围内，但 2010 年至 2020 年检验统计量 P 值显著性表现并不相同。在 2014～2016 年期间，区域经济高质量发展未通过显著性检验，而其他年份在 10% 的显著性水平下通过检验，可以说明京津冀地区的经济高质量发展水平呈现出了空间集聚和自相关特征。2014～2016 年期间区域经济高质量发展不显著的原因可能是当时经济不景气，导致地区经济增速减缓，再加上这一时期京津冀协同发展还存在较多问题，如无序竞争、产业合作不够紧密、资源分布不协调等，造成地区间经济的差异逐渐扩大，从而使京津冀地区经济高质量发展在空间上未能形成集聚。

（2）局部空间相关性检验

为了更加清楚地了解京津冀地区的局部相关性及集聚模式，本书基于全局莫兰指数结果，绘制了城市经济高质量发展的莫兰散点图，并以2010年为参照，选择发生显著变化的年份，其中包括2012年、2017年和2020年，如图10-1所示。

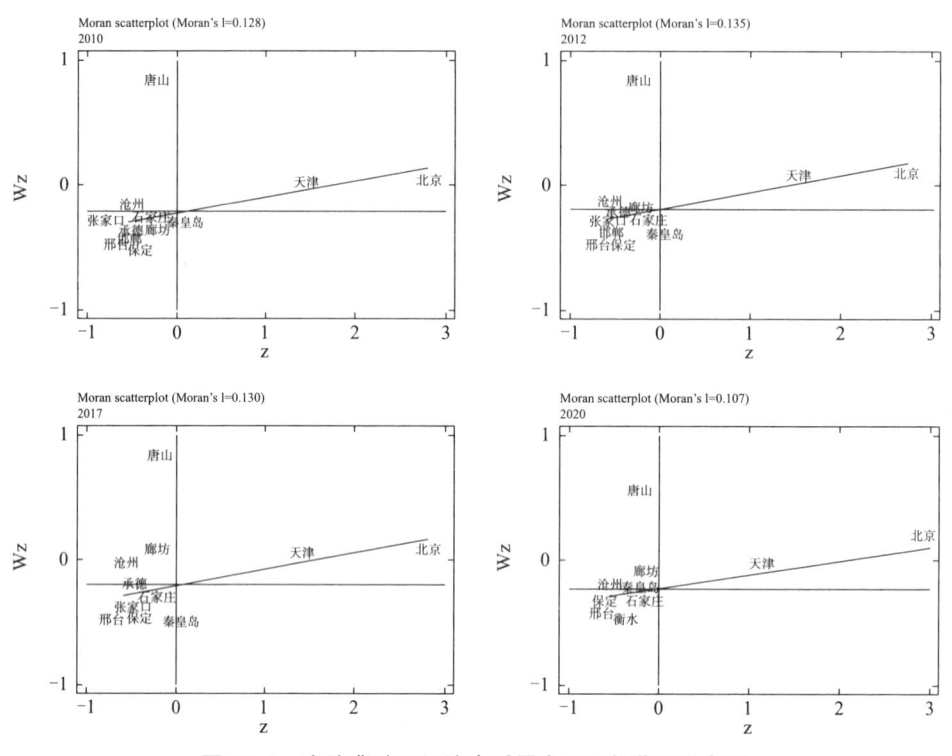

图 10-1 京津冀地区经济高质量发展局部莫兰散点图

由莫兰散点图可知，第一和第三象限包含了京津冀85%的城市，说明京津冀大部分地区的经济高质量发展水平呈现正向的空间自相关效应。2010～2020年，第一象限（H-H）聚集的城市一直是北京和天津，表明北京和天津属于经济高质量发展水平高的城市，主要是北京与天津在地理距离和经济距离上都较为相近，而且天津属于沿海地区，在经济发展方面占据有利条件。第二象限（L-H）属于京津冀城市中经济高质量发展水平相对较低的城市与发展水平相对较高的城市相邻，在此期间集聚的城市有所变动。其 2010 年和 2012 年占比达 15% 左右，城市只有唐山和沧州，2017 年占比最高达 23%，包含唐山、沧州、廊坊三个城市，到 2020 年集聚的城市变为唐山和廊坊。唐山、廊坊、沧州等地区在地理距离上与经济高质量发展水平高的北京、天津相邻。第三象限（L-L）指的是某一城市与其相邻的城市均属于经济高质量发展水平相对较低的地区，其城市占比达到 69%，均属于河北省城市，说明相较于京津城市而言，河北省地区经济发展速度缓慢，且目前京津冀整体经济高质量发展处于不平衡的状态。

10.2.3 模型选择

（1）空间计量模型

最常用的空间计量模型有 3 种，分别是空间滞后模型（SAR）、空间误差模型（SEM）和空间杜宾模型（SDM）。

①空间滞后模型。空间滞后模型中包含被解释变量的空间滞后项，主要研究的是观测单元除受到自身解释变量影响外，还会受周边地区被解释变量的影响，模型表达式如下：

$$Y_{it} = \rho \sum_{j=1}^{n} W_{ij} Y_{jt} + X_{it} \beta + \mu_i + \varepsilon_{it} \quad (10\text{-}6)$$

式中，Y_{it} 为被解释变量，X_{it} 为解释变量，W_{ij} 为空间权重矩阵，ρ 为被解释变量空间滞后项系数，β 为参数向量，μ_i 为个体效应，ε_{it} 为随机扰动项。

②空间误差模型。空间误差模型中包含空间误差项，主要研究的是周边地区被解释变量的误差造成的影响能够对观测单元产生的影响程度，模型表达式如下：

$$Y_{it} = X_{it} \beta + \mu_i + \phi_{it}, \phi_{it} = \lambda \sum_{j=1}^{n} W_{ij} \phi_{jt} + \varepsilon_{it} \quad (10\text{-}7)$$

式中，ϕ_{it} 为空间自相关误差项，λ 为空间误差相关系数。

③空间杜宾模型。空间杜宾模型中既包含被解释变量的空间滞后项，又包含解释变量的空间滞后项，因此能够同时说明解释变量和被解释变量的空间溢出效应，模型表达式如下：

$$Y_{it} = \rho \sum_{j=1}^{n} W_{ij} Y_{jt} + X_{it} \beta + \gamma \sum_{j=1}^{n} W_{ij} X_{jt} + \mu_i + \varepsilon_{it} \quad (10\text{-}8)$$

式中，γ 为解释变量空间滞后项系数。

（2）LM 和 RLM 检验

根据 LM 和 RLM 检验结果可以初步选择空间计量模型，图 10-2 是将 Anselin 和 Florax 提出的模型判别准则简化的流程图，表 10-3 是 LM 和 RLM 检验结果。

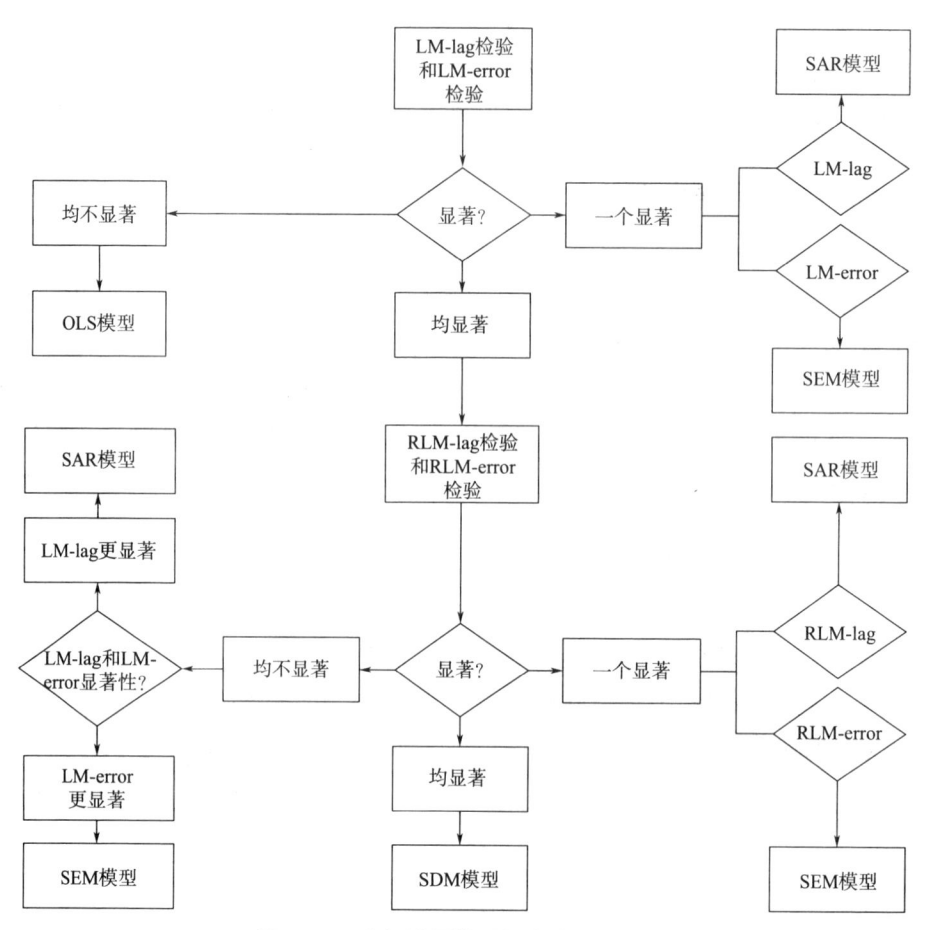

图 10-2 空间计量模型初步选择流程图

表10-3 LM和RLM检验结果

检验变量	OLS 估计	空间固定效应	时间固定效应	空间时间双固定效应
R^2	0.6246	0.506	0.6312	0.3403
LM-lag	2.4175	3.0556*	3.7813*	8.4116***
	（0.120）	（0.080）	（0.052）	（0.004）

续表

检验变量	OLS 估计	空间固定效应	时间固定效应	空间时间双固定效应
RLM-lag	1.2259	3.1945*	5.7549**	1.7594
	(0.268)	(0.074)	(0.016)	(0.185)
LM-error	1.2331	0.7125	0.4449	6.6913***
	(0.267)	(0.399)	(0.505)	(0.010)
RLM-error	0.0415	0.8514	2.4185	0.0391
	(0.839)	(0.356)	(0.120)	(0.843)

注 ()内为统计量 P 值，***、**、*分别表示1%、5%、10%的显著性水平。

根据 LM 和 RLM 检验结果可知，空间滞后项的统计量在10%的显著性水平下通过了检验，说明本书可以构建空间计量模型，并且在空间效应检验中时间固定效应的拟合优度相对表现最佳，因此模型应当选择时间固定效应。而时间固定效应下的 LM-lag 统计量和 RLM-lag 统计量均通过显著性检验。根据模型判别准则，最终应当选择 SAR 模型。

（3）适用性检验

Wald 和 LR 检验的目的是判断初选模型是否适用于实证分析。其检验可分为两种假设，其一是 SDM 模型中解释变量的空间滞后项系数为零，这时模型可转化成 SAR 模型，表明预设模型恰当；其二是 SDM 模型中解释变量和被解释变量的空间滞后项系数均为零，或者解释变量空间滞后项系数和解释变量的系数均为零，这时模型可转化为 SEM 模型。上述假设转化成表达式为 H_0：$\gamma=0$、H_0：$\gamma+\rho\beta=0$。

根据 Wald 和 LR 检验结果中统计量的显著性可分为两种情况进行判断。第一，空间滞后项和空间误差项的统计量均显著，说明应选择 SDM 模型。第二，空间滞后项的统计量显著或者空间误差项的统计量显著，说明应选择 SAR 模型或 SEM 模型。

根据表10-4检验结果显示，Wald 空间滞后项和 LR 空间滞后项分别为9.0416、10.5070；Wald 空间误差项和 LR 空间误差项分别为1.3140、12.8850，并且 Wald 和 LR 统计量的 P 值均通过了10%的显著性水平检验，表明 SDM 模型无法转化为 SAR 模型。因此，对于本书 LM 和 RLM 检验初选的 SAR 模型是不恰当的，而 SDM 模型是适用于本书实证分析的最佳模型。

表10-4 适用性检验结果

检验项	结果
Wald（spatial-lag）	9.0416*
	（0.0601）
LR（spatial-lag）	10.5070**
	（0.0327）
Wald（spatial-error）	1.3140**
	（0.0232）
LR（spatial-error）	12.8850**
	（0.0118）
Hausman	27.1733***
	（0.0013）

注（）内为统计量 P 值，***、**、*分别表示1%、5%、10%的显著性水平。

模型的空间效应选择通常是根据 Hausman 检验来进行判断的，显著性水平以 0.05 或 0.01 为标准。如果统计量的 P 值小于显著性水平，表明应选择固定效应；相反，则应选择随机效应。根据结果可知，其统计值为 27.1733，P 值为 0.0013，通过了显著性水平检验。因此，说明固定效应更适用于本书的实证分析。

10.3 空间计量模型构建与实证分析

10.3.1 模型构建

时间固定效应下 SDM 模型的构建如式（10-9）所示。

$$HQD_{it} = \rho \sum_{j=1}^{n} W_{ij} HQD_{jt} + \beta PL_{it} + \gamma \sum_{j=1}^{n} W_{ij} PL_{jt} + \omega x_{it} + \sigma \sum_{j=1}^{n} W_{ij} x_{jt} + \xi_t + \varepsilon_{it} \quad (10-9)$$

式中，HQD_{it} 代表被解释变量地区经济高质量发展水平；PL_{it} 代表解释变量港口物流发展水平；W_{ij} 为空间权重矩阵；$\sum_{j=1}^{n}W_{ij}HQD_{jt}$ 和 $\sum_{j=1}^{n}W_{ij}PL_{jt}$ 分别表示被解释变量和解释变量的空间滞后项；x_{it} 为控制变量；$\sum_{j=1}^{n}W_{ij}x_{jt}$ 表示控制变量的空间滞后项；ρ 代表空间自相关系数；β 表示解释变量系数，度量港口物流发展水平对本地区经济高质量发展水平的影响程度；γ 为解释变量空间滞后项系数，度量港口物流发展水平对周边城市经济高质量发展水平的影响程度；ω 为控制变量系数；σ 为控制变量空间滞后项系数；ξ_t 为时间固定效应；ε_{it} 为随机误差项。

10.3.2 实证分析

本书对时间固定效应下的 SDM 模型、SAR 模型和 SEM 模型分别进行了回归分析，以此判断 SDM 模型在实证分析中的表现是否为最佳，结果如表 10-5 所示。

表10-5 时间固定效应下的模型回归结果

统计量	SDM 模型		SAR 模型		SEM 模型	
R^2	0.7566		0.6555		0.6312	
σ^2	0.0084		0.0118		0.0125	
Log-L	144.3319		117.2663		115.59	
W*HQD	0.0979	(0.3871)	0.3309***	(0.0002)	—	—
Spat.aut.	—	—	—	—	0.1899	(0.1238)
PL	0.1125***	(0.0000)	0.0532***	(0.0005)	0.0554***	(0.0004)
FIN	1.3133***	(0.0000)	1.2342***	(0.0000)	1.0772***	(0.0000)
EDU	0.0004***	(0.0000)	0.0005***	(0.0000)	0.0006***	(0.0000)
INV	-0.2380***	(0.0000)	-0.1703***	(0.0001)	-0.1810***	(0.0000)
W*PL	0.2229***	(0.0048)	—	—	—	—
W*FIN	2.1708***	(0.0010)	—	—	—	—
W*EDU	-0.0011***	(0.0008)	—	—	—	—
W*INV	-0.6395	(0.3871)	—	—	—	—

注 ( ) 内为统计量 P 值，***、**、* 分别表示 1%、5%、10% 的显著性水平。

由回归结果可知，SDM 模型的统计量和值分别为 0.7566、144.3319，与 SAR 模型和 SEM 模型相比，SDM 模型拟合度最佳。因此，本书采用 SDM 模型回归结果展开分析。

经济高质量发展水平作为被解释变量,其空间滞后项系数为0.0979,但未通过显著性水平检验,说明京津冀地区经济高质量发展不存在显著的正向溢出效应,即京津冀中某一地区经济高质量发展的提高不会对周边城市的经济高质量发展水平产生明显影响。可能是因为京津冀城市的经济发展不平衡,尽管该地区核心城市北京和天津的经济实力相对较强、发展迅速,但其他城市的经济发展相对落后,资源分布的不协调还可能限制经济要素在地区之间的流动,从而制约经济的溢出。此外,还可能是由于固定资产投资带来的负面影响超过其他变量带来的正面影响,从而导致地区经济高质量发展空间滞后项的显著性下降。

解释变量港口物流发展水平系数为0.1125,且在1%的水平上显著,表明京津冀港口物流的发展对港口城市经济高质量发展具有显著的正向影响,港口物流可以通过扩大城市市场规模、带动相关产业发展、降低物流成本等途径产生正向影响;其空间滞后项系数也通过了显著性检验,表明京津冀港口物流产生了正向的溢出效应,即京津冀港口物流发展水平的提高能够促进周边地区经济高质量发展,说明目前京津冀地区建立了较好的交流合作机制,能够有效发挥协同效应,并且还可能具备相对较为完善的港口集疏运体系,这将有助于港口物流的发展,并进一步推动经济的发展。

在控制变量中:①财政支出水平系数显著为正,说明京津冀中某一地区财政支出水平的提高有助于促进本地区经济高质量发展,其空间滞后系数为2.1708,也通过了1%的显著性检验,说明随着本地区财政支出水平的提高也能显著推动周边地区经济高质量发展。财政支出水平的提高可以为经济高质量发展提供基础保障。②教育水平系数为0.0004,通过了1%的显著性检验,表明京津冀中某一地区教育水平的提高对本地区经济高质量发展发挥着积极影响,但影响效果较小,说明区域目前的教育水平还须进一步提高,而其空间滞后项系数为-0.0011,在1%的水平上显著,表明本地区教育水平的提高对周边地区具有微弱的抑制作用,可能是本地区教育水平得到提高时,周边地区的人才资源可能会被吸引,导致人才流失。这种流失有可能对周边地区的创新能力产生负面影响,从而限制了周边地区的经济高质量发展。③资本投入水平系数为-0.2380,并通过显著性水平检验,说明京津冀中某一地区的资本投入对本地区经济高质量发展产生了显著的负面影响,可能是在某方面过度投资,造成资源浪费,而其空间滞后项系数为-0.6395,但未通过显著性水平检验,说明本地区资本投入对周边城市经济高质量发展的空间溢出效应不显著,可能是随着地理空间距离的增加,其溢出效应便不再显著。

10.3.3 溢出效应分解

LeSage 和 Pace 认为空间回归模型的点估计法不能准确描述空间溢出效应，因为变量的变化容易使结果产生误差，因而便提出了偏微分方法将效应分解，得到直接效应、间接效应和总效应。据此，上文使用的空间杜宾模型估计系数所说明的京津冀港口物流对腹地经济高质量发展的影响可能存在偏差。故本书采取偏微分法得到的空间效应分解结果见表 10-6，效应分解结果中资本投入变量的显著性发生变化，其他变量与空间杜宾模型估计结果保持一致。

LeSage 和 Pace 的偏微分法一般设定空间杜宾模型作为分析模型：

$$Y_t = (I_n - \rho W)^{-1}(X_t\beta + WX_t\theta) + (I_n - \rho W)^{-1}\varepsilon_t^* \quad (10\text{-}10)$$

被解释变量对解释变量的偏微分矩阵：

$$\begin{bmatrix} \frac{\partial Y_1}{\partial X_{1K}} & \cdots & \frac{\partial Y_1}{\partial X_{NK}} \\ \vdots & \ddots & \vdots \\ \frac{\partial Y_N}{\partial X_{1K}} & \cdots & \frac{\partial Y_N}{\partial X_{NK-t}} \end{bmatrix} = (I_n - \rho W)^{-1} \begin{bmatrix} \beta_K & W_{12}\theta_K & \cdots & W_{1N}\theta_K \\ W_{21}\theta_K & \beta_K & \cdots & W_{2N}\theta_K \\ \vdots & \vdots & \cdots & \vdots \\ W_{N1}\theta_K & W_{N2}\theta_K & \cdots & \beta_K \end{bmatrix} \quad (10\text{-}11)$$

式中，Y 为被解释变量，X 为解释变量。偏微分矩阵中对角线元素的平均值表示的是直接效应，非对角线的行元素或者列元素和的平均值表示的便是间接效应。

表 10-6 空间效应分解

统计量	空间杜宾模型					
	直接效应		间接效应		总效应	
PL	0.1173***	(0.0000)	0.2605**	(0.0129)	0.3778***	(0.0026)
FIN	1.3590***	(0.0000)	2.5831***	(0.0079)	3.9421***	(0.0008)
EDU	0.0004***	(0.0000)	-0.0011***	(0.0074)	-0.0007	(0.1019)
INV	-0.3107***	(0.0000)	-0.7455**	(0.0199)	-1.0562***	(0.0048)

注 ( ) 内为统计量 P 值，***、**、* 分别表示 1%、5%、10% 的显著性水平。

（1）港口物流发展水平的空间效应分解

京津冀港口物流对腹地经济高质量发展的影响效应系数分别为 0.1173、

0.2605、0.3778，均通过1%的显著性水平检验，这表明京津冀港口物流发展水平每提高1%，港口城市经济高质量发展水平相应提高0.1173%，周边地区经济高质量发展水平提高0.2605%，京津冀整体经济高质量发展水平提高0.3778%。港口物流在促进周边地区经济高质量发展方面的作用大于港口城市，可能周边地区能够利用港口物流渠道，得到物流服务和支持，进而与其他国家或地区开展贸易活动，最终推动地区的经济发展。而港口城市和港口可能处于资源不匹配的现状，如港口无法给城市提供较好的物流服务，或城市的输出量无法满足港口运营。

（2）财政支出水平的空间效应分解

财政支出水平对地区经济高质量发展的直接效应、间接效应和总效应的系数依次为1.3590、2.5831、3.9421，均在1%的显著性水平上通过检验，表明京津冀中某一地区财政支出水平每提高1%，本地区经济高质量发展水平相应提高1.3590%，周边地区经济高质量发展水平相应提高2.5831%，京津冀整体经济高质量发展水平提高3.9421%。

（3）教育水平的空间效应分解

教育水平对区域经济高质量发展的影响效应系数分别为0.0007、-0.0011、-0.1019，只有总效应未通过显著性检验。具体而言，京津冀中某一地区教育水平每提高1%，本城市经济高质量发展水平相应提高0.0007%，周边地区经济高质量发展水平相应下降0.0011%。从整体上来看，教育水平对京津冀港口群腹地经济高质量发展未能产生明显影响，这可能是由于教育水平对周边地区的负向溢出效应大于教育水平对本地区的直接效应，减弱了教育水平的直接影响效应，最终使总影响效应不显著。

（4）资本投入水平的空间效应分解

资本投入水平的效应分解系数分别为-0.3107、-0.7455、-1.0562，均在5%的显著性水平下通过检验，表明京津冀中某一地区资本投入每增加1%，本地区经济高质量发展水平相应下降0.3107%，周边地区经济高质量发展水平相应下降0.7455%，京津冀整体经济高质量发展水平下降1.0562%。可能是京津冀城市之间存在发展不平衡的问题，固定资产投资集中在某一个地区可能会导致其他城市的发展受到影响，阻碍了整个区域经济的高质量发展。

10.3.4 区域异质性分析

本节对京津冀港口物流对腹地经济高质量发展的影响进行了分析，根据莫兰散点图可知京津冀地区经济高质量发展呈现出不同的集聚模式，说明京津冀地区

第 10 章 港口物流对腹地经济高质量发展的影响——以京津冀为例

存在较大的差异。为分析京津冀港口物流对不同区域经济高质量发展影响的差异，本书以莫兰散点图划分出的 H-H、L-H 和 L-L 集聚模式为根据，将京津冀进行区域划分，但处于 H-H、L-H 集聚模式的均只有两个城市，样本较少，因此本书只对 L-L（石家庄、承德、张家口、秦皇岛、保定、沧州、衡水、邢台、邯郸）集聚的城市做回归分析，并和京津冀整体进行对比分析。结果如表 10-7 所示。

表 10-7 区域异质性分析

统计量		京津冀地区		L-L	
W*HQD		0.0979	(0.3871)	-0.4439***	(0.0019)
PL		0.1125***	(0.0000)	-0.0029	(0.4868)
FIN		1.3133***	(0.0000)	0.0376	(0.1242)
EDU		0.0004***	(0.0000)	0.0001***	(0.0000)
INV		-0.2380***	(0.0000)	0.0059	(0.4385)
W*PL		0.2229***	(0.0048)	-0.0114	(0.3547)
W*FIN		2.1708***	(0.0010)	0.1642*	(0.0989)
W*EDU		-0.0011***	(0.0008)	0.0002***	(0.0000)
W*INV		-0.6395	(0.3871)	0.0850***	(0.0019)
直接效应	PL	0.1173***	(0.0000)	-0.0021	(0.6393)
	FIN	1.3590***	(0.0000)	0.0221	(0.2875)
	EDU	0.0004***	(0.0000)	0.0001***	(0.0000)
	INV	-0.3107***	(0.0000)	-0.0018	(0.8727)
间接效应	PL	0.2605**	(0.0129)	-0.0084	(0.3927)
	FIN	2.5831***	(0.0079)	0.1162	(0.1336)
	EDU	-0.0011***	(0.0074)	0.0001**	(0.0147)
	INV	-0.7455**	(0.0199)	0.0652**	(0.0156)
总效应	PL	0.3778***	(0.0026)	-0.0105	(0.3776)
	FIN	3.9421***	(0.0008)	0.1384	(0.1045)
	EDU	-0.0007	(0.1019)	0.0002***	(0.0000)
	INV	-1.0562***	(0.0048)	0.0634**	(0.0209)

注 （ ）内为统计量 P 值，***、**、* 分别表示 1%、5%、10% 的显著性水平。

L-L 集聚区域经济高质量发展水平的空间滞后项系数为 -0.4439，通过显著性水平检验，说明 L-L 集聚区域中区域经济高质量发展产生了显著的负外部性，即

L-L集聚区域中某个地区经济高质量发展抑制周边地区经济高质量发展。可能的原因：首先，经济发展资源更倾向于流向经济发展水平高的地区，这导致经济发展水平较低的地区之间存在着资金、人才等资源的竞争现象。其次，由于缺乏良好的交流与合作机制，经济发展水平较低的地区间无法形成合理的协同效应。

与京津冀整体不同的是港口物流不能有助于L-L集聚区域经济高质量发展。L-L集聚区域港口物流发展水平的直接效应、间接效应、总效应系数分别为 -0.0021、-0.0084、-0.0105，均未通过显著性检验，说明在L-L集聚区域内港口物流对腹地经济高质量发展不具有显著作用。其原因可能是：首先，区域经济高质量发展水平较低的情况下，很难为港口物流的发展提供充分的支持；其次，L-L集聚区域内秦皇岛港和黄骅港的地理位置相近，业务拓展也受限制，从而使L-L集聚区域港口物流不能有助于区域经济的高质量发展。

控制变量对L-L集聚区域经济高质量发展的影响：财政支出水平能够促进L-L集聚区域的经济高质量发展，但促进作用并不明显，可能对于经济高质量发展水平低的地区来说，目前的财政支出水平不足以影响经济高质量发展，政府需要结合地区经济的特点和发展阶段，制定更科学合理的政策和措施，来促进区域的经济发展；教育水平的提高对L-L集聚区域的经济高质量发展具有显著的推动作用，因为教育水平的提高可以为区域带来更多的人才资源，以及提升区域的创新能力；资本投入水平对L-L整体集聚区域的经济高质量发展存在显著的正向效应，说明对于经济发展质量水平低的地区，固定资产投资仍然是推动经济发展的核心动力。

10.3.5 稳健性检验

稳健性检验可以进一步探究本书关于京津冀港口物流对腹地经济高质量发展的影响结论是否具有一定的可靠性。本书分别采用三种稳健性方法对实证结论进行检验：剔除控制变量、缩短年限、替换被解释变量。

剔除控制变量：将财政支出水平、教育水平、资本投入水平等3个控制变量中的资本投入水平变量剔除。缩短年限：将原来2010～2020年京津冀地区的数据缩短至2015～2020年。替换被解释变量：将京津冀经济高质量发展指标体系由CRITIC权重法进行重新测算。稳健性检验结果见表10-8。

将表10-8与表10-5相对比发现，核心变量港口物流发展水平和区域经济高质量发展水平的正负号和显著性具有一致性。除了缩短年限中财政支出水平和替换被解释变量中资本投入水平的显著性发生了变化，其余变量均保持一致。因此，可以证明京津冀港口物流显著促进腹地经济高质量发展的结论具有一定的可靠性。

表10-8 稳健性检验结果

统计量	剔除控制变量		缩短年限		替换被解释变量	
R^2	0.6847		0.7051		0.7407	
σ^2	0.0108		0.0093		0.0042	
Log-L	124.66		62.3636		193.57	
W*HQD	0.1129	(0.1614)	0.0569	(0.7737)	0.0759	(0.5708)
PL	0.0974***	(0.0000)	0.1100***	(0.0000)	0.0167***	(0.0016)
FIN	1.2835***	(0.0000)	0.7438***	(0.0019)	0.9257***	(0.0000)
EDU	0.0006***	(0.0000)	0.0004***	(0.0008)	0.0002***	(0.0000)
INV	—	—	-0.3183***	(0.0000)	-0.2508***	(0.0000)
W*PL	0.2039***	(0.0034)	0.2476**	(0.0259)	0.1483***	(0.0075)
W*FIN	2.5589***	(0.0002)	1.0232	(0.2462)	0.9407**	(0.0443)
W*EDU	-0.0007***	(0.0074)	-0.0011***	(0.0046)	-0.0003***	(0.0015)
W*INV	—	—	-0.4622	(0.1424)	-0.3140**	(0.0513)

注 ( )内为统计量 P 值，***、**、* 分别表示 1%、5%、10% 的显著性水平。

10.4 机制检验

（1）京津冀地区经济高质量发展分维度评价

为了验证京津冀港口物流对区域经济高质量发展的影响机制，在此将构成京津冀地区经济高质量发展指标体系的创新、协调、绿色、开放和共享五个维度分别利用熵值法进行测算，结果如表 10-9～表 10-13。

表10-9 创新维度评价结果

城市	2010年	2011年	2012年	2013年	2014年	2015年	2016年	2017年	2018年	2019年	2020年
北京	0.617	0.628	0.661	0.691	0.728	0.719	0.718	0.769	0.810	0.901	0.976
天津	0.263	0.303	0.349	0.382	0.390	0.440	0.439	0.405	0.428	0.406	0.466

续表

城市	2010年	2011年	2012年	2013年	2014年	2015年	2016年	2017年	2018年	2019年	2020年
石家庄	0.065	0.079	0.089	0.094	0.092	0.102	0.111	0.100	0.105	0.108	0.117
承德	0.016	0.023	0.022	0.028	0.024	0.021	0.031	0.029	0.034	0.033	0.059
张家口	0.017	0.013	0.017	0.020	0.022	0.014	0.018	0.017	0.018	0.013	0.035
秦皇岛	0.037	0.043	0.049	0.051	0.053	0.054	0.081	0.078	0.078	0.076	0.082
唐山	0.068	0.066	0.096	0.090	0.089	0.076	0.083	0.079	0.103	0.116	0.144
廊坊	0.040	0.038	0.043	0.040	0.042	0.050	0.072	0.070	0.078	0.088	0.123
保定	0.056	0.051	0.055	0.069	0.072	0.073	0.083	0.084	0.082	0.070	0.089
沧州	0.014	0.013	0.016	0.023	0.034	0.025	0.042	0.045	0.062	0.065	0.090
衡水	0.014	0.011	0.018	0.023	0.024	0.028	0.036	0.053	0.062	0.074	0.102
邢台	0.021	0.019	0.023	0.025	0.033	0.032	0.044	0.046	0.044	0.047	0.061
邯郸	0.030	0.025	0.028	0.053	0.061	0.044	0.043	0.050	0.057	0.073	0.086

表10-10 协调维度评价结果

城市	2010年	2011年	2012年	2013年	2014年	2015年	2016年	2017年	2018年	2019年	2020年
北京	0.864	0.842	0.842	0.854	0.847	0.880	0.891	0.898	0.915	0.930	0.914
天津	0.417	0.412	0.420	0.428	0.425	0.423	0.439	0.443	0.432	0.428	0.437
石家庄	0.158	0.158	0.153	0.164	0.175	0.183	0.182	0.190	0.210	0.257	0.262
承德	0.081	0.074	0.072	0.070	0.080	0.093	0.101	0.125	0.149	0.153	0.164
张家口	0.120	0.108	0.110	0.106	0.101	0.115	0.134	0.158	0.181	0.215	0.234
秦皇岛	0.238	0.225	0.217	0.195	0.192	0.204	0.209	0.221	0.237	0.223	0.221
唐山	0.270	0.251	0.246	0.208	0.206	0.205	0.186	0.179	0.173	0.177	0.177
廊坊	0.129	0.135	0.137	0.155	0.185	0.217	0.219	0.216	0.263	0.285	0.293
保定	0.064	0.060	0.057	0.059	0.067	0.079	0.094	0.108	0.108	0.175	0.160
沧州	0.132	0.118	0.115	0.116	0.117	0.132	0.138	0.142	0.177	0.180	0.190
衡水	0.046	0.041	0.048	0.058	0.073	0.085	0.095	0.105	0.137	0.177	0.191
邢台	0.041	0.038	0.041	0.036	0.054	0.074	0.076	0.088	0.124	0.116	0.134
邯郸	0.087	0.094	0.081	0.091	0.087	0.104	0.103	0.110	0.131	0.122	0.130

第10章 港口物流对腹地经济高质量发展的影响——以京津冀为例

表10-11 绿色维度评价结果

城市	2010年	2011年	2012年	2013年	2014年	2015年	2016年	2017年	2018年	2019年	2020年
北京	0.245	0.229	0.223	0.198	0.192	0.225	0.161	0.150	0.134	0.130	0.138
天津	0.586	0.583	0.564	0.476	0.475	0.458	0.185	0.166	0.155	0.157	0.155
石家庄	0.491	0.581	0.533	0.407	0.373	0.326	0.270	0.186	0.176	0.167	0.159
承德	0.399	0.397	0.387	0.320	0.307	0.286	0.279	0.255	0.236	0.214	0.186
张家口	0.467	0.430	0.399	0.365	0.351	0.316	0.236	0.192	0.197	0.193	0.193
秦皇岛	0.337	0.369	0.366	0.309	0.355	0.248	0.217	0.199	0.207	0.190	0.181
唐山	0.753	0.864	0.820	0.661	0.583	0.524	0.396	0.388	0.358	0.365	0.315
廊坊	0.277	0.339	0.339	0.223	0.206	0.206	0.179	0.155	0.155	0.150	0.158
保定	0.315	0.363	0.344	0.238	0.211	0.177	0.172	0.120	0.106	0.120	0.148
沧州	0.265	0.316	0.313	0.205	0.203	0.190	0.172	0.151	0.192	0.207	0.227
衡水	0.284	0.307	0.300	0.172	0.153	0.154	0.102	0.121	0.137	0.131	0.149
邢台	0.451	0.454	0.432	0.272	0.261	0.269	0.228	0.174	0.169	0.182	0.168
邯郸	0.591	0.662	0.622	0.468	0.380	0.324	0.301	0.253	0.263	0.275	0.245

表10-12 开放维度评价结果

城市	2010年	2011年	2012年	2013年	2014年	2015年	2016年	2017年	2018年	2019年	2020年
北京	0.807	0.802	0.716	0.635	0.564	0.481	0.452	0.472	0.460	0.419	0.204
天津	0.798	0.796	0.811	0.811	0.843	0.827	0.719	0.715	0.387	0.374	0.283
石家庄	0.081	0.085	0.075	0.077	0.072	0.071	0.061	0.070	0.086	0.094	0.079
承德	0.119	0.133	0.139	0.107	0.099	0.110	0.173	0.170	0.195	0.190	0.070
张家口	0.023	0.029	0.041	0.042	0.050	0.053	0.062	0.058	0.064	0.062	0.035
秦皇岛	0.286	0.294	0.301	0.314	0.275	0.304	0.310	0.297	0.322	0.322	0.121
唐山	0.047	0.053	0.052	0.056	0.068	0.057	0.053	0.056	0.058	0.060	0.055
廊坊	0.107	0.101	0.092	0.092	0.078	0.082	0.076	0.084	0.105	0.098	0.050
保定	0.078	0.078	0.069	0.058	0.075	0.050	0.051	0.064	0.069	0.071	0.037
沧州	0.033	0.022	0.024	0.025	0.024	0.025	0.027	0.032	0.043	0.044	0.036
衡水	0.057	0.065	0.066	0.073	0.068	0.047	0.044	0.046	0.058	0.050	0.049
邢台	0.045	0.049	0.043	0.044	0.046	0.028	0.040	0.043	0.051	0.051	0.046
邯郸	0.039	0.043	0.044	0.046	0.047	0.042	0.044	0.044	0.049	0.051	0.044

表10-13　共享维度评价结果

城市	2010年	2011年	2012年	2013年	2014年	2015年	2016年	2017年	2018年	2019年	2020年
北京	0.639	0.661	0.701	0.685	0.702	0.726	0.743	0.792	0.801	0.820	0.870
天津	0.499	0.495	0.540	0.553	0.589	0.564	0.459	0.428	0.486	0.501	0.508
石家庄	0.203	0.209	0.205	0.213	0.220	0.215	0.225	0.242	0.245	0.217	0.234
承德	0.134	0.151	0.118	0.131	0.121	0.128	0.142	0.146	0.155	0.153	0.172
张家口	0.155	0.129	0.135	0.142	0.164	0.172	0.144	0.187	0.157	0.167	0.190
秦皇岛	0.146	0.179	0.154	0.153	0.150	0.150	0.179	0.169	0.185	0.196	0.208
唐山	0.173	0.162	0.177	0.201	0.205	0.224	0.228	0.188	0.205	0.234	0.305
廊坊	0.134	0.173	0.158	0.173	0.175	0.175	0.219	0.206	0.208	0.216	0.210
保定	0.132	0.107	0.126	0.147	0.153	0.176	0.185	0.152	0.183	0.145	0.156
沧州	0.130	0.102	0.118	0.145	0.143	0.157	0.177	0.136	0.150	0.167	0.195
衡水	0.133	0.125	0.117	0.154	0.133	0.145	0.155	0.167	0.172	0.184	0.198
邢台	0.155	0.127	0.144	0.159	0.173	0.187	0.206	0.170	0.177	0.181	0.192
邯郸	0.161	0.136	0.158	0.173	0.171	0.166	0.211	0.172	0.192	0.195	0.200

（2）京津冀港口物流对腹地经济高质量发展分维度的影响分析

本书利用时间固定效应下的SDM模型研究京津冀港口物流对腹地经济高质量发展的五个维度的影响，结果如表10-14所示。创新（INN）、协调（COO）、绿色（GRE）、开放（OPE）和共享（SHA）五个维度的SDM模型分别如下：

$$INN_{it} = \rho \sum_{j=1}^{n} W_{ij} INN_{jt} + \beta PL_{it} + \gamma \sum_{j=1}^{n} W_{ij} PL_{jt} + \omega x_{it} + \sigma \sum_{j=1}^{n} W_{ij} x_{jt} + \xi_t + \varepsilon_{it} \quad (10-12)$$

$$COO_{it} = \rho \sum_{j=1}^{n} W_{ij} COO_{jt} + \beta PL_{it} + \gamma \sum_{j=1}^{n} W_{ij} PL_{jt} + \omega x_{it} + \sigma \sum_{j=1}^{n} W_{ij} x_{jt} + \xi_t + \varepsilon_{it} \quad (10-13)$$

$$GRE_{it} = \rho \sum_{j=1}^{n} W_{ij} GRE_{jt} + \beta PL_{it} + \gamma \sum_{j=1}^{n} W_{ij} PL_{jt} + \omega x_{it} + \sigma \sum_{j=1}^{n} W_{ij} x_{jt} + \xi_t + \varepsilon_{it} \quad (10-14)$$

$$OPE_{it} = \rho \sum_{j=1}^{n} W_{ij} OPE_{jt} + \beta PL_{it} + \gamma \sum_{j=1}^{n} W_{ij} PL_{jt} + \omega x_{it} + \sigma \sum_{j=1}^{n} W_{ij} x_{jt} + \xi_t + \varepsilon_{it} \quad (10-15)$$

$$SHA_{it} = \rho \sum_{j=1}^{n} W_{ij} SHE_{jt} + \beta PL_{it} + \gamma \sum_{j=1}^{n} W_{ij} PL_{jt} + \omega x_{it} + \sigma \sum_{j=1}^{n} W_{ij} x_{jt} + \xi_{t} + \varepsilon_{it} \qquad (10\text{-}16)$$

式中，INN_{it}、COO_{it}、GRE_{it}、OPE_{it}、SHA_{it} 分别代表被解释变量的创新、协调、绿色、开放、共享维度；PL_{it} 代表解释变量港口物流发展水平。

表10-14 分维度模型回归结果

统计量	创新	协调	绿色	开放	共享
R^2	0.6832	0.7566	0.6746	0.7834	0.6697
σ^2	0.0141	0.0119	0.0080	0.0108	0.0109
Log-L	107.05	119.33	145.63	124.72	125.63
W*dep.var.	0.0649 (0.5602)	0.0499 (0.6881)	-0.3979*** (0.0074)	-0.2429* (0.0677)	0.1109 (0.3803)
PL	0.0491** (0.0273)	0.0228* (0.0625)	0.0910*** (0.0000)	0.1384*** (0.0000)	0.0529*** (0.0063)
FIN	1.0089*** (0.0000)	1.3962*** (0.0000)	-0.0557 (0.4981)	1.9163*** (0.0000)	1.0345*** (0.0000)
EDU	0.0004*** (0.0000)	0.0005*** (0.0000)	-0.0000 (0.6191)	0.0007*** (0.0000)	0.0003*** (0.0000)
INV	-0.5524*** (0.0000)	-0.4958*** (0.0000)	0.1814*** (0.0000)	-0.1149** (0.0288)	-0.3999*** (0.0000)
W*PL	0.1947* (0.0573)	0.1469* (0.0786)	0.1807** (0.0199)	0.1614* (0.0731)	0.1908** (0.0316)
W*FIN	3.0360*** (0.0003)	3.6254*** (0.0000)	1.8001*** (0.0048)	3.3331*** (0.0000)	2.5716*** (0.0005)
W*EDU	-0.0008** (0.0291)	-0.0000 (0.8534)	-0.0001 (0.6191)	-0.0005 (0.1419)	-0.0007** (0.0277)
W*INV	-0.9579*** (0.0012)	-0.5264* (0.0527)	0.2799 (0.2102)	-0.0027 (0.9903)	-0.7828*** (0.0025)

注 ( ) 内为统计量 P 值，***、**、* 分别表示 1%、5%、10% 的显著性水平。

关于创新维度，解释变量港口物流发展水平系数显著为正，说明港口物流对创新产生了正向影响。即港口物流为腹地提供了对外交流的渠道，可以通过引进外部资源和技术，促进创新；港口物流产业的发展推动着其他相关产业的产生，进而吸引优秀人才流入，激发技术创新。在控制变量中，财政支出水平和教育水平的提高也会促进腹地的创新发展。

相对于其他维度来说，港口物流对腹地的协调发展影响较小，其港口物流发展水平系数为0.0228。港口物流的发展能够集聚多种产业并促进产业的发展，引起的产业集聚效应能够推动腹地产业结构的调整，此外，在新技术、新能源等方面的需求，可以促进技术创新并有助于区域产业结构转型。

关于绿色维度，港口物流发展水平系数为正，并且在1%的显著性水平上通过了检验，意味着港口物流能够显著推动腹地的绿色发展。此结果证明，为推动绿色港口建设所采取的清洁能源和可再生能源应用、节能技术应用、港口粉尘和废气防治措施应用等，对改善腹地的生态环境质量具有重要的影响。

关于开放维度，港口物流发展水平系数为0.1384，即港口物流发展水平每提高1%，腹地经济开放水平相应提高0.1384%。港口物流可以通过促进腹地国际贸易、引进外资和技术以及促进人员流动、文化交流，进而影响腹地的经济开放。

关于共享维度，港口物流发展水平系数显著为正，港口物流对腹地共享程度具有明显的促进作用。港口物流基础设施的投资与建设有助于创造更多的就业岗位、提升国民收入、改善生活水平。

10.5 对策建议

京津冀在"十四五"时期明确提出要实现经济高质量发展的提升。因此，本书根据研究内容将从京津冀的港口物流和腹地两方面提出提高经济高质量发展水平的建议。

（1）各港口协同发展

根据京津冀港口物流发展水平的评价结果，可以明显看出天津港与河北省的唐山港、秦皇岛港和黄骅港之间的物流发展水平存在着较大的差异。这一差异可能是由于京津冀港口主要负责大宗货物和集装箱货物的运输，导致业务相对相似，并且港口辐射的腹地范围互相交叉。这种情况可能会导致资源竞争现象，使各港口难以充分发挥自身的优势。在京津冀协同发展的背景下，港口之间也需要协同发展，建立合作机制，制定发展规划，明确各港口的定位和未来的发展方向。这有助于解决港口之间的恶性竞争和功能重复等问题，使各港口能够更好地发挥自身的优势，实现错位发展。此外，河北省港口和天津港之间还可以定期举行交流会议，深入了解和学习天津港的发展经验，实现专业化的港口运营和服务，进一步提升整体物流水平。

（2）完善交通网络

京津冀港口物流对区域内腹地经济高质量发展的实证研究表明，港口物流对本地区及周边地区的经济高质量发展均能产生积极的影响。因此，可以说明港口物流是促进腹地经济高质量发展的关键要素。另外，京津冀港口在物流发展水平方面还存在明显的差异。为了更好地发挥港口物流对腹地经济高质量发展的推动作用及港口之间的高效协同发展，必须加强港城和港口之间的紧密联系。因而可以加大基础设施建设投资，修建港口与腹地之间的道路，建设为港口服务的铁路支线，建立港口之间的信息共享机制，以提升交通网络的完善程度，从而实现京津冀城市和港口之间的互联互通、交流互助、资源共享和优势互补等。

（3）加强港口基础设施建设

基础设施是港口运营的基础条件，完善的基础设施可以提高运输效率、扩大吞吐能力并降低时间成本等。根据数据搜集结果发现，秦皇岛港和黄骅港的基础设施建设明显落后于天津港和唐山港。因此，应当结合秦皇岛港和黄骅港的实际运营现状，避免在港口资源浪费和能力过剩的情况下，加强港口基础设施的投资与建设，特别是码头、堆场、航道等。全国各地区的港口都在推进港口的智慧化发展，智慧型港口是港口未来发展的趋势。因而，在加强港口基础设施建设的基础上，还应加快自动化、智能化等信息技术的应用，实现港口的智慧化建设，进而提高装卸、搬运业务的效率，降低时间成本。

（4）推进绿色港口建设

在"十四五"期间，京津冀明确指出要全面提高港口的绿色水平。因此，绿色低碳港口也是未来港口发展的重要方向。为此，京津冀港口在绿色建设方面应该加大力度。首先，制定鼓励和支持港口清洁能源应用的政策，并提供资金支持，以推广清洁能源的应用，如氢能、天然气、光伏等。因为应用清洁能源能够降低碳排放，从而可以减轻港口腹地的环境负担。其次，为减少港口活动对大气和水环境产生的不良影响，可以引进减排技术。再次，在运输方面，可以推进公转铁、公铁联运等环保运输方式，以减少运输车辆的尾气排放和道路交通引发的扬尘污染情况。最后，建立检测系统，加强对大气和水环境的监测，确保能够及时、准确地收集和报告港口地区的环境数据。

（5）贯彻新发展理念

权重代表指标的重要程度。京津冀港口群腹地经济高质量发展的新发展理念指标权重由大到小依次为创新、开放、共享、协调、绿色，这说明需要强调腹地创新发展对提高京津冀地区经济高质量发展水平的重要性。在创新方面，京津冀地区可以加大对科技企业的扶持力度。而企业应注重增进与高校和科研机构的交流，有助于从实际需求出发，推动创新，并使科技成果得到实际应用，同时，也应该重视培养人才的创新能力。在开放方面，京津冀地区可以利用港口资源积极吸引外资，与国际合作，拓展市场，提高腹地的国际竞争力。在共享方面，可以从满足民众生活切实利益的角度出发，如提高教育资源的质量、改善医疗条件、解决就业问题以及增强社会保障力度等。在协调方面，高科技产业和现代服务业已经成为当前和未来产业发展的重点。因此，京津冀地区应积极鼓励传统重工业的转型升级，以减少其在经济结构中的比重，这将有助于产业结构的优化。在绿色方面，京津冀地区可以加大对环保产业的扶持力度，鼓励企业投资于环保技术和设备，并把控企业的污染物排放是否符合标准。在资源利用方面，需要注重资源的高效利用，避免浪费资源。此外，也应高度重视对大自然的保护。

（6）加强各腹地城市间的协调发展

根据京津冀港口群腹地经济高质量发展水平的评价结果可知，北京、天津和河北省城市之间的经济高质量发展水平具有明显的差异。因此，应该加强各腹地间的协调发展。首先，需要明确各个腹地城市的定位及优势产业，确保资源合理配置，以实现京津冀之间的优势互补。其次，可以加大对基础设施建设的投资，以便完善交通网络体系，提高区域内部的互联互通，更好地促进腹地城市间的人员流动和资源流动。再次，京津冀可以发展跨城市合作产业，促进地区产业之间的协作与技术共享。最后，可以制订联合培养计划，出台双向人才引进政策，加强京津冀地区之间的人才交流与合作。

10.6 本章小结

本章首先通过 LM 和 RLM 检验、Wald 检验和 LR 检验以及 Hausman 检验确定用于实证分析的 SDM 模型；其次，构建 SDM 模型进行回归分析及空间溢出效应分解，结果表明京津冀港口物流能够显著促进腹地内城市经济高质量发展，并通过稳健性检验验证其结果具有一定的可靠性；再次，根据京津冀港口群腹地经济高质量发展的空间集聚特征进行了区域异质性分析，并且将京津冀经济高质量发展分维度进行回归分析以验证港口物流对经济高质量发展的影响机制；最后，根据研究结果分别从港口物流和腹地两个方面提出了关于提高经济高质量发展水平的建议措施。

第 11 章 港口腹地物流发展水平与数字经济发展的空间计量研究——以京津冀为例

第 9 章分别测算了京津冀港口群腹地的物流发展水平和数字经济发展水平，为探究腹地物流发展水平是否对腹地数字经济具有空间上的影响，本章将构建空间计量模型验证物流发展水平对数字经济发展水平的促进作用及影响机制。

11.1 变量选取与数据来源

11.1.1 变量选取

（1）被解释变量

京津冀港口群腹地数字经济发展指数（DE）。该指数包括数字经济基础设施、数字经济产业规模、数字普惠金融三个维度，体现了数字经济的发展环境和创造的价值，能较全面客观地反映京津冀数字经济发展。由第 9 章熵权 -TOPSIS 法测算得出的各地区数字经济发展水平指数表示。

（2）解释变量

京津冀港口群腹地物流发展指数（LD）。该指数分物流基础设施、物流产业规模、区域经济基础三个维度，是区域物流发展水平的综合体现。由第 9 章熵权 -TOPSIS 法测算得出的各地区物流发展水平指数表示。

（3）控制变量

为排除相关因素干扰，更加全面地分析京津冀港口群腹地物流发展水平对数字经济的空间影响，引入控制变量来提高结果的准确性。参考赵涛（2020）等人关于数字经济的研究，本书选取如下控制变量：

①政府干预水平（GOV）。政府在市场中扮演着重要角色，政府的调控可以改变资源配置倾向，促进产业转型升级，带动经济增长。同时通过政府部门的监管可以避免行业内恶性竞争，造成资源浪费。政府的干预无疑对数字经济发展起着重要作用，本书研究通过比较政府的财政支出与地区生产总值的比率来评估政府的干预程度。

②人力资源水平（HR）。数字经济以数据作为关键生产要素，对从业者的水平有较高要求。特别是当前促进数字化产业的发展和产业的数字化转型，为传统产业的升级和转型提供动力，人力资源水平对数字经济的发展具有显著推动作用。本书使用各地区大专或更高学历人口的比例来衡量人力资源的水平。

③城镇化水平（URB）。城市的扩大伴随着劳动力的聚集、生产要素的丰富，有利于地区经济效益的提高。本书采用各个地区的常住居民与总人口之间的比率作为衡量城市化程度的指标。

11.1.2 数据来源

解释变量与被解释变量数据来源在第9章进行了详细描述。控制变量数据来源于2013～2020年的《中国城市统计年鉴》以及各地级市国民经济和社会发展统计公报。变量及描述性统计如表11-1所示。

表11-1 变量及描述性统计分析

变量类型	变量名称	均值	标准差	最小值	最大值
被解释变量	京津冀城市数字经济发展水平（DE）	0.175	0.239	0.001	1
解释变量	京津冀城市物流发展水平（LD）	0.256	0.196	0.030	0.809
控制变量	政府干预水平（GOV）	0.197	0.061	0.081	0.402
	人力资源水平（HR）	2.045	1.405	0.347	5.580
	城镇化水平（URB）	0.574	0.141	0.233	0.876

11.2 空间计量模型设定与检验

11.2.1 空间相关性分析

$$I = \frac{\sum_{i=1}^{n}\sum_{j=1}^{n}W_{ij}(X_i - X)(X_j - X)}{S^2 \sum_{i=1}^{n}\sum_{j=1}^{n}W_{ij}} \quad (11-1)$$

其中，I 为莫兰指数，代表地区之间总体相关度；$S^2 = \frac{1}{n}\left(\sum_{i=1}^{n}X_i - X\right)^2$；$X = \frac{1}{n}\sum_{i=1}^{n}X_i$；$X_i$、$X_j$ 分别为单位 i 和单位 j 的观测值，n 为地区总数，W_{ij} 为空间权重矩阵。Moran's I 取值区间为 [-1, 1]，指数值越接近 1 表示正向空间关系越强，越接近 -1 表示负向空间关系越强，指数为 0 则表示空间呈随机性。

局部莫兰指数计算方法：

$$I = \frac{(X_i - \overline{X})}{S^2}\sum_{i=1}^{n}W_{ij}\frac{(X_j - \overline{X})}{S} \quad (11-2)$$

局部莫兰指数呈现出明显的正相关性，表明该变量在空间分布上呈现出高度集聚或低度集聚的特征，凸显了空间上的正相关性；当局部莫兰指数显示为负值时，表明该变量在空间分布上呈现出不同的集聚特性，也就是说，它可能是高低集聚或者是低高集聚，这显示了空间上的负相关性。

通常使用空间权重矩阵量化空间相关关系，空间权重矩阵主要有相邻空间权重矩阵和地理距离空间权重矩阵两种设置方式：

$$W_{ij}(\text{相邻}) = \begin{cases} 0, \text{城市 } i \text{ 与 } j \text{ 相邻} \\ 1, \text{城市 } i \text{ 与 } j \text{ 不相邻}, i = j \end{cases} \quad (11-3)$$

$$W_{ij}(\text{距离}) = \begin{cases} \dfrac{1}{d_{ij}^2}, & i \neq j \\ 0, & i = j \end{cases} \quad (11\text{-}4)$$

相邻空间权重矩阵仅表示相邻城市间发生作用，而地理上不接壤的城市间不存在相关关系，考虑到区域内不直接接壤的城市之间也可能存在相互影响，不应选择相邻空间权重矩阵。空间经济距离权重矩阵综合考虑了空间距离和经济属性，任意两地间都有相互影响，距离越近，作用越强。因此，本书选择空间经济距离矩阵进行研究。

$$C_{ij} = \begin{cases} \dfrac{1}{|PGDP_j - PGDP_i + 1|} \times e^{-d_{ij}}, & i \neq j \\ 0, & i = j \end{cases} \quad (11\text{-}5)$$

其中，C_{ij} 为空间经济距离矩阵，$PGDP_j$ 和 $PGDP_i$ 分别表示地区 j 和地区 i 的人均 GDP，d_{ij} 为地理距离，$d_{ij} = \sqrt{(x_{c_i} - x_{c_j})^2 + (y_{c_i} - y_{c_j})^2}$，$x_c$ 和 y_c 分别表示地区经纬度坐标。

在进行空间计量分析之前，利用 Moran's I 指数对京津冀港口群腹地的物流发展水平和数字经济发展水平进行空间相关性分析，并借助莫兰散点图进一步分析变量的局部空间相关性。

根据上述地理距离空间权重矩阵测算所得的京津冀港口群腹地物流发展水平和数字经济发展水平莫兰指数结果如表 11-2 所示。

表11-2　2013～2020年京津冀城市物流发展水平和数字经济发展水平的Moran's I指数

年份	物流发展水平		数字经济发展水平	
	Moran's I	P值	Moran's I	P值
2013	0.251**	0.034	0.141**	0.027
2014	0.252**	0.037	0.174**	0.024
2015	0.240**	0.038	0.192**	0.023
2016	0.230**	0.040	0.123**	0.026
2017	0.204*	0.055	0.115**	0.039
2018	0.138*	0.094	0.156**	0.022
2019	0.215**	0.039	0.251**	0.019
2020	0.231**	0.036	0.167**	0.019

注　***、**、* 分别表示 1%、5%、10% 的显著性水平。

由表 11-2 可知，京津冀地区物流发展水平和数字经济发展的莫兰指数均通过了显著性检验，且为正值。这说明 2013～2020 年京津冀区域物流发展水平和数字经济发展水平有较强的空间正向自相关性，具有明显的空间集聚性，应当进行空间计量分析来研究二者间的关系。

为了更详细地了解京津冀地区物流发展水平和数字经济发展水平的局部相关特征及聚集模式，采用 2013 年和 2020 年的莫兰指数绘制物流发展水平和数字经济发展的莫兰散点图，如图 11-1 和图 11-2 所示，莫兰散点分布如表 11-3 所示。

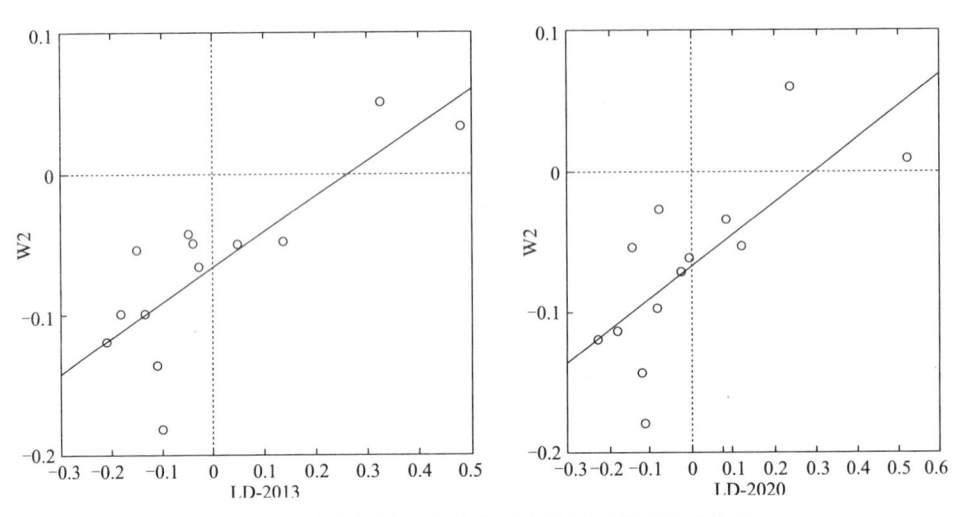

图 11-1 京津冀城市物流发展水平的局部莫兰散点图

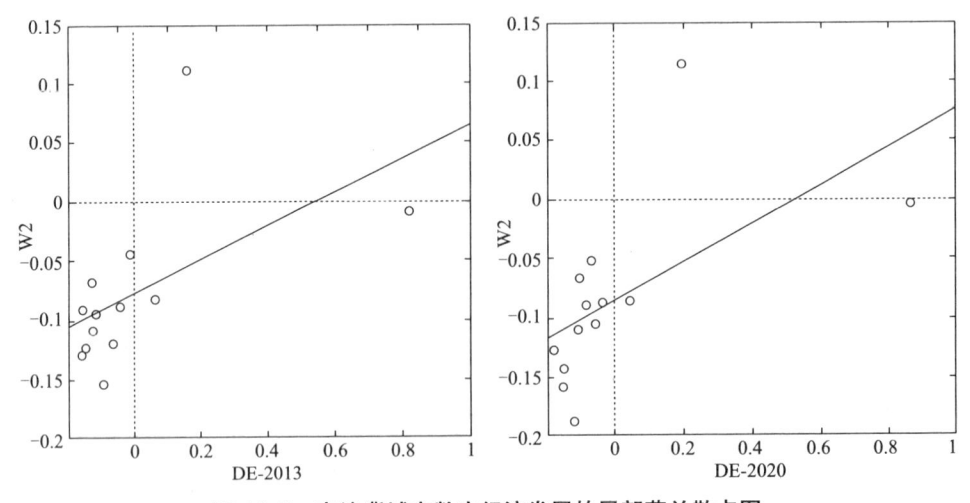

图 11-2 京津冀城市数字经济发展的局部莫兰散点图

表11-3 京津冀城市物流发展水平和数字经济发展水平局部莫兰散点分布表

集聚模式	物流发展水平		数字经济发展水平	
	2013年	2020年	2013年	2020年
Ⅰ（H-H）	北京、天津	北京、天津	天津	天津
Ⅱ（L-H）				
Ⅲ（L-L）	承德、张家口、秦皇岛、保定、衡水、邢台、沧州、廊坊、邯郸	承德、张家口、秦皇岛、保定、衡水、邢台、沧州、廊坊、邯郸	承德、张家口、秦皇岛、保定、衡水、邢台、唐山、沧州、廊坊、邯郸	承德、张家口、秦皇岛、保定、衡水、邢台、唐山、沧州、廊坊、邯郸
Ⅳ（H-L）	石家庄、唐山	石家庄、唐山	北京、石家庄	北京、石家庄

图11-1和图11-2分别显示了2013年和2020年京津冀港口群腹地物流发展水平和数字经济发展水平的空间相关性。第一象限（H-H）中的点表示物流和数字经济发展水平较高的城市被物流和数字经济发展水平较高的城市包围。第三象限（L-L）中的点表示物流和数字经济发展水平较低的城市被其他物流和数字经济发展水平较低的城市包围。这两个象限都表明物流发展水平和数字经济发展水平呈空间正相关性。第二象限（L-H）中的点表示物流和数字经济发展水平较高的城市被物流发展水平和数字经济发展水平较低的城市包围。第四象限（H-L）中的点表示物流和数字经济发展水平较高的城市被物流和数字经济发展水平较低的城市包围。这两个象限中的点指示负空间相关性。

由莫兰散点图可以看出，京津冀地区物流发展水平和数字经济发展水平在2013年和2020年集聚模式相同。除石家庄、唐山的物流发展水平处于第四象限（H-L）呈负空间相关外，区域内其他城市的物流发展水平处于第一（H-H）和第三象限（L-L）在空间上呈正向相关。从数字经济发展的莫兰散点图上看，北京和石家庄处于第四象限（H-L）呈负空间相关，其余城市均处于第一（H-H）和第三象限（L-L）呈正向空间相关。

11.2.2 模型选择

通过上一节的空间相关性检验，可以看出京津冀港口群腹地的数字经济发展存在正向的空间相关性。本节将运用空间计量模型探究京津冀地区物流发展水平对数字经济发展水平的空间效应。

空间计量模型的具体选择必须考虑变量在空间上的相关性特征，并根据不同空间计量模型的侧重点以及它们所代表的经济含义进行选择。空间滞后模型（SLM）注重分析被解释变量的空间相关性；空间误差模型（SEM）则注重解释变量的空间相关性；而空间杜宾模型（SDM）则更全面地考虑了研究变量的空间溢出效应，包括解释变量和被解释变量的空间关联。

首先进行 LM 检验，也称为拉格朗日乘数检验，以评估原假设 H0：被解释变量不存在空间自相关以及误差项不存在空间自相关。LM 检验包括两个统计量，LM-Error 和 LM-Lag。如果两个统计量均不显著，选择使用面板 OLS 回归模型。如果 LM-Error 显著而 LM-Lag 不显著，那么选择 SEM 模型。反之，如果 LM-Lag 显著而 LM-Error 不显著，那么选择 SAR 模型。如果 LM-Error 和 LM-Lag 两个统计量均显著，需要进一步进行稳健性检验，使用 RLM-Error 和 RLM-Lag 这两个稳健形式的检验统计量。如果仅有一个统计量显著，可以选择对应的模型。如果这两个稳健统计量均显著，那么需要进行 LR 检验，以确定是否可以将 SDM 模型退化为其他模型。空间固定效应模型 LM 检验结果如表 11-4 所示。

表11-4 LM检验结果

检验方法	检验统计量	P值
LM-error	72.781***	0.000
RLM-error	4.487**	0.028
LM-lag	77.230***	0.000
RLM-lag	9.295***	0.002

注 ***、**、* 分别表示 1%、5%、10% 的显著性水平。

通过表 11-4 的 LM 检验结果可知，京津冀地区数字经济发展水平的 LM-error 统计量和 LM-Lag 统计量均在 1% 水平下显著，拒绝原假设 H0，说明被解释变量和误差项存在显著的空间自相关性，选择空间计量模型要比 OLS 回归模型更能准确地分析京津冀地区物流发展水平对数字经济发展水平的影响。京津冀地区数字经济发展水平的 RLM-error 和 RLM-lag 两个统计量也均显著，须通过 LR 检验进一步判断 SDM 模型是否能退化为 SEM 或 SAR 模型。LR 检验结果见表 11-5。

表11-5 LR检验结果

检验方法	检验统计量	P值
SAR 和 SDM	77.142***	0.000
SEM 和 SDM	72.872***	0.000

注 ***、**、* 分别表示 1%、5%、10% 的显著性水平。

由表 11-5 检验结果可知 LR 检验统计量均在 1% 显著水平下拒绝原假设，说明 SDM 模型不会退化为 SAR 模型或 SEM 模型。为进一步验证模型选择结果，使用 Wald 检验进行模型选择。Wald 检验结果如表 11-6 所示。

表11-6 Wald检验结果

检验方法	检验统计量	P值
SAR 和 SDM	51.620***	0.000
SEM 和 SDM	54.500***	0.000

注 ***、**、* 分别表示 1%、5%、10% 的显著性水平。

由表 11-6 结果可知，Wald 检验同 LR 检验结果一致，检验统计量在 1% 显著水平下拒绝原假设，所以应当选择 SDM 模型进行分析。

进行 Hausman 检验，确定 SDM 模型应选择固定效应还是随机效应。对原假设 H1：个体效应与解释变量不相关进行检验。若拒绝原假设 H1 则表示固定效应显著，应当选择固定效应模型。Hausman 检验结果如表 11-7 所示。

表11-7 Hausman检验结果

检验结果	P值
198.870***	0.000

注 ***、**、* 分别表示 1%、5%、10% 的显著性水平。

由表 11-7 结果可知，原假设 H1 在 1% 的显著水平下被拒绝，应当选择固定效应的 SDM 模型。

空间固定效应分为时间固定效应、空间固定效应和双固定效应。为确定具体使用何种固定效应，分别对三种固定效应下的 SDM 模型进行回归。受篇幅限制，此处不具体说明每种固定效应的回归结果，仅展示三种固定效应下模型对比结果（表 11-8），具体回归结果见后文分析。

表11-8 三种固定效应模型结果对比

指标	空间固定效应	时间固定效应	双固定效应
R-squared	0.006	0.215	0.009
Log-lieklihood	−79.494	−40.196	−23.288
Sptaial-rho	0.064（0.428）	0.239***（0.001）	0.086（0.229）
Sigma2_e	0.233	0.125	0.023
AIC	162.988	100.392	66.576
BIC	189.432	126.836	93.020

注　括号内为检验统计量 P 值，***、**、* 分别表示1%、5%、10%的显著性水平。

由表11-8结果来看，尽管双固定效应模型的 AIC 和 BIC 值均为最小，同时 Log-lieklihood 值也最大，但是其 Sptaial-rho 值为 0.086 且不显著，表明双固定效应下不存在空间溢出效应，所以本书选择空间自回归系数显著的时间固定效应 SDM 模型进行进一步分析。

11.2.3 模型构建

由 11.2.2 模型选择的各项检验可知，空间固定效应的 SDM 模型是研究京津冀港口群腹地物流发展水平对数字经济空间影响研究的最佳模型，本书建立的 SDM 模型如下：

$$DE_{it} = \alpha + \rho \sum_{i=1}^{n} C_{ij} DE_{jt} + \delta LD_{it} + \gamma \sum_{j=1}^{n} C_{ij} LD_{jt} + \omega X_{it} + \sigma \sum_{j=1}^{n} C_{ij} X_{jt} + \eta_t + \varepsilon_{it} \quad (11-6)$$

式中，α 为常数项；DE_{it} 代表被解释变量地区数字经济发展水平；LD_{it} 代表解释变量地区物流发展水平；C_{ij} 为经济地理空间权重矩阵；$\sum_{i=1}^{n} C_{ij} DE_{jt}$ 和 $\sum_{j=1}^{n} C_{ij} LD_{jt}$ 分别表示被解释变量和解释变量的空间滞后项；X_{it} 为控制变量，包括政府干预水平（GOV）、人力资源水平（HR）、城镇化水平（URB）；$\sum_{j=1}^{n} C_{ij} x_{jt}$ 表示控制变量的空间滞后项；ρ 代表空间自相关系数；δ 表示解释变量系数；γ 为解释变量空间滞后项系数；ω 为控制变量系数；σ 为控制变量空间滞后项系数；η_t 为时间固定效应；ε_{it} 为随机误差项。

11.3 空间计量实证结果分析

11.3.1 SDM 模型实证分析

基于上述分析，对构建的时间固定效应 SDM 模型回归，估计结果如表 11-9 所示。

表11-9 时间固定效应SDM模型回归结果

变量	回归系数	P 值
LD	0.623***	0.000
GOV	0.337*	0.093
HR	0.330***	0.000
URB	−0.180	0.711
C*LD	2.034***	0.000
C*GOV	2.395***	0.000
C*HR	−0.382***	0.023
C*URB	2.566**	0.010
ρ	0.239***	0.001
R^2	0.215	
σ^2	0.125***	0.000
Log-L	−40.196	

注 ***、**、* 分别表示 1%、5%、10% 的显著性水平。

从模型估计结果可得到如下结论：

①空间自相关系数 ρ 的值为 0.239，且在 1% 的水平上显著为正，说明京津冀地区的数字经济发展存在明显的正向空间溢出效应，这与前文莫兰指数结果一致。京津冀地区的数字经济发展存在依赖关系，一个地区的数字经济发展会

对周边其他地区产生影响。

②本书核心解释变量京津冀港口群腹地物流发展水平（LD）的回归系数为0.623，在1%的显著水平下为正，表明物流发展水平对数字经济发展水平存在显著的正面作用。数字经济以数据作为生产要素，其发展同样离不开实体经济的支持，在生产过程中企业生产原材料的运输、生产产品的配送等都离不开物流的支持。物流运力的大小，成本的高低都影响着相关产业的规模与发展，进一步影响数字经济的发展。解释变量的空间滞后项系数C*LD为2.034，同样在1%的显著水平下为正。这说明物流发展水平存在明显的溢出效应，本地物流发展水平对周边区域有着重大影响。在生产经营中往往涉及许多跨越市级行政单位的物资交流，当地的物流能力越强，与其他区域进行物质交换也越便捷。依托于自身的物流能力可对周边城市运送更多的实体生产要素，从而对其经济发展提供正向帮助，进而促进数字经济的发展。

③控制变量政府干预水平（GOV）回归系数为0.337，在10%显著水平下为正，同时其空间滞后项C*GOV回归系数为2.395，在1%显著水平下为正。这表明政府的干预对数字经济发展有促进作用，同时在空间上也存在溢出效应。政府的有效干预可优化营商环境，为市场主体提供优质、高效、便捷的服务，对数字经济的发展具有正向作用。人力资源水平（HR）及其空间滞后项C*HR的系数分别在1%和5%的显著水平下为正，表示人力资源水平不光对本地区数字经济发展存在正向影响，对周边地区同样存在正向影响。各行业的发展都需要人来完成，高质量的人力资源无疑更有益于数字经济的发展。人力资源高的地方常常伴随着激烈的竞争，这可能会导致人才流向其他城市寻求发展，进而促进周边数字经济的发展。城镇化水平（URB）本身回归系数不显著但其空间滞后项C*URB在5%显著水平下为正。这表明城镇化对当地的数字经济发展影响不大，但会显著促进周边地区的数字经济发展。这可能是由于随着城镇化的不断提高，当地聚集了更多的企业和机构，形成激烈竞争的环境。在这种情况下，数字经济发展可能受到竞争压力的制约。相比之下，周边地区可能在较小的市场环境中更容易发展。

11.3.2　空间溢出效应分解

上述估计结果仅能对解释变量的空间溢出效应进行初步的判断，由于模型中存在解释变量的空间滞后项，通过点估计检验空间溢出效应可能会造成偏误。因此，依照LeSage J P和Pace R K提出的方法，利用偏微分方法可以将空间溢出效应拆分为两个主要部分：一是直接效应；二是间接效应，也可以称之为溢出效应。直接效应被用于量化解释变量对本地数字经济增长的平均作用，而间接效应则被用于评估解释变量对相邻地区数字经济增长的平均效果。

常见的 SDM 模型形式为：

$$Y_t = \rho W Y + X_t \beta + W X_t \theta + \varepsilon_t \tag{11-7}$$

LeSage 和 Pace 的偏微分分解法如下，先设定如下形式的 SDM 模型：

$$Y_t = (I_n - \rho W)^{-1}(X_t \beta + W X_t \theta) + (I_n - \rho W)^{-1} \varepsilon_t^* \tag{11-8}$$

其中，ρ 表示空间自相关系数，W 代表空间权重矩阵，X_t 代表自变量，β 代表自变量回归系数，θ 代表自变量空间滞后项系数，ε_t^* 代表误差项，I_n 表示一个 $n \times 1$ 阶单位矩阵。

然后求被解释变量对解释变量的偏微分矩阵：

$$\left[\frac{\partial Y}{\partial X_{1k}} \cdots \frac{\partial Y}{\partial X_{Nk}} \right]_t = \begin{bmatrix} \frac{\partial y_1}{\partial X_{1k}} & \cdots & \frac{\partial y_1}{\partial X_{Nk}} \\ \vdots & \ddots & \vdots \\ \frac{\partial y_N}{\partial X_{1k}} & \cdots & \frac{\partial y_N}{\partial X_{Nk}} \end{bmatrix}_t = (I_n - \rho W) \begin{bmatrix} \beta_k & w_{12}\theta_k & \cdots & w_{1N}\theta_k \\ w_{21}\theta_k & \beta_k & \cdots & w_{2N}\theta_k \\ \vdots & \vdots & \cdots & \vdots \\ w_{N1}\theta_k & w_{N2}\theta_k & \cdots & \beta_k \end{bmatrix} \tag{11-9}$$

偏微分矩阵中对角线元素的平均值表示的是直接效应，非对角线的行元素或者列元素和的平均值表示的便是间接效应。空间效应分解结果见表 11-10。

表11-10 SDM模型空间效应分解结果

变量	直接效应	P值	间接效应	P值	总效应	P值
LD	0.673***	0.000	2.195***	0.000	2.869***	0.000
GOV	0.388*	0.055	2.628***	0.000	3.017***	0.000
HR	0.329***	0.000	-0.385**	0.034	-0.056	0.781
URB	-0.148	0.763	2.710***	0.007	2.561***	0.004

注 ***、**、* 分别表示1%、5%、10% 的显著性水平。

（1）物流发展水平（LD）的空间效应分解

京津冀港口群腹地物流发展水平对数字经济发展水平影响的直接效应、间接效应和总效应分别为 0.673、2.195、2.869，均在 1% 显著水平下显著。这表示京津冀地区物流发展水平每提高1%，周边的数字经济发展水平提高2.195%，京津冀整体提高2.869%。物流发展水平对周边的影响要小于对自身的影响。

（2）政府干预水平（GOV）的空间效应分解

政府干预水平对港口群腹地数字经济发展水平的直接效应、间接效应和总效应的系数依次为0.388、2.628、3.017，分别在10%、1%、1%的显著性水平上通过检验。这表明政府干预水平每提高1%，本地区数字经济发展水平相应提高0.388%，相邻地区数字经济发展水平相应提高2.628%，京津冀地区整体数字经济发展水平提高3.017%。

（3）人力资源水平（HR）的空间效应分解

人力资源水平对港口群腹地数字经济发展水平的直接效应、间接效应分别为0.329和-0.385，且都在1%水平下显著。总效应为-0.056，没有通过显著性检验，说明人力资源水平对京津冀区域整体影响不显著。直接效应为正，间接效应为负，表示人力资源水平高对当地的数字经济发展起促进作用，对周边区域起抑制作用。这可能是因为人力资源水平高的地区通常产业支持也较多，可能会吸引周边人才，导致其数字经济发展受限。

（4）城镇化水平（URB）的空间效应分解

城镇化水平对港口群腹地数字经济发展水平的直接效应为-0.148，且没有通过显著性检验，说明城镇化水平对当地的数字经济发展影响不显著。间接效应和总效应分别为2.710和2.561，且均通过1%的显著性检验。这可能是因为城镇化过程中，资源配置不够合理使当地在建设过程中造成了大量的花费，抵消了城镇化后资源集中对数字经济带来的促进作用。同时，城镇化后资源产业相对集中，与周边的经济互动增强，使周边地区经济发展得到帮助。所以城镇化对周边的带动作用大于对自身的消耗，整体上看对数字经济发展呈正向作用。

11.3.3 稳健性检验

为检验结果是否可靠，须进行稳健性检验。常用的稳健性检验包括替换被解释变量、缩短数据年限、剔除控制变量等。由于本书数据年限有限，所以采用替换被解释变量和剔除控制变量法进行稳健性检验。本书被解释变量为京津冀港口群腹地物流发展水平，由熵权-TOPSIS法测得，稳健性检验时采取模糊综合评价法由原始数据重新测算。将三个控制变量中的政府干预水平剔除进行稳健性检验，结果见表11-11。

表11-11 稳健性检验结果

变量	剔除控制变量	替换解释变量
LD	0.653***	0.433***
GOV	—	0.122**
HR	0.462***	0.330**
URB	2.719***	−0.1255
C*LD	2.261***	2.531***
C*GO-V	—	2.423***
C*HR	−0.827***	1.924
C*URB	0.494	−0.382***
ρ	0.297***	0.189***
R^2	0.027	0.006
σ^2	0.360	0.314***
Log-L	−103.188	−75.980

注 ***、**、* 分别表示1%、5%、10%的显著性水平

根据上表，在剔除一个控制变量政府干预水平后，核心变量物流发展水平对数字经济发展水平的影响仍然正向显著。控制变量中，城镇化水平变为正显著，其滞后性不显著，其余变量与剔除前一致。替换核心变量后，除城镇化水平没有通过显著性检验外，其余变量均保持一致。由上述分析可以说明本书结论，京津冀港口群腹地物流发展水平对数字经济发展水平具有正向促进的结论可靠。

11.3.4 异质性分析

本书分析了京津冀港口群腹地物流对数字经济发展的空间总体影响，但是通过莫兰散点图的结果发现，京津冀地区内不同城市之间存在较大的数字经济发展集聚模式差异，有必要进一步分析京津冀不同区域对港口物流影响的异质性。

为了深入了解这一差异性，本书按照莫兰散点图将京津冀地区划分为H-H（高-高）、L-L（低-低）和H-L（高-低）三种集聚模式。然而，H-H和H-L模式的城市数量相对较少，样本不足以进行可靠的统计分析。因此，本书选择了L-L集聚模式中的城市（承德、张家口、秦皇岛、保定、衡水、邢台、唐山、沧州、廊坊、邯郸）进行进一步的分析，并与整个京津冀港口群腹地进

行对比分析。结果见表 11-12。

从表 11-12 可以看出，京津冀整体和 L-L 集聚区的空间自相关系数 ρ 都显著为正，但系数差值并不明显，说明京津冀整体和 L-L 集聚区的数字经济发展正向空间溢出效应相当。

表11-12　L-L聚集模式与京津冀整体异质性分析结果

变量		京津冀整体	L-L 集聚区域
LD		0.623***	0.451***
GOV		0.337*	−0.302
HR		0.330***	0.365***
URB		−0.180	0.073
C*LD		2.034***	1.223***
C*GOV		2.395***	1.989***
C*HR		−0.382***	−0.669***
C*URB		2.566**	1.309
ρ		0.239***	0.249***
直接效应	LD	0.673***	0.509***
	GOV	0.388*	−0.221
	HR	0.329***	0.349***
	URB	−0.148	0.093
间接效应	LD	2.195***	1.369***
	GOV	2.628***	2.188***
	HR	−0.385**	−0.690***
	URB	2.710***	1.440
总效应	LD	2.869***	1.878***
	GOV	3.017***	1.967*
	HR	−0.056	−0.341
	URB	2.561***	1.533

注　***、**、* 分别表示 1%、5%、10% 的显著性水平。

京津冀整体和L-L集聚区的核心变量物流发展水平系数均显著为正，但系数的大小存在明显差异。L-L集聚区的物流发展水平对数字经济的直接效应、间接效应和总效应都相应小于京津冀区域整体。这说明L-L集聚区的物流发展对数字经济的促进作用比不上区域内其他地区。这可能是因为处于其他集聚模式的城市（北京、天津、石家庄）物流实力更强，对区域的带动作用明显。处于L-L集聚区的城市应该加快物流发展步伐，充分发挥物流对数字经济发展的带动作用。

政府干预水平的间接效应和总效应在京津冀整体和L-L集聚区都显著为正，但在L-L集聚区的直接效应为负且不显著，而京津冀整体显著为正。这可能是因为处在L-L集聚区的地方政府的执行能力和资源有限，导致其对数字经济发展的促进结果不够明显。人力资本水平在京津冀整体和L-L集聚区都表现出显著正向的直接效应、负向间接效应和并不显著的总效应。其中L-L集聚区的间接效应系数明显低于京津冀整体。这可能是因为处在L-L集聚区拥有丰富的人才和资源的地区往往拥有更多的产业和岗位，会限制周边地区的就业机会和产业多样性。城镇化水平在L-L集聚区的各项效应均不显著，而在京津冀整体具有显著的正向间接效应和总效应。这可能是因为L-L集聚区的城市城镇化水平不高，正处于城镇化过程中，城镇化的收益还没有表现出来。而京津冀区域内存在城镇化水平较高的城市，使周边地区更容易接入城市获得更多就业机会，使城镇化水平对数字经济发展的间接效应和总效应为正。

11.4 对策建议

通过空间计量模型的分析结果，在促进京津冀港口群腹地数字经济发展的同时实现物流与数字经济共赢的良好局面，本书提出以下建议：

（1）京津冀物流协同发展，促进区域整体物流高质量发展

物流是实体经济的核心组成部分，并在数字经济发展中具有不可或缺的关键性作用。从区域层面来看，河北省在物流领域的多个方面尚未达到京津两地的水平。因此，河北省有必要积极借鉴京津地区物流业的成功经验，并根据当地情况制订物流行业的发展战略。在追求自身发展的同时，也应强调地区的整体规划。为实现京津冀地区物流的协同发展，首要任务是缓解首都地区的非核

心职能压力以及解决北京所面临的"大城市病"问题。由于物流企业具有庞大的土地需求、大规模车辆运输、高劳动密集度和高排放量,因此被视为缓解首都地区非核心功能压力的关键行业。同时,将物流企业迁移至河北和天津地区,有助于充分利用当地丰富的土地资源和与北京相邻的交通便捷性,并且更容易融入京津冀港口群的集疏运体系。

雄安新区被视为京津冀地区协同发展的战略要地。因此,在制定京津冀物流协同发展规划时,必须考虑雄安新区在该地区物流格局中的战略地位。这包括着重考虑雄安新区作为出海口和航空物流节点的建设、雄安相关物流园区的发展、公路和铁路货运网络的建设等方面的工作,为雄安新区在京津冀协同发展中发挥关键枢纽作用提供良好的物流支持条件。

(2)优化数字经济发展战略,营造良性数字化生态

利用我国经济制度的优越性,将"集中力量办大事"这一比较优势充分发挥出来,制定数字化转型的战略规划,完善数字化转型的治理体系。在国家政策层面上,积极支持和引导企业的数字化转型,鼓励企业积极参与数字创新活动。为确保数字化转型的顺利进行,数据要素市场的高效运作显得至关重要,需要通过规范数据要素市场来加速数字化转型的进程。政府应强化顶层设计,建立一体化的大数据管理体制和机构,为数字产业化的发展提供有力支持。需要全面考虑数据开发与应用的行为规范,构建完善的数据产业交易流程,并积极培育数据交易平台和市场参与者,以确保数据流通更为安全和高效。政府应当增强对工业互联网平台建设发展的支持力度,促进其有序健康发展。在合法支持工业互联网平台和消费互联网平台进行技术创新以提升平台企业国际竞争力的同时,也需要对平台企业,特别是消费互联网平台,进行严格的法律监管,以防止平台垄断对消费者权益造成损害。通过建立和健全信息公开制度,加强平台企业的诚信自律建设,强化行业自律等方式来引导平台企业遵守法律和商业道德,促进我国数字经济健康有序发展。

此外,为更好地保护消费者的合法权益,有必要进一步完善平台企业的运营和监管规则,并持续对《中华人民共和国反垄断法》进行修订和补充,同时强化相关法律法规和伦理审查机制。这一系列措施将有助于引导数字经济的发展走向健康和有序的轨道。

(3)建设数字人才评价与激励体系,激发数字人才活力

数字经济的蓬勃发展依赖于数字人才作为核心引擎,为了迅速提升数字人才的培养水平,亟须构建一套合理而完备的人才培养体系。首先,对数字技术

人才的培养进行全面的规划，通过深入分析各行业对数字人才的需求，以便更加迅捷地培育具备核心技能和富有创新思维的数字技术专家，从而塑造多层次的数字技术人才队伍，如专业型、市场型、融合型和领军型等不同层次的人才。其次，创新数字技术人才的培训和管理体系，积极借助市场机制，以培育那些在专业技能上表现卓越、具备跨领域整合能力和推动创新应用技术的人才为目标。再次，构建适应数字经济特点的人才评估机制，通过优化利益分配机制，包括技术入股、人才入股以及有利于培养人才的财税政策等多方面激励措施，激发数字技术人才的创新意识和能力。最后，充分发挥行业协会、培训机构和认证机构等第三方组织的作用，进一步完善数字技术人才的培训生态系统，以提升数字技术人才的市场竞争力。这些举措将有助于满足数字化时代对高素质人才的迫切需求，推动数字经济朝着更加健康有序的方向发展。

（4）稳步推进城镇化进程，完善数字基础设施建设

城镇化须稳步提升，不能盲目追求城镇规模，"摊大饼"式扩张。城镇化的发展要依据当地社会经济发展现状，因地制宜，不可急于求成。数字经济作为当前经济发展的核心要素，在城镇化过程中可以集中资源并着重建设数字经济基础设施，以促进数字经济的蓬勃发展。首先，持续推进城乡宽带普及，加快移动通信网络的改造和升级。特别需要关注绿色、低碳、云端融合、高速覆盖以及智能便捷的新型数字基础设施的建设。这包括构建综合应用大数据平台，积极加强城乡网络平台的改造与升级，特别需要着力推进全国范围内互联网基础设施的建设，为数字经济的发展提供软硬件支持。其次，积极促进物联网、区块链、人工智能以及大数据分析等领域的基础业务开放平台的发展。最后，不断深化企业与高等教育机构的合作，充分发挥资源优势，推进国家重点实验室、国家工程实验中心以及国家级科技平台的建设和布局，以实现数字经济发展的全面推进，确保数字经济发展与城镇化进程的协调发展。

11.5 本章小结

本章采用时间固定效应的空间杜宾模型分析了京津冀港口群腹地物流发展对数字经济发展的空间溢出效应，分析得出：物流发展水平对数字经济发展具

有显著的正向直接效应和空间溢出效应，政府干预水平和城镇化水平对数字经济的发展具有显著的促进作用，而人力资源水平对区域整体数字经济发展影响不显著。在稳健性检验中替换核心解释变量和剔除控制变量政府干预水平后进行回归后解释变量显著性与正负号不变。在 L-L 集聚区和京津冀整体的异质性分析中发现，物流水平在 L-L 集聚区和区域整体的促进作用差距并不明显。L-L 集聚区政府干预水平对数字经济发展直接效应不显著，总效应小于区域整体，人力资源水平表现出了更多的负向溢出效应，而城镇化水平相比区域整体均不存在显著影响。最后根据分析结果，依据本书所选解释变量和控制变量从四个方面提出促进京津冀港口群腹地数字经济发展的建议。

第 12 章 港口群腹地经济发展水平与智慧物流的空间计量研究——以京津冀为例

12.1 智慧物流发展水平空间相关性分析

空间相关性一般用空间自相关系数来表示。空间自相关又分为空间正相关和空间负相关，空间正相关表示研究区域与周边邻近区域的研究现象存在正向的空间相关关系，负相关则表示存在负向相关。空间自相关分析还可以从整体或局部的角度来观察，分为全局空间自相关和局部空间自相关。结合第 3 章的空间相关性介绍，本章采用莫兰指数来检验京津冀港口群腹地智慧物流发展水平的空间相关性。

12.1.1 空间权重的选择

空间相关性分析是空间计量分析的前提条件，空间相关性的主要度量方法就是通过构建空间权重矩阵，将数据所包含的空间相关关系进行量化。不同的空间权重矩阵没有优劣之分，只是根据研究需要进行综合考虑，选择一个或几个比较合适的空间权重矩阵。本书在选择空间权重时参考了方磊、高国生、陈哲的做法，采用多种矩阵并行，经济距离矩阵和地理距离矩阵相结合的方式对京津冀区域智慧物流发展的空间相关性进行分析。

经济距离空间权重矩阵（W_1）为经济距离矩阵，计算公式如下：

$$w_{ij}=1-\left|\frac{(PGDP_j-PGDP_i)}{PGDP_j+PGDP_i}\right| \quad (12-1)$$

其中，PGDP 取值为考察期中相应城市 GDP 的平均值。

地理距离空间权重矩阵（W_2）使用两个城市中心位置地理距离的倒数，对角线则为 0。如下式所示：

$$w_{ij}=\begin{cases}\dfrac{1}{d_{ij}}, & i\neq j \\ 0, & i=j\end{cases} \quad (12-2)$$

12.1.2 全局空间自相关分析

全局空间自行关分析是用来衡量某一个研究现象在整个研究范围内的空间分布是否存在相关性。运用 STATA 16.0 软件分别基于经济距离权重和地理距离权重对京津冀区域智慧物流发展水平的全局空间相关性进行检验，具体结果见表 12-1 和图 12-1。

表12-1 京津冀区域智慧物流发展水平Moran's I指数值

年份	经济距离权重			地理距离权重		
	Moran's I	Z值	P值	Moran's I	Z值	P值
2013	0.229	6.344	0.000	0.237	6.277	0.000
2014	0.229	6.344	0.000	0.237	6.284	0.000
2015	0.244	6.713	0.000	0.253	6.680	0.000
2016	0.233	6.402	0.000	0.243	6.366	0.000
2017	0.239	6.536	0.000	0.248	6.492	0.000
2018	0.228	6.281	0.000	0.236	6.226	0.000
2019	0.229	6.281	0.000	0.238	6.233	0.000
2020	0.233	6.434	0.000	0.242	6.378	0.000
2021	0.243	6.617	0.000	0.250	6.525	0.000
2022	0.227	6.345	0.000	0.235	6.230	0.000

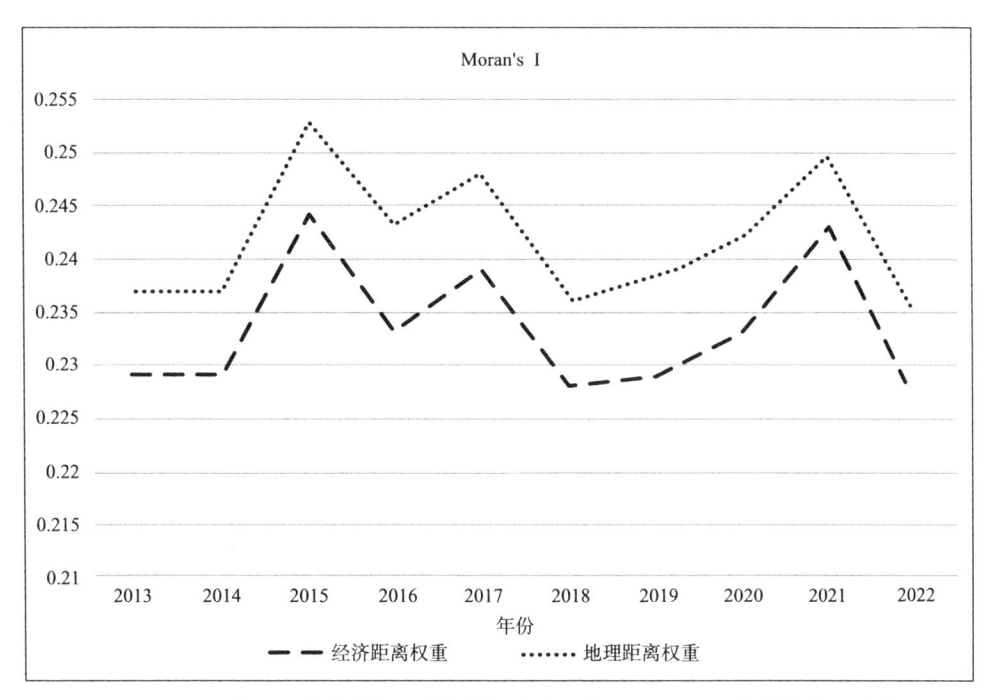

图 12-1　不同空间矩阵京津冀区域智慧物流发展水平 Moran's I 指数值发展趋势图

结合表 12-1 和图 12-1 可以看出，2013～2022 年京津冀区域智慧物流发展的全局 Moran's I 均为正且通过了 1% 水平的显著性检验，这说明京津冀区域智慧物流发展在区域整体上存在着正的相关性。通过图 12-1 可以看出莫兰指数呈现出先升后降再上升的趋势，但总体的趋势为上升，这表示京津冀区域智慧物流发展的集聚呈现出先升后降再上升的趋势，且整体的扩散辐射效应表现比较强，京津冀区域智慧物流发展通过调动周边城市的资源促进本地区的智慧物流发展。虽然经济距离矩阵和地理距离矩阵所测算出的莫兰指数数值上有一些变化，但是整体的变化趋势保持一致，均出现了三次峰值，分别为 2015 年、2017 年和 2021 年。两个空间矩阵下全局 Moran's I 的均值分别为 0.233 和 0.242。所以可以看出，京津冀区域智慧物流发展会对周边城市的智慧物流发展起到积极的作用，并在一定范围内产生促进作用。

为了更好地体现出京津冀区域智慧物流发展在区域中相互联系的特点，本书接下来使用局部 Moran's I 和 LISA 集聚图直观反映城市间智慧物流发展的演化关系。

12.1.3 局部空间自相关分析

通过全局空间自相关分析后，发现京津冀区域内各地区智慧物流发展水平具有空间相关性，可以从全局的角度概括性地表示京津冀区域智慧物流发展水平的相关性，但是各个地区空间相关的类型和相关程度还不能表示出来，为了反映局部区域智慧物流发展水平的差别，下面将以地理距离矩阵为例，采用 Moran 散点图和 LISA 集聚图对京津冀区域的智慧物流发展水平进行局部空间相关性分析。

12.1.3.1 Moran 散点图

本节以 2013 年、2016 年、2019 年、2022 年京津冀区域智慧物流发展水平数据对其进行局部空间自相关分析。

通过建立地理距离矩阵，分别绘制了京津冀区域智慧物流发展的散点图，图 12-2 分别是 2013 年、2016 年、2019 年和 2022 年京津冀区域智慧物流发展水平局部 Moran 散点图。如图所示，Moran's I 在各年份都有所不同，大部分城市 Moran's I 都处于第一、第三象限。从第一象限可以看出北京、天津、唐山、石家庄的智慧物流发展水平与周边城市的智慧物流发展水平指数呈现出正相关关系，说明智慧物流发展水平较高的空间集聚进一步促进了集聚区域内的集聚。并且，第一象限的四个城市没有变化，表明这四个城市的智慧物流发展水平相对稳定。从第三象限来看，邢台、廊坊、张家口、秦皇岛、承德、衡水一直稳定地处在低低集聚区内，说明这几个城市的智慧物流发展水平与周边地区都是比较低。通过观测 2013～2022 年第四象限的城市变化，可以发现邯郸、沧州是京津冀区域内除了北京、天津和唐山之外智慧物流发展水平相对较高的城市。但保定市从第四象限逐步回到了第三象限，这可能是因为雄安新区的大规模建设虽然给保定带来机遇，但是保定身为内陆城市，没有出海口，所以交通物流是天生短板。根据中投顾问产业研究院发布的物流运量规模综合分析报告显示，保定市物流运量规模在河北省地级以上城市中排名第七，这也说明了保定在物流基础设施建设上要持续发力，加快基础设施的建设步伐，按照保定市 2021～2025 年国家物流枢纽承载城市建设实施方案，统筹推进陆港型和商贸服务型国家物流枢纽建设。高效承接首都物流功能疏解，联动北京空港、天津港口构建"京津雄保"地区陆、海、空立体物流枢纽网络，引领物流枢纽经济发展模式创新，争列国家物流枢纽城市。

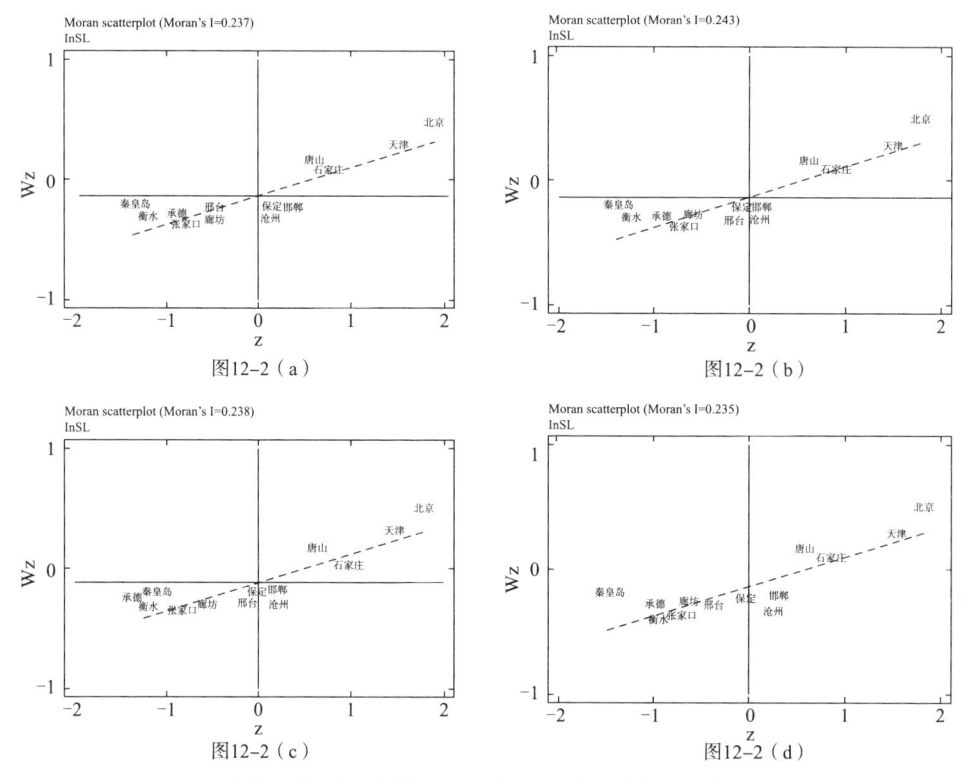

图 12-2 京津冀区域智慧物流发展水平局部 Moran 散点图

12.1.3.2　LISA 集聚图

为了更清楚地反映京津冀区域的智慧物流发展变化趋势，本书构建了京津冀区域智慧物流发展水平局部 LISA 集聚图。表 12-2 中分别为 2013 年、2016 年、2019 年和 2022 年的集聚情况。从表 12-2 中可以看出，京津冀区域智慧物流发展水平的关联主要是高—高型、低—低型和高—低型，集聚度有明显的变化，这主要与京津冀区域内各地区的功能定位有关。北京、天津作为区域内的中心城市，两个城市紧密相邻，北京作为全国政治中心、文化中心、国际交往中心、科技创新中心，是京津冀城市群的核心，负责引领区域整体协同发展。天津作为世界第四大港口城市，其在物流方面发挥着"领头羊"的作用。北京、天津的智慧物流发展水平与周边城市相比，一直都处于较高水平，并且与相邻城市相关性显著。石家庄作为河北省的省会，其定位为区域内的南部中心城市。随着现代物流产业的发展，近年来受到华北地区最大的国际物流园、内陆港和聚合港建设的影响，其物流业的发展得到了飞速提升，在建设物流基础设施的同时还在物流的智能化上下足了功夫,所以石家庄的智慧物流发展指数比周边城市要高,对周边城市的物流发展也起到了推动作用。唐山是京津冀区域内的东北部中心城市,其GDP排名全省第一,并且唐山港2021年港口吞吐量世界排名第三。强大的经济支撑和先天的物流优势使唐山在智慧物流发展上要比河北省内的其他城市更具优势,所以唐山的智慧物流发展水平是区域内除北京、天津以外又一个发展比较高的城市,从集聚图上看,唐山也是高低集聚区域。总的来说,京津冀区域智慧物流发展有北京、天津两个"先锋"作为主力带动着区域智慧物流整体的发展,同时又产生了很强的集聚效应。

表12-2　京津冀区域智慧物流发展水平局部LISA集聚图

年份	高—低	低—高	低—低	高—高	不显著
2013	石家庄、唐山	无	邯郸、保定、沧州	北京、天津	邢台、衡水、张家口、秦皇岛、廊坊、承德
2016	石家庄	无	衡水、张家口	北京、天津	邯郸、邢台、保定、沧州、唐山、秦皇岛、承德、廊坊
2019	石家庄、唐山	无	邯郸、邢台、保定、沧州、廊坊	北京、天津	衡水、张家口、秦皇岛、承德
2022	石家庄、唐山	无	邢台、保定、沧州、廊坊、承德	北京、天津	邯郸、衡水、张家口、秦皇岛

本小节对京津冀区域智慧物流发展空间相关性进行了分析,发现区域内智慧物流具有明显的空间异质性,那么便可以通过优化周围地区智慧物流生产要素的配置来推动区域内的智慧物流发展。从局部来看,区域内的几个中心城市对周围城市的虹吸效应都比较明显。12.4节将对京津冀区域内智慧物流发展的空间溢出效应进行分析。一般来说,区域内的智慧物流发展的空间效应可以分为直接溢出效应和间接溢出效应。直接溢出效应是指本地区的智慧物流发展对自身的溢出影响,可以为正向的促进作用,也可以是负向的抑制作用。间接溢出效应是指本地区的智慧物流发展活动对相邻地区的智慧物流发展起到正向或负向的溢出影响。空间溢出效应是一种典型的经济外部性特征,这种特征会对京津冀区域智慧物流的协调发展具有重大的作用,因此,下一节以溢出效应为切入点,参考有关学者们的做法,选取具有代表性的变量指标,通过构建静态和动态空间面板模型建立数理关系,来探究经济要素对京津冀区域智慧物流发展的影响。

12.2　指标选取及描述性统计

12.2.1　被解释变量

智慧物流发展水平：影响智慧物流发展水平的高低主要是物流要素的流动与空间集聚的相互作用。本书在第 9 章通过构建组合权重，运用 TOPSIS 综合评价法，测评了京津冀区域各地区智慧物流发展水平，使用 SL 来表示。并且从图 9-5 也可以看出京津冀区域内各地区智慧物流发展水平的变化趋势和区域内的排名情况。

12.2.2　解释变量

（1）核心解释变量

GDP 或 PGDP 是衡量一个地区经济发展水平的重要指标之一，但是仅仅使用这两者中的一个或将两者结合来表示经济发展水平的话，会忽略了一些重要的影响因素，如产业结构水平、消费水平、城镇化水平等。因此，为了全面反映一个地区的经济发展水平，本书在第 9 章综合测评了能够较为全面地反映经济发展水平的一个指标 LSE。

（2）控制变量

①教育水平（EDU）：物流行业本身属于服务业，而智慧物流更属于知识技术密集型产业，具有明显的规模经济和产业内知识溢出新特征，大量高素质专业性强的智慧物流人才更是智慧物流发展的关键因素，这不仅能够有效地促进本地区的技术创新水平，也能够依靠高水平的人力资本、区域学习能力推动京津冀区域智慧物流企业的地理集中。此处，本书选择每万人在校大学生数量作为其代理变量。

②科技投入（RD）：R&D 投入是衡量一个区域科技创新水平的重要指标，加大研发投入力度可以提升技术水平和核心竞争力（为了与其他变量代码统一，将科技投入 R&D 缩写为 RD）。党的二十大报告提出，必须坚持科技是第一生产力、人才是第一资源、创新是第一动力，深入实施科教兴国战略、人才强国战略、创新驱动发展战略，开辟发展新领域新赛道，不断塑造发展新动能新优势。

京津冀区域内的科技创新能力越来越强，以北京、天津为首，雄安新区为后补，京津冀区域内的科技创新和物流创新正在发生着日新月异的变化。所以，本书以各城市的科技投入为代表来衡量物流核心技术和智能技术的投入。

③国际化水平（TIE）：随着经济全球化程度的不断加深，各国之间的经济相互影响、相互依赖，对外开放有效地推动了跨国间的知识技术交流。对智慧物流发展来讲，能够使智慧物流企业向国际化水平更高的城市集聚，并且国际化水平越高，物的流动将会越大。而一个地区的进出口总额的多少，可以从一定程度上反映出该地区的国际化水平，因此通过对进出口总额的分析可以明确一个地区对外贸易的规模，同时也能体现出物流业的对外发展水平。

12.2.3　变量的描述性统计

将上述选定的各变量通过STATA 16.0软件进行平均值、标准差、最大值、最小值计算，得到如表12-3所示的变量描述性统计分析表。为了消除变量的异方差，保证数据的平稳性，对变量进行了取对数处理。

表12-3　京津冀区域智慧物流发展2013～2022年数据统计性描述

变量类型	变量	变量代码	平均值	标准差	最小值	最大值
被解释变量	智慧物流发展水平	lnSL	-1.988	1.016	-3.872	-0.042
核心解释变量	经济水平	lnLSE	-1.232	0.380	-1.937	-0.163
控制变量	教育水平	lnEDU	5.478	0.530	4.595	6.404
控制变量	科技投入	lnRD	0.187	0.718	-1.772	1.876
控制变量	国际化水平	lnTIE	6.002	1.777	2.807	10.503

12.3　数据来源

本书旨在考察社会经济发展水平对京津区域智慧物流发展的影响，由于衡量智慧物流发展层面的数据可得性较差，所以设定2013年为基期，选取2013～2022年为研究时段，将京津冀区域内的13个城市作为研究样本，文中涉及智慧物流发展水平、社会经济发展水平指标、空间溢出效应测算的控制变量等，这些原始数据来源于 2014~2021 年的《中国城市统计年鉴》、2013~2022 年各城市国民经济与社会发展统计公报、2014~2022 年《河北省科技经费投入统计公报》和《全国科技经费投入统计公报》。需要特别说明的是，智慧物流评价体系数据中电子商务交易额来源于历年的政府报告、新闻快报以及相关行业报告。物流公司数量和智慧物流公司数量来源于企企查和天眼查，智能仓储、工业机器人、智能快递柜和 AGV 等的市场规模均来源于相关行业报告、中商产业研究院。

12.4 京津冀区域经济发展对智慧物流发展影响的实证分析

12.4.1 模型的建立

京津冀区域智慧物流发展水平的空间效应既有内在因素的影响，又有外在因素的影响。本书认为京津冀区智慧物流发展依赖于经济发展和科技创新以及其他一些经济要素的影响，因此构建相关经济模型。

$$SL = \rho \sum_{j=1}^{N} w_{ij} SL + \beta LSE_{it} + \theta \sum_{j=1}^{N} w_{ij} X_{ijt} + \mu_i + \delta_t + \varepsilon_{it} \quad (12\text{-}3)$$

其中，SL 为被解释变量智慧物流发展水平，w_{ij} 为空间权重矩阵，$\sum_{j=1}^{N} w_{ij} SL$ 表示邻接区域的被解释变量对本区域的影响，ρ 表示被解释变量的空间自相关系数，LSE_{it} 为核心解释变量经济发展水平，β 为解释变量的空间滞后项系数，X_{ijt} 为控制变量包括科研投入（RD）、教育水平（EDU）和国际化水平（TIE），$\theta \sum_{j=1}^{N} w_{ij} X_{ijt}$ 是临近区域的解释变量对本区域解释变量的影响，θ 为控制变量的空间自相关系数，μ_i 是空间效应项，δ_t 是时间效应项，ε_{it} 为随机误差项。

由于式（12-3）是面板数据，可能存在时间波动的影响，为了消除这种影响，对式（12-3）等式两边进行取对数处理，处理后的公式如下：

$$\ln SL = \rho \sum_{i=1}^{N} w_{ij} \ln SL + \beta \ln LSE_{it} + \theta \sum_{j=1}^{N} w_{ij} \ln X_{ijt} + \mu_i + \delta_t + \varepsilon_{it} \quad (12\text{-}4)$$

通过分析 2013~2022 年京津冀区域智慧物流发展水平的走势发现，若区域前期智慧物流发展水平较高，那么后期的发展水平必然也高。这说明智慧物流发展水平存在一个动态的连续性，也就是说上一年的发展水平会对当前智慧物流发展水平产生影响。因此，本书建立了动态空间面板模型：

$$\ln SL_{it} = \rho \sum_{j=1}^{N} w_{ij} \ln SL_{jt} + \alpha \sum_{j=1}^{N} w_{ij} \ln SL_{jt-1} + r \ln SL_{it-1} + \beta \ln LSE_{it} + \theta \sum_{j=1}^{N} w_{ij} \ln X_{ijt} + \mu_i + \delta_t + \varepsilon_{it}$$

（12-5）

其中，$w_{ij} \ln SL_{jt}$ 为空间滞后项，$w_{ij} \ln SL_{jt-1}$ 为时空滞后交互项，$\ln SL_{jt-1}$ 为时间滞后项，X 为控制变量。

12.4.2 静态空间面板模型实证分析

静态空间面板模型通常分为 SEM、SAR 和 SDM，但三个模型中空间杜宾模型的包容性要比其他两个模型更强。在选择模型时通常先将模型设定为杜宾模型，然后通过一系列的空间计量模型检验，来判断最终要使用的模型。

结合第 2 章研究方法介绍，本书首先基于 LM 和 Robust LM 检验，进行 OLS 回归，来检验各变量之间是否具有空间分布属性，是否有必要引入空间计量模型。通过检验发现两种不同的空间权重矩阵下的 LM 和 Robust LM 的统计量均通过了 1% 的显著性检验，所以拒绝使用 OLS 回归模型的原假设，应该使用空间计量模型来解释滞后项的空间相关性。检验结果见表 12-4。

表12-4　静态空间面板模型的LM检验

检验	经济距离权重		地理距离权重	
	统计量	P 值	统计量	P 值
LM-error	96.581	0.000	94.467	0.000
R-LMerror	42.886	0.000	41.652	0.000
LM-lag	57.913	0.000	57.057	0.000
R-LMlag	4.218	0.040	4.242	0.039

接下来，使用 Hausman 检验分别对 SAR、SEM 和 SDM 进行检验，以选择合适的模型。如果检验结果显示 P 值小于 0.1，则选择固定效应模型；否则，选择随机效应模型。需要特别说明的是，如果统计量出现小于 0 的情况，则默认选择固定效应模型。表 12-5 列举了静态空间面板模型的 Hausman 检验结果。

表12-5 Hausman检验

检验	经济距离权重		地理距离权重	
	统计量	P 值	统计量	P 值
SAR	6.87	0.2304	7.72	0.1721
SEM	21.62	0.0006	21.81	0.0006
SDM	283.84	0.0000	271.46	0.0000

从表 12-5 中的结果可以看出,经济距离权重和地理距离权重下的三种空间计量模型均应选择固定效应模型。然后需要经过 LR 检验来判断选择 SDM 模型是否更合适,或者 SDM 是否会退化为 SEM、SAR,其检验标准和 Hausman 检验标准一样。若 $P<0.1$,则选择包容性更强的 SDM,否则 SDM 就会退化为 SEM 或 SAR。具体结果见表 12-6,可以看出两种空间权重下 SDM 模型的 P 值均小于 0.1,是可以拒绝原假设的,这也说明 SDM 模型不会退化为 SEM 或 SAR。综合检验结果,应该选择固定效应的 SDM 模型对京津冀区域智慧物流发展影响经济因素进行分析。

表12-6 LR检验

检验	经济距离权重		地理距离权重	
	统计量	P 值	统计量	P 值
SAR 和 SDM	96.76	0.0000	89.89	0.0000
SEM 和 SDM	101.08	0.0000	94.34	0.0000

为进一步验证 LR 检验的结果,使用和 LR 检验一样的 Wald 检验来选择合适的空间计量模型。检验结果见表 12-7,根据检验结果可以看出,也是拒绝了 SDM 可以退化的原假设,所以应该选用静态面板固定效应的空间杜宾模型来解释。

表12-7 Wald检验

检验	经济距离权重		地理距离权重	
	统计量	P 值	统计量	P 值
SAR 和 SDM	44.34	0.0000	42.33	0.0000
SEM 和 SDM	51.42	0.0000	49.77	0.0000

SDM 的固定效应可分为时间固定效应模型、个体固定效应模型和双固定效应模型。表 12-8 是两种空间权重下的三种固定效应模型的比较结果。从三种固定效应的对比结果可以看出，在经济距离空间权重下的个体固定效应的空间系数为正，且在 1% 显著性水平下通过检验，地理距离空间权重下的个体固定效应和双固定效应的空间系数均为正，并通过了 1% 水平的显著性检验，这说明京津冀区域智慧物流发展在空间分布上具有显著的空间相关性。无论是根据拟合优度（R-squared）的结果，还是根据 Log-likelihood 最大和 AIC 最小原则，以及空间相关性检验结果（Spatial-rho），双固定效应模型比个体固定效应模型效果更好，所以最终筛选出的模型为双固定效应的 SDM。

表12-8 三种固定效应模型比较

指标	经济距离权重			地理距离权重		
	时间固定效应	个体固定效应	双固定效应	时间固定效应	个体固定效应	双固定效应
R-squared	0.476	0.0233	0.570	0.534	0.043	0.594
Log-likelihood	-50.24	29.63	48.33	-53.51	30.05	47.70
Spatial-rho	-0.0905 (-0.34)	0.712*** (9.28)	0.299 (1.59)	-0.112 (-0.42)	0.709*** (7.82)	0.0278*** (8.01)
Sigma2_e	0.125***(8.16)	0.0338*** (7.81)	0.0277*** (7.97)	0.131*** (8.17)	0.0334*** (7.82)	0.0278*** (8.01)
AIC	120.5	-39.26	-46.67	127.0	-40.10	-75.40
BIC	149.2	-10.59	-47.99	155.7	-11.43	-46.72

注 ***$p<0.01$，**$p<0.05$，*$p<0.1$ 分别表示在 1%、5% 和 10% 水平下显著，括号内为 t 值。

12.4.3 基于静态空间杜宾模型的空间效应分解

上一小节基于经济距离权重矩阵和地理距离空间权重对模型的选择进行了检验，发现两种空间权重下经济要素对京津冀区域智慧物流发展影响空间效应的 SDM 模型中双固定效应模型的拟合效果较好，且智慧物流发展水平也会因时间和个体不同而产生差异，所以综合考虑，最终选择双固定效应的 SDM 模型进行下面的讨论。

第12章 港口群腹地经济发展水平与智慧物流的空间计量研究——以京津冀为例

为了更好地认识经济要素对区域智慧物流发展的影响，参考 Lesage 和 Pace 将解释变量对被解释变量的影响结果分为直接效应、间接效应和总效应。本节以地理距离空间权重为例对京津冀区域智慧物流发展的空间溢出效应进行分解，具体结果见表12-9。

表12-9　地理距离空间权重下的双固定效应SDM空间效应分解

统计量	直接效应	间接效应	总效应
lnLSE	0.091* （0.06）	3.207* （0.06）	3.298* （0.08）
lnEDU	0.022** （0.03）	−0.395 （0.67）	−0.373 （0.69）
lnRD	0.088* （0.53）	2.475** （0.02）	2.563** （0.03）
lnTIE	0.199** （0.04）	1.680** （0.04）	1.879*** （0.04）

注　***$p<0.01$，**$p<0.05$，*$p<0.1$ 分别表示在1%、5%和10%水平下显著。

①经济发展水平（LSE）的空间效应。LSE 的直接效应系数为 0.091，通过了 10% 水平的显著性检验，这说明经济的增长会直接带动本地区智慧物流的发展，即地区生产总值每增加 1%，智慧物流发展水平将会提高 0.091 个百分点；其间接效应系数为 3.207，通过了 10% 水平的显著性检验，这表明经济增长的空间溢出效应明显，即本地区生产总值每增加 1%，周边地区的智慧物流发展水平将会提高 3.207%；而总效应系数为 3.298，且在 10% 水平下显著，这充分表明京津冀区域内一个地区的经济总量的增加，将会对区域内的总体智慧物流发展水平产生 3.298% 的提升。可以说经济发展是智慧物流发展的充要条件，经济发展推动了智慧物流发展。

②教育水平（EDU）的空间效应。教育水平的直接效应系数为 0.022，在 5% 水平下显著，这表明一个地区教育水平的提升能够促进该地智慧物流水平的提升，即教育水平每提升 1%，智慧物流发展水平将提升 0.022 个百分点；其间接效应系数为 −0.395，没有通过显著性检验，这表明本地教育水平的高低对周边城市智慧物流的发展作用为负，但还不是很明显。这可能是因为科研创新的主动力来自高校，一个地区的教育水平的高低能够从侧面反映出科研创新能力，而科研创新能力又是推动智慧物流向前发展的主动力。京津冀区域内教育资源不均衡，尤其是

高等教育资源的分布呈现出两极分化，因此对周边智慧物流发展产生了负的影响。从总效应来看，教育水平对区域内整体智慧物流的发展也是一个抑制的作用，区域内各城市间的教育水平这一因素在城市间仍为"虹吸效应"。

③科技投入（RD）的空间效应。科技投入的直接效应系数为0.088，且在10%水平下显著，这说明科技投入增加会促进智慧物流的发展，即科技投入每增加1%，智慧物流发展水平将提升0.088%；间接效应系数为2.475，且通过了5%水平的显著性检验，空间溢出效应明显，这表明随着京津冀一体化发展的不断深入，科技和人才的共享机制正在逐步完善，使科技投入强度形成明显的空间溢出效应，即科技经费投入每增加1%，周边地区的智慧物流发展水平将提升2.475%。并且从总效应来看，科技经费投入的增加对京津冀区域整体智慧物流发展水平的提升作用也比较明显。

④进出口总额（TIE）的空间效应。进出口总额的直接效应系数为0.199，且在5%水平下显著，这说明本地进出口总额的增加会促进本地智慧物流发展水平的提升，即进出口总额每增加1%，本地区智慧物流发展水平将会上升0.199个百分点，这是因为进出口总额的增加表示国与国间的物的流通将会增加，物的流通会进一步带动区域物流的发展，进而推动物流智慧化的提升。其间接效应系数为1.680，且通过5%水平的显著性检验，空间溢出效应明显，即本地进出口总额每增加1%，周边城市的智慧物流发展水平将会提升1.680%。党的二十大报告指出，要促进区域协调发展，深入实施区域协调发展战略，构建优势互补、高质量发展的区域经济布局和国土空间体系。随着京津冀区域协调发展的不断深入，以天津港为代表的京津冀港口群正在发挥着主引擎的作用，带动腹地物流的发展，推动着腹地物流产业的技术革新，所以才会存在明显的溢出效应。从总效应来看，进出口总额的增加对京津冀区域整体智慧物流行业的发展也是一个积极的推动作用。

12.4.4 基于动态面板空间杜宾模型分析

静态空间面板模型仅仅是对京津冀区域各城市地区生产总值作为核心影响因素，没有充分考虑其他经济要素对京津冀区域智慧物流发展的影响，所以将这些可能存在的影响因素划归为空间相关性。在动态空间面板模型中，用被解释变量的一阶滞后项体现这些潜在因素，将其对京津冀区域智慧物流发展的影响从空间结构因素中分离出来，可分析出静态模型高估了京津冀区域各城市地区生产总值对智慧物流发展的影响，动态模型可以进一步对静态模型进行修正。表12-10是动态空间面板杜宾模型的回归结果。

第12章 港口群腹地经济发展水平与智慧物流的空间计量研究——以京津冀为例

表12-10 动态空间面板杜宾模型回归结果

VAR	Main	Wx	短期直接效应	短期间接效应	短期总效应	长期直接效应	长期间接效应	长期总效应
L.lnSL	4.379*** （0.00）							
L.WlnSL	13.775*** （0.00）							
lnLSE	2.384*** （0.00）	27.111*** （0.00）	0.414*** （0.00）	1.972*** （0.00）	2.386*** （0.00）	0.976*** （0.00）	-0.010 （0.88）	0.967*** （0.00）
lnEDU	1.444*** （0.00）	7.551*** （0.00）	0.171*** （0.00）	-0.897*** （0.00）	-0.726*** （0.00）	-0.286*** （0.00）	-0.008 （0.81）	-0.294*** （0.00）
lnRD	1.233*** （0.00）	16.905*** （0.00）	0.350*** （0.00）	1.118*** （0.00）	1.467*** （0.00）	0.606*** （0.00）	-0.011 （0.84）	0.594*** （0.00）
lnTIE	1.680*** （0.34）	5.507*** （0.00）	-0.354*** （0.00）	0.935*** （0.00）	0.581*** （0.00）	0.223*** （0.00）	0.012 （0.85）	0.235*** （0.00）

注 ***$p<0.01$，**$p<0.05$，*$p<0.1$ 分别表示在1%、5%和10%水平下显著。其中拟合优度R^2为0.829，Wald的统计量分别是79.16、144.00在1%显著水平下拒绝原假设，LL和AIC分别为55.66、-89.019。

静态空间面板杜宾模型的LL值和AIC分别为54.53、-85.05，动态空间杜宾模型LL值和AIC分别为55.66、-89.019，同样根据Log-likelihood最大和AIC最小原则，发现动态杜宾模型的效果比静态杜宾模型的效果要好。

因为动态空间面板杜宾模型中包含时间滞后项和空间滞后项，隐含了区域间的交互信息，这使解释变量对被解释变量的影响变得更加复杂。简单的回归系数不能很好地反映经济要素对京津冀区域智慧物流发展的影响，仅仅能作一个粗略的判断。静态面板空间杜宾模型中解释变量对被解释变量的影响只报告了长期效应，而动态面板空间杜宾模型则可以在报告长期效应的同时还报告了短期效应。

从表12-9中可以看出，从短期效应的系数来看，城市的经济水平（LSE）对区域智慧物流发展的直接效应（0.414）、间接效应（1.972）和总效应（2.368）均通过了1%水平的显著性检验，说明本地社会经济发展水平越高则区域智慧物流的发展水平也越高，同时也会促进周边城市的智慧物流发展，存在显著的正向空间溢出效应，且对周边城市智慧物流的促进作用要大于对本地区智慧物流发展水平的提升。这也说明，短期内京津冀区域经济的发展对智慧物流发展存在正向的促进作用。从长期角度来看，社会经济发展水平的间接效应虽然不显著，但是直接效应（0.976）和总效应（0.967）均在1%的水平上显著。这表明经济增长对智慧物流发展的影响长期效应正在逐步显现，并且随着京津冀区域协同发展的深入，区域内经济的融合会促进区域智慧物流发展水平的进一步提升。

12.5 稳健性检验

考虑到研究内容是经济要素对京津冀区域智慧物流发展水平的空间效应影响，而智慧物流的发展可能还会受到其他未知因素的影响，因此本书将采用以下四种方法来验证前文分析结果的可靠性。

（1）变换空间权重矩阵

前文中使用了经济距离矩阵（W_1）和地理距离空间权重矩阵（W_2）作为研究所用的空间权重矩阵，接下来将构建经济与地理嵌套权重矩阵验证结论的稳健性，经济与地理嵌套权重矩阵（W_3）的构建参考曾艺、韩颖等的做法，构建如下矩阵：

$$W_3 = \frac{1}{2}(W_1 + W_2) \tag{12-6}$$

表12-10中的模型1和模型2是经济与地理嵌套权重矩阵下的静态和动态空间杜宾模型的回归结果，从结果可以看出，各个变量的空间相关性系数和显著性基本与前文保持了一致，说明前文的分析结论是可靠的。

（2）调整样本周期

将原有的样本时间区间2013~2022年改为2018~2022年进行验证，如表12-11所示，模型3和模型4是调整样本周期后的静态空间杜宾模型和动态空间杜宾模型的分析结果，从表中可以看出，各变量的空间效应系数大小虽然有所改变，但是正负号和显著性没有发生显著变化，可以表明文中的结论是稳健的。

（3）更换被解释变量的测量方法

对于智慧物流发展水平的评估，文中使用了基于组合权重的TOPSIS综合评价法测算京津冀区域智慧物流发展水平。为了避免测量误差而导致最终的测评结果有所偏差，本书将使用熵权法重新对京津冀区域智慧物流发展水平进行测度。重新测度后静态和动态的空间计量分析结果见表12-11中的模型5和模型

6。从结果可以看出重新测量被解释变量后的空间杜宾回归结果虽然与原来的结果在数值上稍有变动,但显著性基本没有差别,所以可以说明本书的模型检验结果是稳健可靠的。

表12-11 稳健性检验结果

变量	模型1	模型2	模型3	模型4	模型5	模型6	模型7	模型8
L.lnSL		0.889*** (0.00)		1.438*** (0.00)		0.959*** (0.00)		0.513*** (0.01)
L.WlnSL		0.749* (0.10)		3.565*** (0.00)		9.372*** (0.00)		11.772*** (0.00)
lnLSE	0.107*** (0.00)	0.078* (0.10)	0.600*** (0.00)	1.306*** (0.01)	0.145*** (0.00)	2.021*** (0.00)		
lnTSL							0.106*** (0.00)	1.842*** (0.00)
lnEDU	0.198* (0.19)	0.342*** (0.00)	0.931*** (0.00)	0.593** (0.03)	0.214** (0.03)	0.625*** (0.00)	0.202** (0.01)	1.873*** (0.00)
lnRD	0.050 (0.94)	0.103*** (0.00)	0.108* (0.07)	0.112** (0.02)	0.113* (0.10)	0.484*** (0.00)	0.096 (0.48)	0.327*** (0.00)
lnTIE	0.146* (2.08)	0.198*** (0.00)	0.302** (0.02)	0.126 (0.46)	0.112* (0.09)	-0.046 (0.15)	0.123* (0.08)	0.026*** (0.00)
W*lnLSE	3.785** (2.85)	1.943*** (0.01)	3.434*** (0.00)	5.894*** (0.00)	3.264** (0.03)	25.220*** (0.00)		
W*lnTLS							3.353** (0.01)	24.027*** (0.00)
W*lnEDU	-0.808 (-1.15)	1.898*** (0.00)	-5.252*** (0.00)	2.842* (0.09)	-1.030 (0.12)	9.174*** (0.00)	0.397** (0.01)	18.944*** (0.00)
W*lnRD	2.634** (2.58)	1.228*** (0.00)	0.878*** (0.00)	0.569 (0.28)	0.797 (0.14)	5.984*** (0.00)	2.591** (0.01)	5.659*** (0.00)
W*lnTIE	1.041** (2.74)	1.327*** (0.00)	-0.272 (0.57)	1.206 (0.14)	1.090*** (0.00)	0.379 (0.38)	0.086 (0.82)	0.342*** (0.00)
R-squared	0.583	0.768	0.633	0.897	0.611	0.853	0.594	0.720
Spatial-rho	0.711*** (0.00)	0.719*** (0.00)	0.696*** (0.00)	0.740*** (0.00)	0.731*** (0.00)	0.765*** (0.00)	0.709*** (0.00)	0.695*** (0.00)
Sigma2_e	0.034*** (0.00)	0.030*** (0.00)	0.023*** (0.00)	0.026*** (0.00)	0.034*** (0.00)	0.023*** (0.00)	0.034*** (0.00)	0.029*** (0.00)

（4）替换核心解释变量

书中将各城市社会经济发展水平作为核心解释变量来解释经济对区域智慧物流发展的影响。考虑到最能够反映物流经济总量的经济统计量应该是社会物流总额（TLS），并且社会物流总额在一定程度上反映出一个地区的物流经济水平和能力，所以本书使用 TLS 作为 LSE 的替换变量来测算经济要素对智慧物流发展水平的影响。模型7和模型8是替换核心解释变后的固定效应的静态杜宾模型和动态杜宾模型的回归结果。结果与前文中 LSE 作为核心解释变量的显著性水平基本一致，因此也证明了分析结果的可靠性。

12.6 异质性检验

本节结合第1节莫兰散点图和 Lisa 集聚图，按照集聚情况分为 L-L 集聚区域、H-H 集聚区域和 H-L 集聚区域进行空间异质性检验。L-L 集聚区域主要包括秦皇岛、邢台、保定、张家口、承德、廊坊、衡水7个城市，H-H 集聚区域主要包括北京、天津、廊坊、石家庄。邯郸、沧州均在 H-L 集聚区域，且由于城市数量较少，故不作区域异质性分析。从表12-12分区域 SDM 模型的回归分析结果来看，空间自相关性系数 $W*\ln LSE$ 在1%水平下显著，且不为0，这表明各区域经济发展在空间上都存在明显的溢出效应，但是由于各城市间的经济发展水平存在差异，从而导致经济溢出效应在不同的集聚区域也出现微小差异。

表12-12 分区域空间杜宾模型回归分析

变量	双固定效应的空间杜宾模型回归分析	
	H-H 集聚区域	L-L 集聚区域
$\ln LSE$	1.602*** （0.00）	0.739*** （0.00）
$\ln EDU$	0.018 （0.75）	-0.192*** （0.00）
$\ln RD$	0.304*** （0.00）	-0.133* （0.06）

续表

变量	双固定效应的空间杜宾模型回归分析	
	H-H 集聚区域	L-L 集聚区域
lnTIE	−0.069* （0.05）	−0.391*** （0.00）
W*lnLSE	4.040*** （0.00）	3.144*** （0.00）
W*lnEDU	0.003 （0.98）	−0.376 （0.17）
W*lnRD	0.159 （0.51）	−0.839*** （0.00）
W*lnTIE	−0.314*** （0.01）	−1.422*** （0.00）
R-squared	0.678	0.052
Log-likelihood	67.332	45.70
Spatial-rho	−0.253 （0.33）	−0.727*** （0.00）
Sigma2_e	0.002*** （0.00）	0.014*** （0.00）

受篇幅限制，下面仅就经济发展水平集聚对智慧物流发展产生的影响作具体的结果分析。从表中可以看出 H-H 集聚区域和 L-L 集聚区域的边际效应系数均通过 1% 显著性水平检验，但是 H-H 集聚区域的数值要明显高于 L-L 集聚区域，这说明 H-H 集聚区域的经济发展集聚水平的物流溢出效应要大于 L-L 集聚区域的经济发展集聚水平的物流溢出效应，可以看出不同的经济水平对智慧物流发展的溢出效应具有明显差异。这可能是因为 H-H 集聚区域的经济发展所需的各种资源相对集中，对于智慧物流发展的提升作用处于一个上升期。而 L-L 集聚区域中各城市的经济发展水平较为落后，经济发展方式依然是以消耗自然资源为主的"粗放式"的发展模式。由于市场监管机制的不完善以及竞争秩序的不规范，使得经济生产要素的配置效率与市场活力不足，智慧物流产业的发展尚处于初级阶段，智慧物流发展的资源较为分散，技术应用水平低，所以导致经济发展对智慧物流发展的溢出效应不如 H-H 集聚区域。

12.7 其他相关检验

12.7.1 Pearson 相关性检验

Pearson 相关性分析是为了检验两个连续变量之间是否存在相关性。一般使用 Pearson 相关系数 r 来表示，其取值范围在 [-1, 1] 之间，结果越靠近 1，则表示相关程度越高，反之，越靠近 -1 则表示负相关程度越高，0 则表示没有相关性。一般认为：$|r| \geq 0.8$ 时，可认为两变量间高度相关；$0.5 \leq |r|<0.8$，可认为两变量中度相关；$0.3 \leq |r|<0.5$，可认为两变量低度相关；$|r|<0.3$，可认为两变量基本不相关。表 12-13 统计了京津冀区域智慧物流发展水平与各经济要素的 Pearson 相关系数矩阵。

表12-13 Pearson相关系数矩阵

变量	SL	LSE	EDU	RD	TIE
SL	1 （0.000***）				
LSE	0.919 （0.000***）	1 （0.000***）			
EDU	0.726 （0.000***）	0.672 （0.000***）	1 （0.000***）		
RD	0.922 （0.000***）	0.916 （0.000***）	0.665 （0.000***）	1 （0.000***）	
TIE	0.845 （0.000***）	0.886 （0.000***）	0.566 （0.000***）	0.92 （0.000***）	1 （0.000***）

注 ***、**、* 分别代表1%、5%、10%的显著性水平，括号中为 P 值。

从表 12-13 中可以看出智慧物流发展水平与各经济要素的 Pearson 相关系数分别为 0.919、0.726、0.922、0.845，并且都通过了 1% 的显著性水平检验，说明所选的解释变量和被解释变量之间具有逻辑关系，即京津冀区域智慧物流发展与各经济要素之间存在正相关关系，因此上述指标的选择符合本书研究重点且符合客观事实。

12.7.2 内生性检验

在模型的检验中往往会因为选择变量时考虑不全面、变量测量有误差或者变量间存在逆向因果的关系而导致内生性的问题。为了较好地解决遗漏变量的问题，本书采用替换核心解释变量，并且采用调整样本周期和重新测量智慧物流发展水平的方法来检测可能存在的误差。同时，为了检测逆向因果关系引发的内生性问题，本书将采用工具变量法进行检测。参考范合君、黄群慧、肖静等将核心解释变量一阶滞后项作为工具变量的做法，通过两阶段最小二乘法（2SLS）和 GMM 进行回归分析，两阶段最小二乘法第一阶段结果见表 12-14 模型（1）。从表 12-14 中可以看出，核心解释变量社会经济发展水平作为工具变量与被解释变量呈现出显著正相关，表明工具变量与被解释变量满足"相关性"的假设，且第一阶段 F 值显著大于 10，所以不存在弱工具变量的问题。第二阶段结果为模型（2），可以看出社会经济发展水平对智慧物流发展水平的影响为正，这与基准回归结果一致。GMM 结果见模型（3），可以看出解释变量对被解释变量的影响显著为正，其结果与 2SLS 的回归结果完全一致。可见，在考虑了内生性问题后，本书基本结论未发生实质性的变化，也从侧面说明了研究结论是稳健可靠的。

表12-14 内生性检验

变量	模型（1）	模型（2）	模型（3）
	lnLSE	lnSL	lnSL
lnLSE		0.837** （0.01）	0.837** （0.00）
L.lnLSE	0.792*** （0.00）		
控制变量	控制	控制	控制
常数项	−0.631*** （0.00）	−4.217*** （0.00）	−4.217*** （0.00）
R-squared	0.916	0.698	0.698
F 值/Wald chi2	546.60***	275.76***	65.99***

12.7.3　多重共线性检验

多重共线性检验是为了检验线性回归模型中的解释变量之间是否存在精确相关关系或高度相关关系而使模型估计失真或难以估计准确。本书使用 VIF 方差膨胀因子法进行检验。VIF 的取值大于 1 且越接近于 1 时，其多重共线性越轻，反之越重。通常以 10 作为判断边界。当 VIF<10 时，不存在多重共线性；当 10 ≤ VIF<100 时，存在较强的多重共线性；当 VIF ≥ 100 时，存在严重多重共线性。容忍度的值界于 0 至 1 之间，当容忍度值较小时，表示此自变量与其他自变量之间存在共线性。

为了防止解释变量之间存在高度相关关系，从而导致回归结果产生误差，本书使用 VIF 方差因子膨胀法来检验文中所用数据是否存在多重共线性，从表 12-15 中可以看出，VIF 的均值均在 10 以下，表明本书选择的回归变量不存在严重的多重共线性问题，本书回归模型通过了多重共线性检验。

表12-15　VIF方差膨胀因子法多重共线性检验

变量	VIF	1/VIF	Mean VIF
$\ln LSE$	2.67	0.3740	3.12
$\ln EDU$	1.59	0.6308	
$\ln RD$	4.02	0.2489	
$\ln TIE$	4.22	0.2372	

12.8　本章小结

本章基于经济距离权重矩阵和地理距离权重矩阵构建静态和动态的空间计量模型，对京津冀区域智慧物流发展的空间溢出效应进行研究。首先，将空间计量模型设定为 SDM，通过相应的检验发现其为最优模型。通过基于静态和动态的空间杜宾模型来分析各经济要素对京津冀区域智慧物流发展的影响，并进行空间效应分解。其次，通过变换空间权重矩阵、调整样本周期、替换核心解释变量以及更换被解释变量的测量方法等进行稳健性检验。结果表明京津冀区域智慧物流发展水平存在空间溢出效应，各经济要素均对智慧物流发展水平起到正向的促进作用，并且这些研究结论均是稳健的。再次，对京津冀区域智慧物流发展水平和各经济要素之间的相关性进行皮尔森（Pearson）相关性检验，发现变量之间存在正向相关性。通过内生性检验验证了所选变量之间不存在逆向因果关系。最后，对文中所使用的变量进行了多重共线性检验，通过 VIF 检验发现，本书选择的回归的变量不存在严重的多重共线性问题。

第 13 章　环渤海港口资源整合促进腹地经济发展的对策研究

13.1　充分利用物流预测方法加强港口资源管理

通过第 6 章对环渤海港口群集装箱吞吐量的组合预测可以看出，整体上未来集装箱业务的发展将会稳步上升，环渤海港口群的增长趋势总体趋缓。部分区域如辽宁港口群的集装箱业务量呈不断下降趋势，应该引起港口管理部门的重视。

环渤海地区港口群基本情况及发展现状已在第 3 章中进行了介绍，本节将通过预测数据分析，并结合分析结果及环渤海地区发展现状，从环渤海港口群不同物流参与者的视角，对环渤海地区的发展提出对策建议。以下凡是"区域"，若无特别说明，则指环渤海港口群区域。

13.1.1　政府决策和监管部门角度的区域发展对策

（1）加快港口资源整合，提升统筹协调能力

①建立专门管理环渤海港口群国有资产管理委员会。渤海湾内的大连、营口、天津、唐山、秦皇岛、烟台等港口地理位置接近，功能性质极为相似，然而这些港口属于不同的四个省份或直辖市。行政管理者不同形成的壁垒，造成不同港口管理者和行政管理者之间沟通较少，政策决策相距甚远，发展不协同，行动不协调。通过建立的区域国资委，统筹不同行政区域的港口发展政策，加强行政指导引导，从而提升区域港口的统筹协调能力。

②加快国有资产资源整合。首先要坚持政府引导、市场主导的方针，实现统一规划、建设、运营、管理、服务的局面，以达到区域内港口群协同发展。区域内，天津、辽宁和山东的港口整合进程较快，而河北省港口权属关系复杂，

整合难度较大，整合进程十分缓慢。目前控股主体包括河北港口集团、唐山港集团、曹妃甸港集团，同时，还存在民营投资港口企业。这为河北省港口资源整合创造了障碍。应由政府高级决策者牵头指导，地方政府部门执行，民营企业配合，加快港口资源国有化、统一化的整合，合理合法地收归整合国家港口资产，避免出现"组而不合""整而不合"的情况。

③合理调配资源，促进大小港口共同发展。为了提高资源利用效率，规避港口同质化竞争，增强港口的竞争力和辐射力，区域港口整合已是大势所在。根据前文的实证研究结果，辽宁港口群未来的集装箱吞吐量可能呈下滑趋势，这就需要决策者提高警惕，避免在下滑区域过多投入资源，造成浪费和无谓的污染。应将资源合理分配，适当向区域内其他较小的港口倾斜，如河北黄骅港、山东龙口港等。从而促进港口群协同发展，促进市场竞争有序化。

（2）优化区域集疏运条件

渤海地区的集疏运条件整体水平不如长三角港口群和珠三角港口群，区域内有多个交通枢纽，如天津、大连、青岛等，但交通运输系统网络并不完善，多式联运发展水平仍亟待提高。我国拥有世界上最长的公路里程、覆盖面最广的铁路系统，然而区域海铁联运的水平非常滞后，已经成为区域竞争力发展的短板，我国铁路的竞争优势未能发挥应有水平。2016年以来，辽宁省政府筹备了沿海港口整合方案，其目的也正是促进港口群整体发展，相互协调，从而优化完善集疏运网络。环渤海港口群内也应尽快制定策略，加快优化区域集疏运能力的进程，从而提升区域的国际竞争力。此外，强化与铁路、公路、航空运输的有机融合，构建高效海陆空联运体系。

（3）严厉打击港口运营违法行为，维护市场公平

环渤海港口群未来的业务发展，离不开港口的营商环境的维护。随着港口资源的整合进程不断加快，港口的垄断地位不断提升，这也造成了港口运营中一些不良现象。诸如引水服务里程过长、装卸加班费用过高、过量配备拖轮服务、签证费过高等过度收费行为。环渤海北部部分地区营商环境问题较多。这些问题对港口的长期发展影响巨大，破坏港口的形象和声誉，各级行政管理部门要坚决打击。依法查处垄断经营、强买强卖、重复收费和价格不透明等违法行为。除此之外，也需要进一步加强政府监管，从而维护港口良好营商环境和经营秩序。

（4）地方政府提升港口发展政策扶持力度

港口的运营受到政府管控影响，受国家政策影响巨大。2021年国家出台了

多项政策大力扶持港口行业发展,包括《国家综合立体交通网规划纲要》《国家"十四五"口岸发展规划》和《"十四五"冷链物流发展规划》等。从地方层面来看,各省市的政策也符合国家的政策引导要求,包括规范收费标准、降低港口建设费、鼓励新技术的应用、补贴绿色环保发展等。

以集装箱吞吐量预测下滑的辽宁港口群为例,其未来集装箱吞吐量业务呈现明显下滑趋势,政策倾斜度不够是造成这种情况的原因之一。辽宁口岸集装箱政策相对于区域内其他港口群并不占优势。其中,大连港本身的口岸便利化整体不如天津港和青岛港,疫情期间更为严格的监管政策使集装箱市场份额加速流失,在大连港的中欧班列补贴政策出台后,效果也并不明显。因此,政策上的调整将会对大连、营口港的集装箱业务产生极大影响。地方政府部门如果能给予较为优惠的政策,如提升中转港的船公司及航线补贴,免除高速公路集装箱货车通行费,针对集装箱航运公司开辟辽宁航线给予补贴等(津冀和山东港口群有类似政策),将会给辽宁港口群集装箱业务的发展提供可靠动力。

13.1.2 港口企业角度的区域发展对策

(1)明确港口定位,合理规划未来发展方向

随着集装箱业务的持续下降,辽宁港口集团有关部门可以调整集装箱业务发展战略,适当减缓集装箱码头规划建设,把重点调整到石油、液化天然气、铁矿石和粮食等大宗散货的中转储运项目中来,将集装箱运输市场份额适当让给天津、青岛等港口。

山东港口群以青岛港为核心,日照、烟台和威海为辅,其中三分之二的集装箱份额都在青岛港。青岛港在集装箱业务方面展现出来的优势巨大,这与其腹地经济水平高、港口管理模式效率高、市场份额大等有关。山东港口集团有关部门应当充分发挥青岛港的集装箱业务优势,稳步规划提升集装箱业务管理水平和效率,合理增加集装箱码头泊位建设。对于其他集装箱份额较小的港口,应当减缓增加集装箱吞吐能力,将注意力更多集中在干散货和邮轮吞吐能力的建设上,提升综合能力,避免多港恶性竞争集装箱业务的情况出现。

津冀港口群中,河北省港口的主要货物是干散货,如煤炭、钢材等,而集装箱的业务量较小,面临的发展问题较多。继我国明确提出2030年"碳达峰"、2060年"碳中和"发展目标之后,河北省港口发展面临更高的要求与更大的挑战。这就要求津冀港口群应以天津港为集装箱发展的重点,河北省集装箱业务发展应适当放缓,把发展重点放在干散货等其他业务中去。

（2）加强港口间合作，促进共同发展

山东港口集团于 2020 年先后与河北港口集团、天津港口集团和辽宁港口集团签订了战略框架协议。但港口群之间互动依然不足，"各自为政"的情况仍然存在，合作进程仍须加快推进。港口企业决策部门应以环渤海整体发展为核心，应将工作重点放在如何处理好区域经济与港口发展的相互关系，做到"相互通气"，在港口业务、规划建设、智慧物流、绿色港口等方面进一步合作，避免出现产能过剩、恶性竞争市场份额情况，共同促进整体发展。

（3）提升智慧绿色港口建设水平

无论是政府的政策导向，还是国际港口行业的发展趋势，智慧绿色港口已经成为一种不可抗拒的潮流，环渤海港口群港口应继续加快智慧绿色港口的规划与建设。智慧绿色港口的建设成为港口发展的重中之重，其中集装箱码头的智慧绿色建设一马当先。青岛港、天津港、烟台港等具有国际先进水平的自动化集装箱码头工程项目相继建成投产，实现了集装箱码头作业决策智能化和能源绿色化，给港口群其他港口的智慧绿色建设树立了榜样。区域内个别港口的自动化智能水平较低，污染和浪费情况仍然令人揪心，必须坚持继续提升智慧绿色港口建设水平。

13.1.3 供应链角度的区域发展对策

"一带一路"倡议为国际供应链体系的发展提供了平台。港口则是国际供应链体系极为重要的一环。在供应链体系建立的同时，"以市场为主体，以需求为导向"需要贯彻始终，这就要求港口管理者在港口发展的同时要时刻关注供应链每个环节的实时变化情况，以降低港口的运营风险。

（1）加强港口物流上下游的合作

以冷链物流为例，其受到国家重视，发展迅速，潜力巨大，而其海上运输基本上都是由冷冻或冷藏集装箱完成。与上下游的冷链陆运、铁运和空运加强集装箱业务的合作，能极大地提升冷链物流运输效率，减少"断链"现象，提升服务质量，同时提升港口的冷链物流市场份额，实现冷链物流企业共赢的局面。

（2）加强对供应链"首尾"的把控

生产者和消费者是供应链最重要的环节，其中任一环节缺失都会造成供应链的断裂。港口发展需要提升对腹地区域的生产和消费的把控能力，提供适宜的港口服务。例如，天津港腹地成立了一家合资汽车制造商，其产量很大，产品多为外运外贸。这就产生了巨大的汽车集装箱物流市场，港口管理者应迅速把握形势，提供相应的运输服务，从而在发展中抢占先机。其他制造商如玩具制造商、家电制造商等都有相似情况，港口管理者应该给予重视。

13.2 促进京津冀港口群腹地智慧物流发展的政策建议

（1）加强区域合作，扩大市场需求

京津冀一体化战略的初衷是打造目标同向、措施一体、优势互补、互利共赢的协同发展新格局。所以，区域智慧物流的发展也需要加强区域合作，以扩大市场需求。加强区域合作方面：京津冀区域应建立物流合作机制，促进三地之间的物流合作和协同发展。通过定期召开区域物流合作会议，共同研究解决区域物流发展中的问题，推动智慧物流的跨区域合作。鼓励区域内的物流企业、园区等实现资源共享，降低物流成本，提高物流效率。可以通过建设区域物流信息平台，实现信息共享，促进物流资源的优化配置。加强区域内的交通基础设施互联互通，提高交通网络的连通性和便捷性。通过建设高效、智能的交通网络，为智慧物流的发展提供有力支撑。扩大市场需求方面：对内，可以通过优化税收政策、设置政府补贴鼓励智慧物流企业进行技术升级和改造。对外，可以积极推动京津冀区域的智慧物流企业与国际先进企业的合作，引进国际先进技术和管理经验，提升京津冀区域智慧物流的国际竞争力。鼓励智慧物流企业拓展市场渠道，开拓国内外市场。可以通过参加国际展览、举办推介活动等方式，提高品牌知名度和影响力，吸引更多客户和合作伙伴。

（2）完善科研体系，推动创新成果转化

人才是科研和创新的基础。在京津冀区域中，北京作为物流科研的核心城市，应该充分发挥带头作用，完善京津冀区域科研创新体系，进一步完善科技创新政策，鼓励企业加大科技创新投入，提高科技创新成果的质量和转化率。加大对科技成果转化平台的建设力度，建立一批科技成果转化中心、技术转移中心等机构，为科技成果转化提供专业的服务和支持。鼓励在京高校、科研机构和智慧物流企业加强产学研合作，推动科技创新和成果转化，提高京津冀区域物流产业的核心竞争力。天津作为该区域科研体系的重要一环,要制定针对性的政策措施,鼓励企业应用先进的智慧物流技术和设备,促进科技成果在天津的落地转化。同时,要利用好滨海新区的政策优势和产业基础,吸引智慧物流领域的优秀科研人才和科技成果,推动科技成果的产业化发展。要加强与京津冀地区其他城市的合作,实现资源共享、优势互补,提高整体智慧物流科技成果转化水平。河北是京津冀区域科技创新成果市场化的主阵地。要充分借助雄安新区建设的东风,最大限度地吸收北京、天津在科技创新和人才方面的溢出。同时,也要优化营商环境,鼓励企业加大对智慧物流科技创新的投入力度,引导金融机构为企业科技创新提供融资支持。加强与高校、科研机构的联系,建立智慧物流产学研合作基地,促进科技成果在河北的转化和推广。

(3)加快基础设施的智慧化建设

京津冀区域应加强基础设施建设,包括交通、通信、能源和水利等方面的基础设施建设,提高区域的互联互通水平和国际化水平,促进物流顺畅和高效。政府应加大对智慧物流基础设施建设的投入,包括物流园区、仓储设施、运输网络、信息平台等方面。通过建设高效、智能的基础设施,为智慧物流的发展提供有力支撑。优化交通网络布局,提高交通网络的连通性和便捷性。加强高速公路、铁路、航空等交通方式的衔接,提高物流运输效率。鼓励企业加大对智能化技术的研发和应用,如物联网、大数据、人工智能等。通过智能化技术,提高物流运作的自动化和智能化水平,提升物流效率。建立统一的智慧物流信息平台,实现物流信息的共享和互通。通过信息平台,企业可以实时掌握货物的位置、状态等信息,提高物流透明度和可追溯性。鼓励企业采用环保、节能的物流设备和运输方式,降低物流活动对环境的影响。同时,推广绿色包装、循环物流等模式,促进绿色物流的发展。

13.3 促进港口群腹地经济高质量发展的建议

京津冀在"十四五"时期明确提出要实现经济高质量发展的提升。因此,本书根据研究内容,从京津冀的港口物流和城市两方面提出提高经济高质量发展水平的建议。

（1）各港口协同发展

根据京津冀港口物流发展水平的评价结果，可以明显看出天津港与河北省唐山港、秦皇岛港和黄骅港之间的物流发展水平存在着较大的差异。这一差异可能是由于京津冀港口主要负责大宗货物和集装箱货物的运输，导致业务相对相似，并且港口辐射的腹地范围互相交叉。这种情况可能会导致资源竞争现象，使各港口难以充分发挥自身的优势。在京津冀协同发展的背景下，港口之间也需要协同发展，建立合作机制，制定发展规划，明确各港口的定位和未来的发展方向。这有助于解决港口之间的恶性竞争和功能重复等问题，使各港口能够更好地发挥自身的优势，实现错位发展。此外，河北省港口和天津港之间还可以定期举行交流会议，深入了解和学习天津港的发展经验，实现专业化的港口运营和服务，进一步提升整体物流水平。

（2）完善交通网络

京津冀港口物流对区域内城市经济高质量发展的实证研究表明，港口物流对本城市及周边城市的经济高质量发展均能产生积极的影响。因此，可以说明港口物流是促进地区经济高质量发展的关键要素。另外，京津冀港口在物流发展水平方面还存在明显的差异。为了更好地发挥港口物流对城市经济高质量发展的推动作用以及港口之间的高效协同发展，必须加强港城和港口之间的紧密联系。因而可以加大基础设施建设投资，修建港口与城市之间的道路，建设为港口服务的铁路支线，建设"陆港"基地，建立港口之间的信息共享机制，以提升交通网络的完善程度，从而实现京津冀城市和港口之间的互联互通、交流互助、资源共享和优势互补等。

（3）加强港口基础设施建设

基础设施是港口运营的基础条件，完善的基础设施可以提高运输效率、扩大吞吐能力并降低时间成本等。根据数据搜集结果发现，秦皇岛港和黄骅港的基础设施建设明显落后于天津港和唐山港。因此，应当结合秦皇岛港和黄骅港的实际运营现状，避免在港口资源浪费和能力过剩的情况下，加强港口基础设施的投资与建设，特别是码头、堆场、航道等。智慧型港口是港口未来发展的趋势，因而，在加强港口基础设施建设的基础上，还应加快自动化、智能化等信息技术的应用，实现港口的智慧化建设，进而提高装卸、转运业务的效率，降低时间成本。

（4）推进绿色港口建设

绿色低碳港口也是未来港口发展的重要方向。为此，京津冀港口在绿色建设方面应该加大力度。首先，制定鼓励和支持港口清洁能源应用的政策，并提供资金支持，以推广清洁能源的应用，如氢能、天然气、光伏等。因为应用清洁能源能够降低碳排放，从而可以减轻港口城市的环境负担。其次，关于港口活动对大气和水环境产生的不良影响，可以引进减排技术。再次，在运输方面，可以推进公转铁、公铁联运等环保运输方式，以减少运输车辆的尾气排放和道路交通引发的扬尘污染情况。最后，建立检测系统，加强对大气和水环境的监测，确保港口地区的环境数据能够及时、准确地收集和报告。

（5）贯彻新发展理念

权重代表指标的重要程度。京津冀城市经济高质量发展的新发展理念指标权重由大到小依次为创新、开放、共享、协调、绿色，这说明需要强调城市创新发展对提高京津冀区域经济高质量发展水平的重要性。在创新方面，京津冀地区可以加大对科技企业的扶持力度。而企业应注重增进与高校、科研机构的交流，其有助于从实际需求出发，推动创新，并使科技成果得到实际应用，同时，也应该重视培养人才的创新能力。在开放方面，京津冀地区可以利用港口资源积极吸引外资，拓展国际市场，提高区域的国际竞争力。在共享方面，可以从满足民众生活切实利益的角度出发，如提高教育资源的质量、改善医疗条件、解决就业问题以及增强社会保障力度等。在协调方面，高科技产业和现代服务业已经成为当前和未来产业发展的重点。因此，京津冀地区应积极鼓励传统重工业的转型升级，以减少其在经济结构中的比重，这将有助于产业结构的优化。在绿色方面，京津冀地区可以加大对环保产业的扶持力度，鼓励企业投资于环保技术和设备，并把控企业的污染物排放是否符合标准。在资源利用方面，需要注重资源的高效利用，避免浪费资源。此外，也应高度重视对大自然的保护。

（6）加强地区间的协调发展

根据京津冀区域经济高质量发展水平的评价结果可知，北京、天津和河北省城市之间的经济高质量发展水平具有明显的差异。因此，应该加强区域间的协调发展。首先，需要明确各个地区的定位及优势产业，确保资源合理配置，以实现京津冀之间的优势互补。其次，可以加大对基础设施建设的投资，以便完善交通网络体系，提高区域内部的互联互通，更好地促进地区间的人员流动和资源流动。再次，京津冀可以发展跨区域合作产业，促进地区产业之间的协作与技术共享。最后，还可以建立联合培养计划、双向人才引进政策，加强京津冀地区之间的人才交流与合作。

13.4 促进港口群腹地数字经济发展的建议

通过空间计量模型的分析结果，在促进京津冀区域数字经济发展的同时实现物流与数字经济共赢的良好局面，本研究提出以下建议：

（1）京津冀物流协同发展，促进区域整体物流高质量发展

物流是实体经济的核心组成部分，并在数字经济发展中具有不可或缺的关键性作用。从区域层面来看，河北省在物流领域的多个方面尚未达到京津两地的水平。因此，河北省有必要积极借鉴京津地区物流业的成功经验，并根据当地情况制定物流行业的发展战略。在追求自身发展的同时，也应强调地区的整体规划。为实现京津冀地区物流的协同发展，首要任务是缓解首都地区的非核心职能压力及解决北京所面临的"大城市病"问题。由于物流企业具有庞大的土地需求、大规模车辆运输、高劳动密集度和高排放量，因此被视为缓解首都地区非核心功能压力的关键行业。同时，将物流企业迁移至河北和天津地区，有助于充分利用当地丰富的土地资源和与北京相邻的交通便捷性。

雄安新区被视为京津冀地区协同发展的战略要地。因此，在制定京津冀物流协同发展规划时，必须考虑雄安新区在该地区物流格局中的战略地位。这包括着重考虑雄安新区作为出海口和航空物流节点的建设、雄安相关物流园区的发展、公路和铁路货运网络的建设等方面的工作，为雄安新区在京津冀协同发展中发挥关键枢纽作用提供良好的物流支持条件。

（2）优化数字经济发展战略，营造良性数字化生态

利用我国经济制度的优越性，将"集中力量办大事"这一"比较优势"充分发挥出来，制定数字化转型的战略规划，完善数字化转型的治理体系。在国家政策层面上，积极支持和引导企业的数字化转型，鼓励企业积极参与数字创新活动。为确保数字化转型的顺利进行，数据要素市场的高效运作显得至关重要，需要通过规范数据要素市场来加速数字化转型的进程。政府应强化顶层设计，建立一体化的大数据管理体制和机构，为数字产业化的发展提供有力支持。需要全面考虑数据开发与应用的行为规范，构建完善的数据产业交易流程，并积极培育数据交易平台和市场参与者，以确保数据流通更为安全和高效。政府

应当增强对工业互联网平台建设发展的支持力度,促进其有序健康发展。在合法支持工业互联网平台和消费互联网平台进行技术创新以提升平台企业国际竞争力的同时,也需要对平台企业,特别是消费互联网平台,进行严格的法律监管,以防止平台垄断对消费者权益造成损害。通过建立和健全信息公开制度,加强平台企业的诚信自律建设,强化行业自律等方式来引导平台企业遵守法律和商业道德,促进我国数字经济健康有序发展。

此外,为更好地保护消费者的合法权益,有必要对平台企业的运营和监管规则进行进一步的完善,并持续对《中华人民共和国反垄断法》进行修订和补充,同时也需要强化相关的法律法规和伦理审查机制。这一系列措施将有助于引导数字经济发展走上健康和有序的轨道。

（3）建设数字人才评价与激励体系,激发数字人才活力

数字经济的蓬勃发展依赖于数字人才作为核心引擎,为了迅速提升数字人才的培养水平,亟须构建一套合理而完备的人才培养体系。首先,对数字技术人才的培养进行全面的规划,通过深入分析各行业对数字人才的需求,以便更加迅捷地培育具备核心技能和富有创新思维的数字技术专家,从而塑造多层次的数字技术人才队伍,如专业型、市场型、融合型和领军型等不同层次的人才。其次,创新数字技术人才的培训和管理体系,积极借助市场机制,以培育那些在专业技能上表现卓越、具备跨领域整合能力和推动创新应用技术的人才为目标。再次,构建适应数字经济特点的人才评估机制,通过优化利益分配机制,包括技术入股、人才入股以及有利于培养人才的财税政策等多方面激励措施,激发数字技术人才的创新意识和能力。最后,充分发挥行业协会、培训机构和认证机构等第三方组织的作用,进一步完善数字技术人才的培训生态系统,以提升数字技术人才的市场竞争力。这些举措将有助于满足数字化时代对高素质人才的迫切需求,推动数字经济朝着更加健康有序的方向发展。

（4）稳步推进城镇化进程,完善数字基础设施建设

城镇化须稳步提升,不能盲目追求城镇规模,"摊大饼"式扩张。城镇化的发展要依据当地社会经济发展现状,因地制宜,不可急于求成。数字经济作当前经济发展的核心要素,在城镇化过程中可以集中资源并着重建设数字基础设施,以促进数字经济的蓬勃发展。首先,应持续推进城乡宽带普及快移动通信网络的改造和升级。特别需要关注绿色、低碳、云端融合、高速盖以及智能便捷的新型数字基础设施的建设。这包括构建综合应用大数据平台,积极加强城乡网络平台的改造与升级,特别需要着力推进全国范围内互联网基

础设施的建设,为数字经济的发展提供软硬件支持。其次,要积极促进物联网、区块链、人工智能以及大数据分析等领域的基础业务开放平台的发展。最后,要不断深化企业与高等教育机构的合作,充分发挥资源优势,推进国家重点实验室、国家工程实验中心以及国家级科技平台的建设和布局,以实现数字经济发展的全面推进,确保数字经济发展与城镇化进程的协调发展。

13.5 本章小结

本章依据本研究的结论,系统提出了促进环渤海(京津冀)港口资源整合和腹地经济高质量发展的对策建议,包括充分利用物流预测方法加强港口资源管理、促进港口群腹地智慧物流发展、促进港口群腹地经济高质量发展以及促进港口群腹地数字经济发展的对策和建议。

参考文献

[1] 林璇，等. 物流采购与运输实务［M］. 北京：中央广播电视大学出版社，2013.

[2] 刘钰. 基于 VMD-ARIMA-HGWO-SVR 组合模型的港口集装箱吞吐量预测［D］. 兰州：兰州大学，2018.

[3] 张雨希，周健. 2022 年 6 月全国港口吞吐量运行综述［J］. 中国港口，2022（7）：26-29.

[4] 王侃，牛琮洁. 环渤海港口群发展综述和"十三五"发展思考［J］. 港口经济，2015（10）：17-21.

[5] 杨小梅. 中国与"一带一路"亚洲国家的经贸问题和策略研究［D］. 开封：河南大学，2015.

[6] 路成章，李亚茹. 天津港 1990～2000 年国际集装箱吞吐量预测［J］. 公路交通科技，1985（2）：57-62.

[7] 刘慧琴. 对全国港口和上海港集装箱吞吐量的预测［J］. 集装箱化，1995（11）：24-28.

[8] 周宇乐. 基于 EMD-ESN-AdaBoost.TSF 组合模型的港口集装箱吞吐量预测［D］. 兰州：兰州大学，2020.

[9] 秦玉权. 物流运筹学［M］. 北京：北京大学出版，2008：18-20.

[10] HUANG A Q，et al. A New Container Throughput Forecasting Paradigm under COVID-19［J］. Sustainability，2022，14（5）：2990.

[11] XIAO J，et al. A transfer forecasting model for container throughput guided by discrete PSO［J］. Journal of Systems Science and Complexity，2014，27（1）：181-192.

[12] RASHED Y，et al. Short-term forecast of container throughout：An ARIMA-intervention model for the port of Antwerp［J］. Maritime Economics & Logistics，2017，19（4）：749-764.

[13] 陈昌源，戴冉，杨婷婷，等. 基于改进 GM（1，1）模型的上海港集装

箱吞吐量预测[J]. 船海工程, 2016, 45 (4): 153-156, 161.

[14] 董洁霜, 潘杰, 周亦威. 基于SARIMA模型的上海港集装箱吞吐量预测[J]. 中国水运（下半月）, 2022, 22 (1): 16-18.

[15] 林建. "十三五"时期福建省港口吞吐量预测分析[J]. 港口经济, 2016 (11): 14-16.

[16] 韦琦, 陈梦萍, 周建美. 港口物流与城市经济协调发展研究——以珠三角为例[C]//第九届珠三角流通学术峰会——扩大内需与现代流通体系建设论文集. 广东省商业经济学会, 2012: 101-110.

[17] FANG F P, FANG X F. Multivariant Forecasting Mode of Guangdong Province Port throughput with Genetic Algorithms and Back Propagation Neural Network[J]. Procedia - Social and Behavioral Sciences, 2013, 96: 1165-1174.

[18] CHEN S H, CHEN J N. Forecasting container throughputs at ports using genetic programming[J]. Expert Systems with Applications, 2010, (37) 3: 2054-2058.

[19] ESKAFI M, et al. A model for port throughput forecasting using Bayesian estimation[J]. Maritime Economics & Logistics, 2021, 23 (2): 1-21.

[20] 谢新连, 王余宽, 许小卫, 等. 基于随机森林算法的港口集装箱吞吐量预测方法[J]. 重庆交通大学学报（自然科学版）, 2022, 41 (2): 15-20.

[21] 唐小我. 最优组合预测方法及其应用[J]. 数理统计与管理, 1992 (1): 31-35.

[22] 唐小我, 曾勇, 曹长修. 非负权重最优组合预测的迭代算法研究[J]. 系统工程理论方法应用, 1994 (4): 48-52.

[23] 唐小我, 滕颖, 曾勇. 汇率的组合预测模型及应用[J]. 预测, 1996 (3): 33-38.

[24] HE C, WANG H P. Container Throughput Forecasting of Tianjin-Hebei Port Group Based on Grey Combination Model[J]. Journal of Mathematics, 2021: 1-9.

[25] 徐新新. 基于组合模型的青岛港货物吞吐量预测研究[D]. 青岛：山东科技大学, 2019.

[26] 汪强, 刘晓佳, 闫长健, 等. 基于组合模型的厦门港集装箱吞吐量预测

[J]. 集美大学学报（自然科学版），2019，24（1）：31-36.

[27] 陈浩. 基于组合模型预测法的广州港集装箱吞吐量预测[J]. 水运管理，2018，40（5）：11-14.

[28] 孙晓聪，付玉慧. 基于 RF—双向 LSTM 的集装箱吞吐量预测[J]. 上海海事大学学报，2022，43（1）：60-65.

[29] ECKHARDT J, RANTALA J. The Role of Intelligent Logistics Centres in a Multimodal and Cost-effective Transport System[J]. Procedia - Social and Behavioral Sciences，2012，48：612-621.

[30] MONDRAGON A E, LALWANI C S, MONDRAGON E S, et al. Intelligent transport systems in multimodal logistics：A case of role and contribution through wireless vehicular networks in a sea port location[J]. International Journal of Production Economics，2012，137（1）：165-175.

[31] KATARZYNA K, ŁUKASZ S, PIOTR B, et al. Smart Logistics—Sustainable Technological Innovations in Customer Service at the Last-Mile Stage：The Polish Perspective[J]. Energies，2022，15（17）：31-510.

[32] MANUEL W, DANIEL S, ALEXANDER K, et al. The Integration of Smart Systems in the Context of Industrial Logistics in Manufacturing Enterprises[J]. Procedia Computer Science，2022，200：727-737.

[33] WINKELHAUS S, GROSSE E H. Logistics 4.0：a systematic review towards a new logistics system[J]. International Journal of Production Research，2020，58（1）：18-43.

[34] TIMIRGALEEVA R R, VERDYSH M V, POPOVA A A, et al. Smart logistics in managing logistics channels of essential oil production[J]. IOP Conference Series：Earth and Environmental Science，2022，949：012073.

[35] Jia R. Design and Application of IoT based Intelligent Logistics Monitoring System[C]//Proceedings of 2019 3rd International Conference on Computer Engineering, Information Science and Internet Technology(CII 2019). Sanya, Hainan, China, 2019.

[36] TIRAJET C, CHANANKORN J. Security Enhancement in Smart Logistics with Blockchain Technology：A Home Delivery Use Case[J]. Informatics，2022，9：1-17.

[37] Aimin D, Tiancheng X. Analysis of the impact factors on the innovation of intelligent logistics of China's e-commerce platform under the background of Artificial Intelligence[C]//Proceedings of the 4th International Modernization Forum. Beijing, China, 2022.

[38] Ren X. Research of Intelligent Logistics Information Platform under Big Data Technology[C]//Proceedings of 2019 3rd International Conference on Mechanical and Electronics Engineering(ICMEE 2019). Chongqing, China, 2019.

[39] Wang Q. Research on Training System for Intelligent Logistics Personnel Based on CDIO[C]//Proceedings of 2019 3rd International Conference on Advancement of the Theory and Practices in Education(ICATPE 2019). Helsinki, Finland, 2019.

[40] Wenjie W. Research on Intelligent Logistics Management Mode Based on Big Data[C]//Proceedings of 2019 International Conference on Education, Economics, Humanities and Social Sciences(ICEEHSS 2019). Huhehaote, Neimenggu, China, 2019.

[41] Canhui P. Construction of Intelligent Logistics Model Based on Big Data[C]//Proceedings of 2019 International Conference on Education, Economics, Humanities and Social Sciences(ICEEHSS 2019). Huhehaote, Neimenggu, China, 2019.

[42] Nan Y, Meimei X. Bibliometric Analysis of Smart Logistics Research Based on Citespace:From 2010 to 2019[C]//Conference Proceedings of the 8th International Symposium on Project Management, China (ISPM2020). Beijing, China, 2020.

[43] 万莉莎. 浅谈中国智慧物流发展[J]. 铁路采购与物流, 2023, 18 (7): 51-53.

[44] 刘晓芸, 毛薇. 数字化背景下智慧物流研究文献综述[J]. 物流科技, 2021, 44 (11): 38-40.

[45] 何黎明. 我国智慧物流发展现状及趋势[J]. 中国国情国力, 2017, 12: 9-12.

[46] 况漠, 况达. 中国智慧物流产业发展创新路径分析[J]. 甘肃社会科学, 2019, 6: 151-158.

[47] 张中华，聂婉琴，蒋雯宇．智慧物流产业发展生态研究［J］．无锡商业职业技术学院学报，2023，23（3）：7-13.

[48] 杨希玲．我国智慧物流建设的现状、问题与对策分析［J］．河南财政税务高等专科学校学报，2023，37（2）：40-43.

[49] 王欣悦．我国智慧物流发展问题及对策研究［J］．铁道运输与经济，2017，39（4）：37-41.

[50] 孙晔．京津冀一体化与区域智慧物流的协同发展［J］．唐山师范学院学报，2015，37（5）：149-152.

[51] 杨洋．京津冀一体化与区域智慧物流的协同发展［J］．经贸实践，2017，13：133.

[52] 尹丽．京津冀区域农产品冷链智慧物流体系关键技术研究［J］．山西农经，2021，23：167-168.

[53] 李朝敏，崔birthplace成．数字经济背景下嘉兴物流业向智慧物流转型升级研究［J］．现代商业，2020，17：77-79.

[54] 赵立斌，张莉莉，孙玉颖，等．数字经济下河北省智慧物流体系构建的路径与对策研究［J］．北京财贸职业学院学报，2020，36（1）：31-37.

[55] 郑秋丽．我国智慧物流发展模式、问题及对策［J］．商业经济研究，2019，18：108-111.

[56] 刘雪雪，杨志鹏．基于大数据背景下我国智慧物流发展路径研究［J］．中国储运，2023，4：110.

[57] 余娟．我国智慧物流发展趋势、存在问题和对策研究［J］．价格月刊，2019，2：65-69.

[58] 符瑜．我国智慧物流的发展趋势与提升策略［J］．对外经贸实务，2018，1：90-92.

[59] 王献美．基于大数据的智慧云物流理论、方法及其应用研究［D］．杭州：浙江理工大学，2015.

[60] 孙婷姝．大数据时代下智慧物流发展策略探究——以"京东物流青龙系统"为例［J］．经济研究导刊，2021，11：51-53.

[61] 钱颖萍．企业智慧物流技术应用现状——以京东物流为例［J］．中国储运，2020，11：119-121.

[62] 李佳．基于大数据云计算的智慧物流模式重构［J］．中国流通经济，2019，33（2）：20-29.

[63] 孙捷. 智慧物流背景下无人机配送发展分析[J]. 价值工程, 2019, 38(29): 218-219.

[64] 王惜凡, 周捷, 顾意刚. 新零售背景下智慧物流调配模式研究——以阿里盒马鲜生为例[J]. 物流工程与管理, 2020, 42(1): 22-25.

[65] 吴萍. "互联网+"背景下智慧物流发展的新动能、态势与路径[J]. 商业经济研究, 2018(7): 81-83.

[66] 金碚. 关于"高质量发展"的经济学研究[J]. 中国工业经济, 2018(4): 5-18.

[67] 王永昌, 尹江燕. 论经济高质量发展的基本内涵及趋向[J]. 浙江学刊, 2019(1): 91-95.

[68] 苗勃然, 周文. 经济高质量发展：理论内涵与实践路径[J]. 改革与战略, 2021, 37(1): 53-60.

[69] 李瑞记. 新时代经济高质量发展的科学内涵与实现路程[J]. 北方经贸, 2021(10): 10-12.

[70] 师博, 张冰瑶. 全国地级以上城市经济高质量发展测度与分析[J]. 社会科学研究, 2019(3): 19-27.

[71] 鲁玉秀, 方行明, 张安全. 数字经济、空间溢出与城市经济高质量发展[J]. 经济经纬, 2021, 38(6): 21-31.

[72] 肖德, 于凡. 中国城市群经济高质量发展测算及差异比较分析[J]. 宏观质量研究, 2021, 9(3): 86-98.

[73] 冯晓华, 邱思远. 长三角城市经济高质量发展水平测度及收敛性研究[J]. 华东经济管理, 2022, 36(11): 28-43.

[74] 薛永刚. 城市群经济高质量发展空间收敛、动态演进以及创新影响研究——"珠三角"和"长三角"的对比分析[J]. 管理评论, 2022, 34(12): 131-145.

[75] 殷培伟, 谢攀, 雷宏振. 国家中心城市经济高质量发展评价及差异分析[J]. 经济学家, 2023(3): 68-78.

[76] 仇桂且. 我国绿色工业生产效率对经济高质量发展的影响——以江苏为例[J]. 社会科学家, 2022(12): 91-98.

[77] 王志强. FDI规模对经济高质量发展的影响研究[J]. 陕西开放大学学报, 2023, 25(1): 74-82, 96.

[78] 黄海刚, 毋偲奇, 曲越. 高等教育与经济高质量发展：机制、路径与贡

献［J］. 华东师范大学学报（教育科学版），2023，41（5）：26-40.

［79］ 汤莹滢，周耀东. 交通网络对城市群经济高质量发展的空间效应影响研究［J］. 商业经济研究，2023（5）：181-184.

［80］ 燕玉洁，许子飞，史美雪. 科技创新赋能经济高质量发展的作用机制研究——基于新发展格局的视角［J］. 现代商业，2023（6）：61-64.

［81］ 汪少贤. 人力资本匹配、新型城镇化与经济高质量发展［J］. 技术经济与管理研究，2023（2）：92-97.

［82］ 覃琼霞，常润星，江涛. 生态保护与经济高质量发展——来自黄河流域的证据［J］. 中国西部，2023（2）：9-23.

［83］ 王倩倩. 财政支出对西藏经济高质量发展的影响研究：作用机理与异质性分析［J］. 中小企业管理与科技，2023（4）：149-151.

［84］ 蔡春林，张霜. 外贸高质量发展助力经济高质量发展机制研究［J］. 亚太经济，2023（1）：143-152.

［85］ BOTTASSO A, CONTI M, FERRARI C, et al. The impact of port throughput on local employment: evidence from a panel of European regions［J］. Transport Policy, 2013（27）: 32-38.

［86］ JUN W K, LEE M K, CHOI J Y. Impact of the smart port industry on the Korean national economy using input-output analysis［J］. Transportation Research Part A: Policy and Practice, 2018, 118: 480-493.

［87］ PARK J S, SEO Y J, HA M H. The role of maritime, land, and air transportation in economic growth: Panel evidence from OECD and non-OECD countries［J］. Research in Transportation Economics, 2019, 78: 100765.

［88］ MUDRONIA G, JUGOVIĆ A, ŠKALAMERA-ALILOVIĆ D. Seaports and economic growth: panel data analysis of EU port regions［J］. Journal of Marine Science and Engineering, 2020, 8（12）: 1017.

［89］ ANGELOPOULOS J, VITSOUNIS T, PAFLIOTI P, et al. Reflecting economic activity through ports: The case of Australia［J］. Maritime Transport Research, 2021, 2: 100021.

［90］ MICHAIL N, MELAS K. Container shipping trade and real GDP growth: A panel vector autoregressive approach［J］. Economics Bulletin, 2021, 41（2）: 304-315.

[91] ÖZER M, CANBAY Ş, KIRCA M. The impact of container transport on economic growth in Turkey: An ARDL bounds testing approach [J]. Research in Transportation Economics, 2021, 88: 101002.

[92] 龙建辉, 程亮, 郑建. 港口物流能力对经济增长的影响研究——基于宁波市1985-2011年的时间序列证据 [J]. 宁波大学学报（人文科学版）, 2014, 27（5）: 75-80.

[93] 江明光. 新形势下港口物流对经济增长的影响机制及优化路径 [J]. 吉林工商学院学报, 2017, 33（4）: 14-17.

[94] 王越, 罗芳. 基于灰色关联分析法的港口物流与区域经济协同发展研究——以宁波—舟山港为例 [J]. 中国水运, 2020（4）: 30-33.

[95] 张蒙. 港口繁荣与区域经济发展的关系研究——基于面板向量自回归模型的实证分析 [J]. 调研世界, 2021（9）: 58-64.

[96] 侯媛媛, 丁莉, 魏艳. 基于VAR模型的海口港港口物流与海口市经济协调发展研究 [J]. 物流技术, 2023, 42（4）: 53-60.

[97] PAELINCK J. Spatial Econometrics [M]. Farnborough: Saxon House, 1979.

[98] CLIFF A D, ORD J K. Spatial Autocorrelation [M]. London: Pion, 1973.

[99] CLIFF A D, ORD J K. Spatial Processes: Models and Applications [M]. London: Pion, 1981.

[100] ANSELIN L. Spatial econometrics: methods and models [M]. Springer Netherlands: Springer Science & Business Media, 1988.

[101] LEE L, YU J. A spatial dynamic panel data model with both time and individual fixed effects [J]. Econometric Theory, 2010, 26（2）: 564-597.

[102] LEE L, YU J. Estimation of spatial autoregressive panel data models with fixed effects [J]. Journal of econometrics, 2010, 154（2）: 165-185.

[103] JIE L, QIHANG H, JIAXI W, et al. Impacts of logistics agglomeration on carbon emissions in China: a spatial econometric analysis [J]. Environmental science and pollution research international, 2023, 30: 87087-87101.

[104] 王东方. 中国城市物流发展空间结构演化与机理研究 [D]. 西安: 长

安大学,2019.

[105] 徐秋艳,房胜飞.物流产业集聚的经济溢出效应及空间异质性研究——基于省际数据的空间计量分析[J].工业技术经济,2018,37(2):58-65.

[106] 刘国巍.物流技术创新对物流业的影响测度与路径分析——基于2000—2015年省际空间杜宾面板数据模型[J].中国流通经济,2018,32(1):38-46.

[107] 李忠民,于庆岩.物流促进经济增长的空间异质性研究——以"新丝绸之路"经济带为例[J].经济问题探索,2014,6:121-125.

[108] 刘瑞娟,王建伟,黄泽滨.交通基础设施、空间溢出效应与物流产业效率——基于"丝绸之路经济带"西北5省区的实证研究[J].工业技术经济,2017,36(6):21-27.

[109] 周楠,陈久梅,但斌,等.长江经济带物流竞争力空间演化及溢出效应研究[J].重庆大学学报(社会科学版),2021,2(29):33-48.

[110] PARK J S, SEO Y J. The impact of seaports on the regional economies in South Korea: panel evidence from the augmented Solow model [J]. Transportation Research Part E: Logistics and Transportation Review, 2016, 85: 107-119.

[111] DENG Z, LI Z F, ZHOU Y T, et al. Measurement and spatial spillover effects of port comprehensive strength: Empirical evidence from China [J]. Transport Policy, 2020, 99: 288-298.

[112] CONG L Z, ZHANG D, WANG M L, et al. The role of ports in the economic development of port cities: panel evidence from China [J]. Transportation Policy, 2020, 90: 13-21.

[113] WU Z, WOO S H, LAI P L, et al. The economic impact of inland ports on regional development: Evidence from the Yangtze River region [J]. Transport Policy, 2022, 127: 80-91.

[114] MARINOS T, BELEGRI-ROBOLI A, MICHAELIDES P G, et al. The spatial spillover effect of transport infrastructures in the Greek economy (2000–2013): A panel data analysis [J]. Research in Transportation Economics, 2022, 94: 101179.

[115] 叶善椿,欧卫新.基于空间杜宾模型的广东省港口与城市经济空间效应

　　　　　研究［J］.上海海事大学学报，2021，42（2）：103-110.

［116］刁姝杰，匡海波，李泽，等.港口发展对经济开放的空间溢出效应研究——基于两区制空间Durbin模型的实证分析［J］.管理评论，2021，33（1）：54-67.

［117］沈立新，徐阳，杨琴.海上丝绸之路沿线港口发展对经济增长的空间溢出效应［J］.大连海事大学学报，2022，48（1）：42-51.

［118］管红波，李盼盼.数字经济促进海洋经济高质量发展空间效应研究——来自中国11个沿海省市的证据［J］.价格理论与实践，2022（8）：173-177.

［119］高永丰.流通业集聚对区域经济高质量发展的空间效应研究［J］.商业经济研究，2023（8）：15-18.

［120］李唐蓉，林辉.区域绿色金融、空间溢出与经济高质量发展［J］.经济问题探索，2023（4）：157-174.

［121］王彬燕，田俊峰，程利莎，等.中国数字经济空间分异及影响因素［J］.地理科学，2018，38（6）：859-868.

［122］焦帅涛，孙秋碧.我国数字经济发展测度及其影响因素研究［J］.调研世界，2021（7）：13-23.

［123］彭文斌，韩东初，尹勇，等.京津冀地区数字经济的空间效应研究［J］.经济地理，2022，42（5）：136-143，232.

［124］吴涛涛.我国数字经济发展质量评价及其影响因素分析［D］.蚌埠：安徽财经大学，2022.

［125］杨雪静.中国数字经济发展水平评价及影响因素分析［D］.沈阳：辽宁大学，2022.

［126］王帅军，高岳林，王苗苗.中国数字经济发展空间格局及影响因素研究［J］.合肥工业大学学报（社会科学版），2022，36（3）：19-27，131.

［127］程筱敏，邹艳芬.我国数字经济发展水平测度及空间溢出效应［J］.商业经济研究，2022（23）：189-192.

［128］江艳婷，韩慧霞.产业结构升级对长江经济带数字经济发展的影响研究［J］.喀什大学学报，2023，44（3）：26-32.

［129］马毛毛.长江经济带数字经济发展水平测度与影响因素研究［D］.南昌：江西财经大学，2023.

［130］何地，赵炫焯，齐琦.中国数字经济发展水平测度、时空格局与区域

差异研究［J］. 工业技术经济, 2023, 42（3）: 54-62.

［131］ LI Z, LIU Y. Research on the spatial distribution pattern and influencing factors of digital economy development in China［J］. Ieee Access, 2021, 9: 63094-63106.

［132］ DING C, LIU C, ZHENG C, et al. Digital economy, technological innovation and high-quality economic development: Based on spatial effect and mediation effect［J］. Sustainability, 2021, 14（1）: 216.

［133］ HAN X. Measurement and Analysis of Digital Economy Development Index--Take Shandong Province as an Example［C］//2022 International Conference on Urban Planning and Regional Economy（UPRE 2022）. Atlantis Press, 2022: 307-311.

［134］ ZHANG W, LIU H, YAO Y, et al. A study measuring the degree of integration between the digital economy and logistics industry in China［J］. Plos one, 2022, 17（9）: e0274006.

［135］ LUO R, ZHOU N. Dynamic evolution, spatial differences, and driving factors of China's provincial digital economy［J］. Sustainability, 2022, 14（15）: 9376.

［136］ 谷城, 张树山. 我国物流业智慧化水平的分布动态、空间差异与收敛性［J］. 中国流通经济, 2023, 37（3）: 17-31.

［137］ 王玲, 王晓蕾, 常琦琦. 全球视角下中国物流业效率的再评估——基于42个经济体劳动数量与成本的效率与生产率对比［J］. 生态经济, 2023, 39（4）: 74-80.

［138］ 董泽, 钱慧敏. 绿色智慧物流评价体系构建及实证研究［J］. 生产力研究, 2019（10）: 104-106, 132.

［139］ 张建超. 我国智慧物流产业发展水平评估及经济价值分析［D］. 太原: 山西财经大学, 2017.

［140］ 付向东. 基于熵值法的区域物流发展水平评价——以江苏省为例［J］. 物流科技, 2023, 46（7）: 100-103.

［141］ 张广胜, 张学优. 基于灰色关联-熵权-TOPSIS法的区域物流网络空间布局研究——以山东省为例［J］. 物流研究, 2023（1）: 32-40.

［142］ 冶建辉. 中国区域物流发展水平评价及时空演变研究［D］. 重庆: 西南大学, 2017.

[143] 吴立冰. 智慧物流背景下物流企业核心竞争力评价及提升策略研究[D]. 郑州：华北水利水电大学，2022.

[144] 张鹏，周恩毅，卞俊松. 快递业绿色物流生态系统评价指标体系构建及贡献度测度研究[J]. 工业工程与管理，2021，26（5）：100-106.

[145] KIM A R. A Study on Competitiveness Analysis of Ports in Korea and China by Entropy Weight TOPSIS[J]. Asian Journal of Shipping and Logistics, 2016, 32（4）: 187-194.

[146] DINU O, BURCIU Ş, OPREA C, et al. Inland waterway ports nodal attraction indices relevant in development strategies on regional level[J]. IOP Conference Series: Materials Science and Engineering, 2016, 145（8）: 082008.

[147] HALES D, LAM J S L, CHANG Y T. The Balanced Theory of Port Competitiveness[J]. Transportation Journal, 2016, 55（2）: 168-189.

[148] MO Y, ZHAO Y, LI S L, et al. Evaluation of Port Logistics Competitiveness Based on DEA[J]. IOP Conference Series: Earth and Environmental Science, 2018, 189（6）: 062041.

[149] KALGORA B. Strategic Container Ports Competitiveness Analysis in West Africa Using Data Envelopment Analysis (DEA) Model[J]. Open Journal of Business and Management, 2019, 7（2）: 680-692.

[150] BHATTI O K, HANJRA A R. Development prioritization through analytical hierarchy process (AHP) - decision making for port selection on the one belt one road[J]. Journal of Chinese Economic and Foreign Trade Studies, 2019, 12（3）: 121-150.

[151] GAO J, LI X P. Research on Logistics Competitiveness of Yangtze River Delta Ports from the Perspective of Niche[J]. Journal of Transportation Technologies, 2019, 9（3）: 309-324.

[152] XU W, GONG X. Factor Cluster Analysis of Qingdao Port Logistics Competitiveness[J]. Logistics, 2020, 4（4）: 26.

[153] MUNIM Z H, HASAN K R, SCHRAMM H J, et al. A port attractiveness assessment framework: Chittagong Port's attractiveness from the users' perspective[J]. Case Studies on Transport Policy, 2022, 10（1）: 463-471.

[154] 程敏, 杨文静, 沙碧洲. 组合评价模型在港口物流综合服务能力评价中的应用[J]. 数学的实践与认识, 2017, 47（4）: 1-7.

[155] 王钰, 纪巧玲, 刘庆凯, 等. 基于综合赋权法的港口物流竞争力评价[J]. 山东科技大学学报（自然科学版）, 2019, 38（5）: 113-120.

[156] 徐剑, 孙成昊, 沈泽彬. 长三角区域港口物流竞争力分析与评价[J]. 湖州师范学院学报, 2021, 43（8）: 70-76.

[157] 冯海珊, 文雯, 陈梓松. 北部湾港港口物流指数体系的构建及实证研究[J]. 西部交通科技, 2022（2）: 195-197.

[158] 朱广文, 董力源. 长江经济带区域省市港口物流竞争力评价研究[J]. 中国水运（下半月）, 2022, 22（9）: 32-34.

[159] 赵涛, 张智, 梁上坤. 数字经济、创业活跃度与高质量发展——来自中国城市的经验证据[J]. 管理世界, 2020, 36（10）: 65-76.

[160] 马梅彦, 李诚, 赵玉霞. 京津冀地区数字经济发展水平测度[J]. 科技和产业, 2023, 23（4）: 133-137.

[161] 李洁, 王琴梅. 数字经济发展水平测度及时空演变[J]. 统计与决策, 2022, 38（24）: 73-78.

[162] 刘伟, 张慧. "一带一路"数字经济评价及高质量共建研究[J]. 东北亚经济研究, 2023, 7（3）: 15-30.

[163] 董晓芳, 边玉涵, 王子辰. 我国乡村数字经济发展效率评价及区域差异分析[J]. 现代农业研究, 2023, 29（6）: 1-7.

[164] 沈雯萱, 刘珊, 王慧娟. 我国数字经济测度及与区域经济增长间的空间效应研究[J]. 时代经贸, 2023, 20（5）: 19-22.

[165] 李杨. 基于熵值法的江苏省数字经济测度研究[J]. 大陆桥视野, 2023（5）: 35-37.

[166] 杨承佳, 李忠祥. 中国数字经济发展水平、区域差异及分布动态演进[J]. 统计与决策, 2023, 39（9）: 5-10.

[167] 刘荣庆, 崔茂森. 乡村数字经济发展的区域差异与障碍因子分析[J]. 统计与决策, 2023, 39（9）: 11-16.

[168] 涂明程. 中国数字经济省域发展水平评价及影响因素研究[D]. 上海: 上海师范大学, 2023.

[169] 唐睿. 安徽省数字经济评价体系构建和网络时空分异特征研究[J]. 地域研究与开发, 2023, 42（2）: 28-32, 39.

[170] 王立新，孙梦婷. 中国31省份数字经济发展水平测算研究［J］. 经济论坛，2023（2）：5-16.

[171] 陆刚，刘思言. 京津冀数字经济时空演变及空间相关性分析［J］. 衡水学院学报，2023，25（1）：21-28.

[172] 高晓珂. 长三角数字经济发展水平测度及影响因素分析［J］. 国际商务财会，2023（1）：19-23，39.

[173] 陈梦根. 数字经济发展指数编制方法与实践探析［J］. 贵州省党校学报，2023（2）：88-97.

[174] 何苗，任保平. 中国数字经济与就业质量的协调发展研究［J］. 经济问题探索，2023（1）：6-20.

[175] TAPSCOTT D. The Digital Economy: Promise and Peril in The Age of Networked Intelligence［M］. New York: Mc Graw-Hill, 1996.

[176] MILOŠEVIĆ N, DOBROTA M, BARJAKTAROVIĆ R S. Digital economy in Europe: Evaluation of countries' performances［J］. Zbornik radova Ekonomskog fakulteta u Rijeci/Proceedings of Rijeka Faculty of Economics, 2018, 36（2）: 861-880.

[177] WEI L. Research on quality evaluation and promotion strategy of digital economy development［J］. Open Journal of Business and Management, 2020, 8（2）: 932-942.

[178] DENG X, LIU Y, XIONG Y. Analysis on the development of digital economy in guangdong province based on improved entropy method and multivariate statistical analysis［J］. Entropy, 2020, 22（12）: 1441.

[179] LIN K, ZHANG X, HOU J. Evaluation of China's provincial digital economy development level and its coupling coordination relationship［J］. PLoS ONE, 2023, 18（7）: e0288614.

[180] ZHANG W, ZHAO S, WAN X, et al. Study on the effect of digital economy on high-quality economic development in China［J］. PLoS ONE, 2023, 16（9）: e0257365.

[181] XU Y, LI T. Measuring digital economy in China［J］. National Accounting Review, 2022, 4（3）: 251-272.

[182] WANG Z, SHI P. Research and analysis on the index system of digital economy in Anhui province［J］. Complexity, 2021: 1-8.

[183] MA J, LI Z. Measuring China's urban digital economy [J]. Natl Account Rev, 2022, 4（4）: 329-361.

[184] ZHAO T, ZHANG Z, LLANG S K. Digital Economy, Entrepreneurship, and High Quality Economic Development: Empirical Evidence from Urban China [J]. Frontiers of Economics in China, 2022, 17（3）: 393-426.

[185] YANG S, HE J. Analysis of digital economy development based on AHP-Entropy weight method [J]. Journal of Sensors, 2022: 1-8.

[186] MA D, ZHU Q. Innovation in emerging economies: Research on the digital economy driving high-quality green development [J]. Journal of Business Research, 2022, 145: 801-813.

[187] 黄芳. 交通港站与枢纽设计 [M]. 北京: 人民交通出版社, 2012.

[188] 国务院法制办公室. 中华人民共和国常用法律规章司法解释大全 [M]. 北京: 中国法制出版社, 2004.

[189] 王珊珊. 我国区域港口群扩建投资优化研究 [D]. 大连: 大连海事大学, 2012.

[190] 查茜. 港口集装箱吞吐量时间序列预测方法研究 [D]. 重庆: 重庆大学, 2016.

[191] 孙家庆. 港口物流学 [M]. 大连: 大连海事大学出版社, 2021.

[192] 中华人民共和国交通运输部. 全国沿海港口布局规划 [EB/OL]. [2007-07-20]. http://www.gov.cn/ztzl/2007-07-20/content_691642.htm.

[193] 中国港口杂志社出版. 中国港口年鉴 2012—2021 [M]. 上海: 中国港口杂志社出版, 2012.

[194] 孙建平, 李振福, 李勇, 等. 中国港口业与区域经济增长的时空关联模式演变 [J]. 经济地理, 2018, 38（3）: 120-128.

[195] 韩忠亮, 朱敏. 中国区域经济发展战略研究——环渤海经济圈发展研究报告 [J]. 新经济导刊, 2009（7）: 87-95.

[196] 鲁渤, 文一景, 邢戬, 等. 基于 TEI@I 方法论的环渤海港口竞争合作策略研究 [J]. 管理评论, 2020, 32（7）: 246-257.

[197] 鲁渤, 邢戬, 王乾, 等. 港口竞争力与腹地经济协同机制面板数据分析 [J]. 系统工程理论与实践, 2019, 39（4）: 1079-1090.

[198] 中华人民共和国国务院. "十四五"数字经济发展规划 [R/OL].

（2022-01-12）[2023-6-10]. https://www.gov.cn/zhengce/zhengceku/2022-01/12/content_5667817.htm？eqid=f36dcee600075ad400000003646af39e.

[199] 钱慧敏,何江,关娇."智慧+共享"物流耦合效应评价[J].中国流通经济,2019,33(11):3-16.

[200] 陆玉麒.区域双核结构模式的形成机理[J].地理学报,2002,57(1):85-96.

[201] 赵腾,杨世忠.熵权TOPSIS法在企业财务风险评价中的应用——以酒鬼酒公司为例[J].财会月刊,2019(3):9-16.

[202] GARCIA R M, VIDALES M A, VIDALES M Y, et al. Logistics efficiency in small and medium enterprises: A logistics, data envelopment analysis combined with artificial neural network (DEA-ANN) approach [J]. African Journal of Business Management, 2012, 6(49): 11819-11827.

[203] 陈威羽.京津冀物流发展协同度测算与应用研究[D].保定:河北大学,2017.

[204] 代薪宇,刘乔瑞,汪辉,等.基于主成分分析的成渝经济圈区域物流发展水平综合评价[J].中国储运,2023(8):83-84.

[205] 张立军,张潇.基于改进CRITIC法的加权聚类方法[J].统计与决策,2015(22):65-68.

[206] 刘仲武,张艺宝,魏奥龙,等.基于主成分分析和模糊综合评价的种猪场生产水平研究[J].黑龙江畜牧兽医,2023(14):9-14.

[207] ZHANG R C, XU Z S, GOU X J. ELECTRE II method based on the cosine similarity to evaluate the performance of financial logistics enterprises under double hierarchy hesitant fuzzy linguistic environment [J]. Fuzzy Optimization and Decision Making, 2022, 22(1): 23-49.

[208] LIU Z M, WANG D, ZHAO Y J, et al. An Improved ELECTRE II -Based Outranking Method for MADM with Double Hierarchy Hesitant Fuzzy Linguistic Sets and Its Application to Emergency Logistics Provider Selection [J]. International Journal of Fuzzy Systems, 2023, 25(4): 1495-1517.

[209] 马广文.交通大辞典[M].上海:上海交通大学出版社,2005.

[210] 崔晓楠.贸易摩擦对航运业的影响[J].中国远洋海运,2018(5):54-56.

[211] NOTTEBOOM T E, HARALAMBIDES H E. Port management and governance in a post-COVID-19 era: quo vadis? [J]. Maritime Economics & Logistics, 2020, 22(3): 329-352.

[212] 张广艳.天津港:努力打造世界一流智慧港口绿色港口[N].滨城时报,2022-01-17(2).

[213] 王育民,董思航.是能源大港,更是绿色枢纽[N].河北日报,2021-12-17(13).

[214] 徐丹,师源,孙也达,等.秦皇岛港的智慧绿色路[N].中国水运报,2021-11-24(6).

[215] 陈永航.国能黄骅港务公司瞄准"双碳"目标建设绿色港口[N].中国煤炭报,2022-03-17(4).

[216] 徐良婧.港口物流经济带动效应国际比较研究[D].杭州:浙江大学,2013.

[217] 成功.港口物流产业集群与区域经济发展关系研究[D].大连:大连海事大学,2014.

[218] 文江雪,邓宗兵,王定祥.临港产业集聚对区域经济高质量发展的影响——基于知识溢出的视角[J].城市问题,2021(4):62-73.

[219] 宋敏,姚伟伟,蒋苗苗.上海港对直接腹地经济的作用研究——基于海港产业部门构建的投入产出模型[J].经济地理,2015,35(1):119-125,161.

[220] 唐希.沿海港口物流业对城市经济增长的空间溢出效应研究[D].南宁:广西大学,2022.

[221] 孔庆峰,李秀娥.港口发展对腹地经济的带动效应——基于日照港的实证研究[J].山东大学学报(哲学社会科学版),2008(4):73-81.

[222] 宋丽丽,米加宁.港口投资与港口城市经济增长关系实证分析[J].大连海事大学学报(社会科学版),2014,13(4):1-4.

[223] 刘晓芸.浅谈港口投资对社会经济发展的影响——以宁波市为例[J].商场现代化,2016(9):148-149.

[224] 何艳艳.北部湾港港口物流对北部湾经济区经济发展影响研究[D].钦州:北部湾大学,2021.

［225］朱芳阳，欧阳雪莲，朱志东."一带一路"背景下广西港口物流对国际贸易的影响［J］.物流技术，2022，41（8）：53-57.

［226］梁可迪，梁晶，代天伦.港口互联互通基础设施建设对RCEP成员国的经济影响研究［J］.航海技术，2022（2）：68-72.